LES MILLE ET UNE NUITS

2ᵉ SÉRIE IN-4°

Le roi prit le mail et poussa son cheval après la boule. (P. 18.)

LES

MILLE ET UNE NUITS

TRADUCTION SIMPLIFIÉE, ADAPTÉE

POUR LA JEUNESSE

ET

EXPURGÉE AVEC LE PLUS GRAND SOIN

PAR

André TALMONT

Vingt-six gravures sur bois
PAR GUSTAVE DORÉ
FOULQUIER, CASTELLI, WORMS, DECAEN...

LIMOGES

EUGÈNE ARDANT ET Cie

ÉDITEURS.

AVANT-PROPOS

Pendant que l'Europe allait se plongeant dans l'ignorance, et que les lettres n'étaient plus cultivées que dans les monastères, malgré les efforts de Charlemagne pour les rendre populaires, l'Orient voyait éclore une civilisation nouvelle, brillante de jeunesse, et qui promettait une longue durée ; ainsi, comme les déserts les plus arides, les siècles les plus ténébreux ont aussi leurs oasis. Du fond de l'Arabie, un peuple jusque-là obscur s'avança dans le monde avec une épouvantable rapidité. En peu d'années, il avait subjugué la Perse, la Syrie, l'Egypte, une partie de l'empire grec, toute l'Afrique civilisée par les Romains, la Calabre, la Sicile, l'Espagne, et avait menacé la France.

Mais différents de ces hordes barbares qui avaient envahi l'Occident à une époque antérieure, les Arabes faisaient avancer la civilisation au lieu de la faire rétrograder. Avec des habitudes tout à la fois douces et belliqueuses, simples et polies, où l'on aime à distinguer quelques traces des mœurs des anciens jours et à retrouver des souvenirs d'Abraham et de Jacob, ils avaient l'amour des lettres et des sciences qu'ils portèrent à un si haut degré de perfection ; et lorsque l'Europe voulut sortir de l'ignorance où elle était plongée, les savants allèrent s'instruire auprès d'eux.

Une longue suite de califes remarquables contribuèrent beaucoup à donner l'essor à cette civilisation nouvelle. Mais le plus grand de tous, et celui dont le nom est le plus populaire, est sans contredit Haroun-Al-Raschid, qui est à l'Orient ce que Charlemagne est à l'Occident. Aussi, le retrouvons-nous dans presque toutes les productions des écrivains qui lui furent contemporains ; et dans beaucoup de contes des *Mille et une Nuits*, nous le voyons faire le principal personnage.

Comme Charlemagne, avec lequel du reste il eut des relations, il aimait et protégeait les lettres ; comme lui, il se plaisait à rendre la justice en personne ; non moins grand dans la guerre que pendant la paix, ses armes furent toujours heureuses. Le voisinage des Grecs apprit aux Arabes à apprécier les auteurs anciens tant grecs que latins; aussi ne faut-il pas s'étonner si nous retrouvons des souvenirs d'Homère dans les *Mille et une Nuits* (1).

Et pour ne parler que de ce dernier ouvrage, il ne faudrait pas croire que ce soit seulement un recueil de contes bons seulement pour amuser les enfants, et incapables d'attirer un seul instant l'attention des personnes sérieuses. On peut regarder les *Mille et une Nuits*, comme le traité le plus complet, je dirais presque l'encyclopédie des mœurs, des coutumes et des usages des Musulmans à l'époque de leur grandeur. Avec quel charme l'auteur nous fait pénétrer dans le détail de la vie privée du peuple de Mahomet! Quelle description, quels récits de voyageurs pourraient nous le faire aussi bien connaître! C'est là surtout que nous pouvons étudier ce goût qu'ont les peuples de l'Orient pour le merveilleux, et qui est le fruit d'une imagination vive et ardente, fécondée par ce soleil de feu qui darde ses rayons sur leurs têtes. Ce goût excessif du merveilleux, l'Arabe de nos jours l'a conservé comme l'Arabe des anciens temps.

« Tout ce qu'on dit de la passion des Arabes pour les contes est vrai, dit Château-
» briand, et j'en vais citer un exemple : Pendant la nuit que nous venions de passer
» sur la grève de la mer Morte, nos Bethléémites étaient assis autour de leur bûcher,
» leurs fusils couchés à terre à leurs côtés, les chevaux attachés à des piquets, for-
» mant un grand cercle au-dehors. Après avoir bu le café et parlé beaucoup ensem-
» ble, ces Arabes tombèrent dans le silence, à l'exception du scheik. Je voyais à la
» lueur du feu ses gestes expressifs, sa barbe noire, ses dents blanches, les diverses
» formes qu'il donnait à son vêtement en continuant son récit. Ses compagnons
» l'écoutaient dans une attention profonde, tous penchés en avant, le visage sur la
» flamme, tantôt poussant un cri d'admiration, tantôt répétant avec emphase les ges-
» tes du conteur; quelques têtes de chevaux qui s'avançaient au-dessus de la troupe et
» qui se dessinaient dans l'ombre achevaient de donner à ce tableau le caractère le
» plus pittoresque, surtout lorsqu'on y joignait un coin du paysage de la mer Morte
» et des montagnes de la Judée. »

Quel est l'auteur des *Mille et une Nuits*? On l'ignore. Sans doute que les contes qui s'y trouvent sont l'ouvrage de différents auteurs, qui plus tard ont été réunis en corps, et ont reçu la forme que nous leur connaissons; du reste, ils paraissent postérieurs à Haroun-Al-Raschid, mais de peu de temps.

Le traducteur a su conserver, avec un rare bonheur, les charmes de l'original. Quelle simplicité et en même temps quelle richesse dans les détails! quelle variété dans les récits! quelle peinture exacte des mœurs! Vous croyez vivre, respirer avec les personnages dont l'auteur vous entretient.

Mais n'allons pas croire, sur la foi de ce jugement, que tous les âges, toutes les conditions, puissent lire ces contes indistinctement. Entraîné par l'intérêt du drame, on pourrait bien avaler le poison avec le miel. Imitons l'abeille. Elle ne se pose pas indifféremment sur toutes les fleurs, comme le papillon léger; elle va

---

(1) Cette rencontre du Cyclope anthropophage, que décrit Sindbad le marin, est évidemment une imitation d'un passage de l'Odyssée où la même aventure arrive à Ulysse.

pomper le suc des espèces qui peuvent lui fournir un miel délicieux, et évite avec soin celles qui cachent le poison sous une enveloppe brillante.

Fournir à la jeunesse une lecture agréable et utile par un choix des contes les plus intéressants des *Mille et une Nuits*, et les détourner par là d'aller puiser des lectures dangereuses à des sources empoisonnées, tel a été notre but; et nous serons amplement dédommagé si nous apprenons que nous l'avons rempli. Les contes que nous avons rassemblés, et que nous avons soigneusement et scrupuleusement épurés, suffisent pour faire connaître l'ouvrage entier et donner une idée des mœurs et des coutumes des Musulmans. Nous espérons que nos jeunes lecteurs nous sauront gré d'un travail que nous avons entrepris à leur intention. Qu'ils sachent donc que, sans recourir à des sources d'une pureté douteuse, ils trouveront plus de bons livres qu'ils n'en pourront lire; livres où l'agrément viendra se joindre à l'utile, et leur procurera un plaisir qui ne sera suivi d'aucun remords.

LES
MILLE ET UNE NUITS

HISTOIRE DU PÊCHEUR

Il y avait autrefois un pêcheur fort âgé, et si pauvre, qu'à peine pouvait-il gagner de quoi faire subsister sa femme et trois enfants dont sa famille était composée. Il allait tous les jours, de grand matin, à la pêche ; et, il s'était fait une loi de ne jeter ses filets, chaque jour, que quatre fois.

Il partit un matin au clair de la lune, et se rendit au bord de la mer. Il se déshabilla, jeta ses filets ; et, comme il les tirait vers le rivage, il sentit aussitôt de la résistance. Croyant avoir fait une bonne pêche, il s'en réjouissait déjà en lui-même; mais un moment après, s'apercevant qu'au lieu de poisson, il n'y avait dans ses filets que la carcasse d'un âne, il en eut beaucoup de chagrin.

Quand le pêcheur affligé d'avoir fait une si mauvaise pêche, eut raccommodé ses filets que la carcasse de l'âne avait rompus en plusieurs endroits, il les jeta une seconde fois. En les tirant, il sentit encore beaucoup de résistance, ce qui lui fit croire qu'ils étaient remplis de poissons; mais il n'y trouva qu'un grand panier rempli de gravier et de fange. Il en fut dans une extrême affliction. « O Fortune! s'écria-t-il d'une voix pitoyable, cesse d'être en colère après moi, et ne persécute point un malheureux qui te prie de l'épargner! Je suis parti de ma maison pour venir ici chercher ma vie, et tu m'annonces ma mort! Je n'ai pas d'autre métier que celui-ci pour subsister, et malgré les soins que j'y apporte, je puis à peine fournir aux plus pressants besoins de ma famille. Mais j'ai tort de me plaindre de toi; tu prends plaisir à maltraiter les honnêtes gens et à laisser les grands hommes dans l'obscurité, tandis que tu favorises les méchants et que tu élèves ceux qui n'ont aucune vertu qui les rende recommandables. »

En achevant ces plaintes, il jeta brusquement le panier, et après avoir bien lavé ses filets que la fange avait gâtés, il les jeta pour la troisième fois; mais il n'amena que des pierres, des coquilles et de l'ordure. On ne saurait décrire son désespoir: peu s'en fallut qu'il ne perdît l'esprit. Cependant, comme le jour commençait à paraître, il n'oublia pas de faire sa prière, en bon musulman; ensuite, il ajouta celle-ci : « Seigneur, vous savez » que je ne jette mes filets que quatre fois chaque jour; je les ai » déjà jetés trois fois sans avoir tiré le moindre fruit de mon » travail; il ne m'en reste plus qu'une : je vous supplie de me » rendre la mer favorable, comme vous l'avez rendue à Moïse. »

Le pêcheur, ayant fini cette prière, jeta ses filets pour la quatrième fois. Quand il jugea qu'il devait y avoir du poisson, il les tira comme auparavant avec assez de peine. Il n'y en avait pas pourtant; mais il y trouva un vase de cuivre jaune qui, à son poids, lui parut plein de quelque chose; et il remarqua qu'il était fermé et scellé de plomb, avec l'empreinte d'un sceau. Cela le réjouit : « Je le vendrai au fondeur, disait-il, et de l'argent que j'en ferai, j'en achèterai une mesure de blé. »

Il examina le vase de tous côtés; il le secoua pour voir si ce qui était dedans ne ferait pas de bruit. Il n'entendit rien; et cette circonstance, avec l'empreinte du sceau sur le couvercle de plomb, lui fit penser qu'il devait être rempli de quelque chose de précieux. Pour s'en éclaircir, il prit son couteau, et, avec un peu de peine, il ouvrit le vase. Il en pencha aussitôt l'ouverture contre terre, mais il n'en sortit rien, ce qui le surprit extrêmement. Il le posa devant lui, et pendant qu'il l'examinait attentivement, il en sortit une fumée fort épaisse qui l'obligea de reculer de deux ou trois pas en arrière.

Cette fumée s'éleva jusqu'aux nues; et, s'étendant sur la mer et sur le rivage, forma un épais brouillard; spectacle qui causa, comme on peut se l'imaginer, un étonnement extraordinaire au pêcheur. Lorsque toute la fumée fut hors du vase, elle se réunit et devint un corps solide dont il se forma un génie deux fois aussi haut que le plus grand de tous les géants. A l'aspect d'un monstre d'une taille si démesurée, le pêcheur voulut prendre la fuite ; mais il se trouva si troublé et si effrayé qu'il ne put marcher.

« Salomon, s'écria le génie, Salomon, grand prophète de Dieu, pardon, pardon, jamais je ne m'opposerai à vos volontés; j'obéirai à tous vos commandements... »

Le pêcheur n'eut pas sitôt entendu les paroles que le génie avait prononcées, qu'il se rassura et lui dit : — « Esprit superbe, que dites-vous? Il y a plus de dix-huit cents ans que Salomon, le prophète de Dieu, est mort, et nous sommes présentement à la fin des siècles. Apprenez-moi votre histoire, et dites-moi pour quel raison vous étiez renfermé dans ce vase. »

A ce discours, le génie, regardant le pêcheur d'un air fier, lui répondit : « Parle-moi plus poliment : tu es bien hardi de m'appeler esprit superbe. — Eh bien! repartit le pêcheur, vous parlerai-je avec plus de civilité en vous appelant hibou du bonheur? — Je te dis, repartit le génie, de me parler plus convenablement avant que je te tue. — Eh! pourquoi me tueriez-vous? répliqua le pêcheur. Je viens de vous mettre en liberté ; l'avez-vous déjà oublié? — Non, je m'en souviens, repartit le génie ; mais cela ne m'empêchera pas de te faire mourir ; et je n'ai qu'une seule grâce à t'accorder. — Et quelle est cette grâce? dit le pêcheur. — C'est, répondit le génie, de te laisser choisir de quelle manière tu veux que je te tue. — Mais en quoi vous ai-je offensé? reprit le pêcheur. Est-ce ainsi que vous voulez me récompenser du bien que je vous ai fait? — Je ne puis te traiter autrement, dit le génie ; et afin que tu en sois persuadé, écoute mon histoire :

« Je suis un de ces esprits rebelles qui se sont opposés à la volonté de Dieu. Tous les autres génies reconnurent le grand Salomon, prophète de Dieu, et se soumirent à lui. Nous fûmes les seuls, Sacar et moi, qui ne voulûmes pas faire cette bassesse. Pour s'en venger, ce puissant monarque chargea Assaf, fils de Barakhia, son premier ministre, de me venir prendre. Cela fut exécuté. Assaf vint se saisir de ma personne et me mena, malgré moi, devant le trône du roi son maître. Salomon, fils de David, me commanda de quitter mon genre de vie, de reconnaître son pouvoir, et de me soumettre à ses commandements. Je refusai hautement de lui obéir, et j'aimai mieux m'exposer à tout son ressentiment que de lui prêter le serment de fidélité et de soumission qu'il exigeait de moi. Pour me punir, il m'enferma dans ce vase de cuivre : et afin de s'assurer de moi, et que je ne pusse pas forcer ma prison, il imprima lui-même sur le couvercle de plomb son sceau, où le grand nom de Dieu était gravé. Cela fait, il mit le vase entre les mains d'un des génies qui lui obéissaient, avec ordre de me jeter à la mer, ce qui fut exécuté à mon grand regret. Durant le premier siècle de ma prison, je jurai que si quelqu'un m'en délivrait avant les cent ans achevés, je le rendrais riche, même après sa mort; mais le siècle s'écoula, et personne ne me rendit ce bon office. Pendant le second siècle, je fis serment d'ouvrir tous les trésors de la terre à quiconque me mettrait en liberté; mais je ne fus pas plus heureux. Dans le troisième, je promis de faire puissant monarque mon libérateur, d'être toujours près de lui en esprit, et de lui accorder chaque jour trois demandes de quelque nature qu'elles pussent être; mais ce siècle se passa comme les deux autres, et je demeurai toujours dans le même état. Enfin, désolé, ou plutôt exaspéré de me voir prisonnier si longtemps, je jurai que si quelqu'un me délivrait dans la suite, je le tuerais impitoyablement, et ne lui accorderais point d'autre grâce que de lui laisser le choix de son genre de mort; c'est pourquoi, puisque tu es venu ici aujourd'hui, et que tu m'as délivré, tu vas choisir comment tu veux que je te tue. »

Ce discours affligea fort le pêcheur : « Je suis bien malheureux, s'écria-t-il, d'être venu en cet endroit rendre un si grand service à un ingrat! Considérez, de grâce, votre injustice, et révoquez un serment si peu raisonnable. Pardonnez-moi, Dieu vous pardonnera de même; si vous me donnez généreusement la vie, il vous mettra à couvert de tous les complots qui se formeront contre vos jours. — Non, ta mort est certaine, dit le génie; choisis seulement de quelle manière tu veux que je te fasse mourir. » Le pêcheur, voyant sa résolution de le tuer inébranlable, en eut une douleur extrême, non pas tant pour l'amour de lui qu'à cause de ses trois enfants dont il plaignait la misère où ils allaient être réduits par sa mort. Il tâcha encore d'apaiser le génie. « Hélas ! reprit-il, daignez avoir pitié de moi, en considération de ce que j'ai fait pour vous. — Je te l'ai déjà dit, repartit le génie, c'est justement pour cette raison que je suis obligé de t'ôter la vie. — Cela est étrange, répliqua le pêcheur, que vous vouliez absolument rendre le mal pour le bien. Le proverbe dit : « Qui fait du bien à celui qui ne le mérite pas en est toujours mal payé. » Je croyais, je l'avoue, que cela était faux : en effet, rien ne choque davantage la raison et les droits de la société ; néanmoins, j'éprouve cruellement que cela n'est que trop véritable. — Ne perdons pas le temps, interrompit le génie ; tous les raisonnements ne sauraient me détourner de mon dessein. Hâte-toi de dire comment tu veux que je te tue. »

La nécessité donne de l'esprit. Le pêcheur s'avisa d'un stratagème : « Puisque je ne saurais éviter la mort, dit-il au génie, je me soumets donc à la volonté de Dieu ; mais, avant que je choisisse un genre de mort, je vous conjure, par le grand nom de Dieu qui était gravé sur le sceau du prophète Salomon, fils de David, de me dire la vérité sur une question que j'ai à vous faire. »

Quand le génie vit qu'on lui faisait une adjuration qui le contraignait à répondre positivement, il trembla en lui-même, et dit au pêcheur : « Demande-moi ce que tu voudras, et hâte-toi. »

Le pêcheur lui dit : « Je voudrais savoir si effectivement vous étiez dans ce vase : oseriez-vous en jurer par le grand nom de Dieu ? — Oui, répondit le génie, je jure par ce grand nom que j'y étais ; et cela est très véritable. — En bonne foi, répliqua le pêcheur, je ne puis vous croire. Ce vase ne pourrait pas seulement contenir un de vos pieds : comment se peut-il que votre corps y ait été enfermé tout entier ? — Je te jure pourtant, repartit le génie, que j'y étais tel que tu me vois. Est-ce que tu ne me crois pas, après le grand serment que je t'ai fait ? — Non, vraiment, dit le pêcheur ; et je ne vous croirai point, à moins que vous ne me fassiez voir la chose. »

Alors, il se fit une dissolution du corps du génie, qui, se changeant en fumée, s'étendit comme auparavant sur la mer et sur le rivage, et qui, se rassemblant ensuite, commença de rentrer dans le vase, et continua de même par une succession lente et égale, jusqu'à ce qu'il n'en restât plus rien au-dehors. Aussitôt, il en sortit une voix qui dit au pêcheur : « Eh bien! incrédule pêcheur, me voici dans le vase : me crois-tu présentement? »

Le pêcheur, au lieu de répondre au génie, prit le couvercle de plomb, et, ayant fermé promptement le vase : « Génie, génie, lui cria-t-il, demande-moi grâce à ton tour, et choisis de quelle mort tu veux que je te fasse mourir. Mais non, il vaut mieux que je te rejette à la mer, dans le même endroit d'où je t'ai tiré; puis, je ferai bâtir une maison sur ce rivage, où je demeurerai, pour avertir tous les pêcheurs qui viendront y jeter leurs filets de bien prendre garde de repêcher un méchant génie comme toi, qui as fait serment de tuer celui qui te mettra en liberté. »

A ces paroles offensantes, le génie irrité fit tous ses efforts pour sortir du vase; mais c'est ce qui ne lui fut pas possible, car l'empreinte du sceau du prophète Salomon, fils de David, l'en empêchait. Aussi, voyant que le pêcheur avait alors l'avantage sur lui, il prit le parti de dissimuler sa colère. « Pêcheur, lui dit-il d'un ton radouci, garde-toi bien de faire ce que tu dis. Ce que j'en ai fait n'a été que par plaisanterie, et tu ne dois pas prendre la chose sérieusement. — O génie, répondit le pêcheur, toi qui étais, il n'y a qu'un moment, le plus grand, et qui es à cette heure le plus petit de tous les génies, apprends que tes artificieux discours ne te serviront de rien : Tu retourneras à la mer. Si tu y as séjourné tout le temps que tu m'as dit, tu pourras bien y demeurer jusqu'au jour du jugement. Je t'ai prié, au nom de Dieu, de ne pas m'ôter la vie, tu as rejeté mes prières : je dois te rendre la pareille. »

Le génie n'épargna rien pour tâcher de toucher le pêcheur. « Ouvre le vase, lui dit-il, donne-moi la liberté, je t'en supplie; je te promets que tu seras content de moi. — Tu n'es qu'un traître, repartit le pêcheur. Je mériterais de perdre la vie, si j'avais l'imprudence de me fier à toi. Tu ne manquerais pas de me traiter de la même façon qu'un certain roi grec traita le médecin Douban. C'est une histoire que je veux te raconter ; écoute :

Histoire du roi grec et du médecin Douban

« Il y avait au pays de Zouman, dans la Perse, un roi dont les sujets étaient d'origine grecque : ce roi était couvert de lèpre, et ses médecins, après avoir inutilement employé tous leurs remèdes pour le guérir, ne savaient plus que lui ordonner, lorsqu'un très habile médecin, nommé Douban, arriva à sa cour.

» Ce médecin avait puisé sa science dans les livres grecs, persans, turcs, arabes, italiens, syriaques et hébreux ; et, outre qu'il était consommé dans la philosophie, il connaissait parfaitement les bonnes et mauvaises qualités de toutes sortes de plantes et de drogues. Dès qu'il fut informé de la maladie du roi, qu'il eut appris que ses médecins l'avaient abandonné, il s'habilla le plus proprement qu'il lui fut possible, et trouva moyen de se faire présenter au roi. « Sire, lui dit-il, je sais que tous les médecins dont Votre Majesté s'est servie n'ont pu la guérir de sa lèpre ; mais, si vous voulez bien me faire l'honneur d'agréer mes services, je m'engage à vous guérir sans breuvages et sans topiques. » Le roi écouta cette proposition. « Si vous êtes assez habile homme, répondit-il, pour faire ce que vous me dites, je promets de vous enrichir, vous et votre postérité ; et, sans compter les présents que je vous ferai, vous serez mon plus cher favori. Vous m'assurez donc que vous m'ôterez ma lèpre sans me faire prendre aucune potion, et sans m'appliquer aucun remède extérieur ? — Oui, sire, repartit le médecin, je me flatte d'y réussir, avec l'aide de Dieu, et dès demain j'en ferai l'épreuve. »

» En effet, le médecin Douban se retira chez lui, et fit un mail qu'il creusa en dedans, par le manche, dans lequel il mit la drogue dont il prétendait se servir. Cela fait, il prépara aussi une boule de la dimension qu'il la voulait : Le lendemain il alla, avec ces objets, se présenter devant le roi, et se prosternant, il baisa la terre.

» Il se leva ensuite, et après avoir fait une profonde révérence, il dit au roi qu'il jugeait à propos que Sa Majesté montât à cheval, et se rendît à la place pour jouer au mail. Le roi fit ce qu'on lui disait; et lorsqu'il fut dans le lieu destiné à jouer au mail à cheval, le médecin s'approcha de lui avec le mail qu'il avait préparé, et le lui présentant : « Tenez, sire, lui dit-il, exercez-vous avec ce mail, en poussant cette boule, par la place, jusqu'à ce que vous sentiez votre main et votre corps en sueur. Quand le remède que j'ai enfermé dans ce mail sera échauffé par votre main, il vous pénétrera par tout le corps; et, sitôt que vous suerez, vous n'aurez qu'à quitter cet exercice; car le remède aura fait son effet. Dès que vous serez de retour en votre palais, vous entrerez au bain, et vous vous ferez bien laver et frotter; vous vous coucherez ensuite; et en vous levant, demain matin, vous serez guéri. »

» Le roi prit le mail, et poussa son cheval après la boule qu'il avait jetée. Il la frappa, et elle lui fut renvoyée par les officiers qui jouaient avec lui; il la frappa de nouveau, et enfin le jeu dura si longtemps que sa main en sua, aussi bien que tout son corps. Le remède enfermé dans le manche du mail opéra, comme le médecin l'avait dit : Alors le roi cessa de jouer; il s'en retourna dans son palais, entra au bain, et observa très exactement ce qui lui avait été prescrit. Il s'en trouva fort bien; car, le lendemain, en se levant, il s'aperçut avec autant d'étonnement que de joie que sa lèpre était guérie, et qu'il avait le corps aussi net que s'il n'eût jamais été attaqué de cette maladie. Dès qu'il fut habillé, il entra dans la salle d'audience publique, où il monta sur son trône, et se montra à tous ses courtisans que l'empressement d'apprendre le succès du nouveau remède y avait fait aller de bonne heure. Quand ils virent le roi parfaitement guéri, ils en firent tous paraître une extrême joie.

» Le médecin Douban entra dans la salle, et alla se prosterner au pied du trône, la face contre terre. Le roi, l'ayant aperçu, l'appela, le fit asseoir à son côté et le montra à l'assemblée, en lui donnant publiquement toutes les louanges qu'il méritait. Ce prince n'en demeura pas là : comme il recevait ce jour-là toute

Le médecin Douban avait puisé sa science dans les livres grecs, persans, turcs, arabes, italiens, syriaques et hébreux. (P. 17.)

sa cour, il le fit manger à sa table seul avec lui. Il ne se contenta même pas de le recevoir à sa table : vers la fin du jour, lorsqu'il voulut congédier l'assemblée, il le fit revêtir d'une longue robe, fort riche, et semblable à celle que portaient ordinairement ses courtisans en sa présence; outre cela, il lui fit donner deux mille sequins. Le lendemain et les jours suivants, il ne cessa de lui faire des prévenances. Enfin ce prince, croyant ne pouvoir assez reconnaître les obligations qu'il devait à un médecin si habile, répandait sur lui tous les jours de nouveaux bienfaits.

» Or, ce roi avait un grand vizir qui était avare, envieux, et naturellement capable de toutes sortes de crimes. Il n'avait pu voir sans peine les présents qui avaient été faits au médecin, dont le mérite, d'ailleurs, commençait à lui porter ombrage : il résolut de le perdre dans l'esprit du roi. Pour y réussir, il alla trouver ce prince, et lui dit en particulier qu'il avait un avis de la dernière importance à lui donner. Le roi lui ayant demandé ce que c'était : « Sire, lui dit-il, il est bien dangereux à un monarque d'avoir de la confiance en un homme dont il n'a point éprouvé la fidélité. En comblant de bienfaits le médecin Douban, en lui prodiguant tant de marques d'intérêt, vous ne savez pas que c'est un traître qui ne s'est introduit dans cette cour que pour vous assassiner. — De qui tenez-vous ce que vous osez dire? répondit le roi. Songez que c'est à moi que vous parlez, et que vous avancez une chose que je ne croirai pas légèrement. — Sire, répliqua le vizir, je suis parfaitement instruit de ce que j'ai l'honneur de vous représenter. Ne vous reposez donc plus sur une confiance dangereuse. Si Votre Majesté dort, qu'elle se réveille; car enfin, je le répète encore, le médecin Douban n'est parti du fond de la Grèce son pays, il n'est venu s'établir dans votre cour que pour exécuter l'horrible dessein dont j'ai parlé. — Non, non, vizir, interrompit le roi, je suis sûr que cet homme, que vous traitez de perfide et de traître, est le plus vertueux et le meilleur de tous les hommes; il n'y a personne au monde que j'aime autant que lui. Vous savez par quel remède, ou plutôt par quel miracle il m'a guéri de ma lèpre; s'il en veut à ma vie, pourquoi me l'a-t-il sauvée? Il n'avait qu'à m'abandonner à mon mal; je n'en pouvais échapper; ma vie était déjà à moitié consumée. Cessez donc de vouloir m'inspirer d'injustes soupçons; au lieu de les écouter, je vous avertis que je fais dès ce jour à ce grand homme, pour toute sa vie, une pension de mille sequins par mois. Quand je partagerais avec lui toutes mes richesses et mes Etats mêmes, je ne le payerais pas assez de ce qu'il a fait pour moi. Je vois ce que c'est, sa vertu excite votre envie; mais ne croyez pas que je me laisse injustement prévenir contre lui. Vous avez conçu de l'envie contre le médecin Douban, qui ne vous a fait aucun mal, et vous voulez que je le fasse mourir; mais je m'en garderai bien. »

» Le pernicieux vizir était trop intéressé à la perte du médecin Douban pour en demeurer là : « Sire, dit-il, pourquoi faut-il que la crainte d'opprimer l'innocence vous empêche de faire mourir ce médecin? ne suffit-il pas qu'on l'accuse de vouloir attenter à votre vie pour vous autoriser à lui faire perdre la sienne? Quand il s'agit d'assurer les jours d'un roi, un simple soupçon doit passer pour une certitude; et il vaut mieux sacrifier l'innocent que sauver le coupable. Mais, sire, ce n'est point ici une chose incertaine; le médecin Douban veut vous assassiner. Ce n'est point l'envie qui m'arme contre lui c'est l'intérêt seul que je prends à ta conservation de Votre Majesté; c'est mon zèle qui me porte à vous donner un avis d'une aussi grande importance. S'il est faux, je mérite qu'on me punisse de la même manière qu'on punit autrefois un vizir. — Qu'avait fait ce vizir, dit le roi grec, pour être digne de ce châtiment? — Je vais l'apprendre à Votre Majesté, sire, répondit le vizir. Qu'elle ait, s'il lui plaît, la bonté de m'écouter. »

Histoire du vizir puni

« Il était autrefois un roi, poursuivit-il, qui avait un fils aimant passionnément la chasse. Il lui permettait de prendre souvent ce divertissement; mais il avait donné ordre à son grand vizir de l'accompagner toujours, et de ne le perdre jamais de vue. Un jour de chasse, les piqueurs ayant lancé un cerf, le prince, qui crut que le vizir le suivait, se mit à la poursuite de la bête. Il courut si longtemps, et son ardeur l'emporta si loin, qu'il se trouva seul. Il s'arrêta, et remarquant qu'il avait perdu la voie, il voulut retourner sur ses pas pour aller rejoindre le vizir, qui n'avait pas été assez diligent; mais il s'égara. Pendant qu'il courait de tous côtés sans tenir de route assurée, il rencontra au bord d'un chemin une femme qui pleurait amèrement, et qui paraissait plongée dans une profonde douleur. Il retint la bride de son cheval, et demanda à cette femme la cause de son chagrin. « Seigneur, lui dit-elle, je suis une malheureuse mère privée de mon mari, seule, sans appui, avec une nombreuse famille, et sans rien pour la faire subsister. J'errais dans la campagne; mais, accablée de fatigue, je ne puis plus marcher. » Le jeune prince eut pitié d'elle, et lui proposa de la prendre en croupe.

» Comme ils passaient près d'une masure, la malheureuse femme dit au prince que c'était sa demeure, et qu'elle avait là ses enfants. Le prince descendit avec elle et s'approcha de la masure en tenant son cheval par la bride. Jugez quelle fut sa surprise, lorsqu'il entendit la femme qui venait d'entrer prononcer ces paroles : « Réjouissez-vous, mes enfants, je vous amène un garçon fort gras; » et que d'autres voix lui répondirent aussitôt : « Maman, où est-il que nous le mangions tout à l'heure; car nous avons bon appétit? »

» Le prince n'eut pas besoin d'en apprendre davantage pour comprendre le danger où il se trouvait. Il vit bien que la malheureuse qu'il avait voulu secourir était une ogresse, femme d'un de ces démons sauvages appelés ogres, qui se retirent dans des lieux abandonnés, et se servent de mille ruses pour surprendre et dévorer les passants. Il fut saisi de frayeur, et se jeta au plus vite sur son cheval. L'ogresse parut dans le moment, et voyant qu'elle avait manqué son coup : « Ne craignez rien, cria-t-elle au prince. Qui êtes-vous? que cherchez-vous? — Je suis égaré, répondit-il, et je cherche mon chemin. — Si vous êtes égaré, dit-elle, recommandez-vous à Dieu, il vous délivrera de l'embarras où vous vous trouvez. » Alors le prince leva les yeux au ciel, croyant qu'elle ne lui parlait pas sincèrement, et qu'elle comptait sur lui comme s'il eût déjà été sa proie : « Seigneur, qui êtes tout-puissant, jetez les yeux sur moi, et me délivrez de cette ennemie. » A cette prière, la femme de l'ogre rentra dans la masure, et le prince s'en éloigna avec précipitation. Heureusement il retrouva son chemin, et arriva sain et sauf auprès du roi son père auquel il raconta de point en point le danger qu'il venait de courir par la faute du grand vizir. Le roi, irrité contre ce ministre, le fit étrangler à l'heure même.

» Sire, poursuivit le vizir du roi grec, pour revenir au médecin Douban, si vous n'y prenez garde, la confiance que vous avez en lui vous sera funeste ; je sais de bonne part que c'est un espion envoyé par vos ennemis pour attenter à la vie de Votre Majesté. Il vous a guéri, dites-vous ; et qui peut vous en assurer ? Il ne vous a peut-être guéri qu'en apparence, et non radicalement. Que sait-on si ce remède, avec le temps, ne produira pas un effet pernicieux ? »

» Le roi grec, qui avait naturellement fort peu d'esprit, n'eut pas assez de pénétration pour s'apercevoir de la méchante intention de son vizir, ni assez de fermeté pour persister dans son premier sentiment. Ce discours l'ébranla : « Vizir, dit-il, tu as raison ; il peut être venu exprès pour m'ôter la vie, ce qu'il peut fort bien exécuter par la seule odeur de quelqu'une de ses drogues. Il faut voir ce qu'il est à propos de faire dans cette conjoncture. »

» Quand le vizir vit le roi dans la disposition où il le voulait : « Sire, lui dit-il, le moyen le plus sûr et le plus prompt pour assurer votre repos et mettre votre vie en sûreté, c'est d'envoyer chercher tout à l'heure le médecin Douban, et de lui faire couper la tête dès qu'il sera arrivé. — Véritablement, reprit le roi, je crois que c'est par là que je dois prévenir son dessein. » En achevant ces paroles, il appela un de ses officiers, et lui ordonna d'aller chercher le médecin, qui, sans savoir ce que le roi lui voulait, courut au palais en diligence. « Sais-tu bien, dit le roi en le voyant, pourquoi je te demande ici ? — Non, sire, répondit-il, et j'attends que Votre Majesté daigne m'en instruire. — Je t'ai fait venir, reprit le roi, pour me délivrer de toi en te faisant ôter la vie. »

» Il n'est pas possible d'exprimer l'étonnement du médecin lorsqu'il entendit prononcer l'arrêt de sa mort. « Sire, lui dit-il, quel sujet peut avoir Votre Majesté de me faire mourir ? quel crime ai-je commis ? — J'ai appris de bonne part, répliqua le roi, que tu es un espion, et que tu n'es venu dans ma cour que pour attenter à ma vie ; mais pour te prévenir, je veux te ravir la tienne. — Frappe, ajouta-t-il au bourreau qui était présent, et me délivres d'un perfide qui ne s'est introduit ici que pour m'assassiner. »

» A cet ordre cruel, le médecin jugea bien que les honneurs et les bienfaits qu'il avait reçus lui avaient suscité des ennemis, et que le faible roi s'était laissé surprendre à leurs impostures. Il se repentait de l'avoir guéri de sa lèpre ; mais c'était un repentir hors de saison. « Est-ce ainsi, lui disait-il, que vous me récompensez du bien que je vous ai fait ? » Le roi ne l'écouta pas, et ordonna une seconde fois au bourreau de porter le coup mortel. Le médecin eut recours aux prières : « Hélas ! Sire, s'écria-t-il, prolongez-moi la vie, Dieu prolongera la vôtre ; ne me faites pas mourir, de crainte que Dieu ne vous traite de la même manière ! »

Le pêcheur interrompit son discours en cet endroit pour adresser la parole au génie. « Eh bien ! génie, tu vois que ce qui se passa alors entre le roi grec et le médecin Douban vient de se passer tout à l'heure entre nous deux. »

« Le roi grec, continua-t-il, au lieu d'avoir égard à la prière que le médecin venait de lui adresser, en le conjurant au nom de Dieu, lui repartit avec dureté : « Non, non, c'est une nécessité absolue que je te fasse périr : aussi bien pourrais-tu m'ôter la vie plus subtilement encore que tu ne m'as guéri. » Cependant le médecin, fondant en pleurs, et se plaignant pitoyablement de se voir si mal payé du service qu'il avait rendu au roi, se prépara à recevoir le coup de la mort. Le bourreau lui banda les yeux, lui lia les mains, et se mit en devoir de tirer son sabre.

» Alors les courtisans qui étaient présents, émus de compassion, supplièrent le roi de lui faire grâce, assurant qu'il n'était pas coupable, et répondant de son innocence ; mais le roi fut inflexible, et leur parla de sorte qu'ils n'osèrent lui répliquer.

» Le médecin étant à genoux, les yeux bandés, et prêt à recevoir le coup qui devait terminer son sort, s'adressa encore une fois au roi : « Sire, lui dit-il, puisque Votre Majesté ne veut pas révoquer l'arrêt de ma mort, je la supplie du moins de m'accorder la liberté d'aller jusque chez moi donner ordre à ma sépulture, dire le dernier adieu à ma famille, faire des aumônes, et léguer mes livres à des personnes capables d'en faire usage. J'en ai un, entre autres, dont je veux faire présent à Votre Majesté : c'est un livre fort précieux et très digne d'être soigneusement gardé dans votre trésor. — Et pourquoi ce livre est-il aussi précieux que tu le dis? répliqua le roi. — Sire, repartit le médecin, c'est qu'il contient une infinité de choses curieuses, dont la principale est que, quand on m'aura coupé la tête, si Votre Majesté veut bien se donner la peine d'ouvrir le livre au sixième feuillet et lire la troisième ligne de la page à main gauche, ma tête répondra à toutes les questions que vous voudrez lui faire. » Le roi, curieux de voir une chose si merveilleuse, remit sa mort au lendemain, et l'envoya chez lui sous bonne garde.

» Le médecin, pendant ce temps-là, mit ordre à ses affaires; et comme le bruit s'était répandu qu'il devait arriver un prodige inouï après son trépas, les vizirs, les émirs, les officiers de la garde, enfin toute la cour se rendit, le jour suivant, dans la salle d'audience, pour en être témoin.

» On vit bientôt paraître le médecin Douban, qui s'avança jusqu'au pied du trône royal avec un gros livre à la main. Là, il se fit apporter un bassin, sur lequel il étendit la couverture dont le livre était enveloppé; et présentant le livre au roi : « Sire, lui dit-il, prenez, s'il vous plaît ce livre, et aussitôt que ma tête sera coupée, commandez qu'on la mette dans le bassin sur la couverture du livre; dès qu'elle y sera, le sang cessera d'en couler : alors vous ouvrirez le livre, et ma tête répondra à toutes vos demandes. Mais, sire, ajouta-t-il, permettez-moi d'implorer encore une fois la clémence de Votre Majesté; au nom de Dieu, laissez-vous fléchir ! je vous proteste que je suis innocent. — Tes prières, répondit le roi, sont inutiles; et quand ce ne serait que pour entendre parler ta tête après ta mort, je veux que tu meu-

Voilà de quelle manière sont traités les princes qui font périr les innocents. (P. 29.)

res. » En disant cela, il prit le livre des mains du médecin, et ordonna au bourreau de faire son devoir.

» La tête fut coupée si adroitement qu'elle tomba dans le bassin ; et elle fut à peine posée sur la couverture que le sang s'arrêta. Alors, au grand étonnement du roi et de tous les spectateurs, elle ouvrit les yeux, et, prenant la parole : « Sire, dit-elle, que Votre Majesté ouvre le livre. » Le roi l'ouvrit, et trouvant que le premier feuillet était comme collé contre le second, pour le tourner avec plus de facilité, il porta le doigt à sa bouche, et le mouilla de sa salive. Il fit la même chose jusqu'au sixième feuillet, et ne voyant pas d'écriture à la page indiquée : « Médecin, dit-il à la tête, il n'y a rien d'écrit. — Tournez encore quelques feuillets, dit la tête. » Le roi continua d'en tourner, en portant toujours le doigt à sa bouche, jusqu'à ce que le poison, dont chaque feuillet était imbibé, venant à faire son effet, ce prince se sentit tout à coup agité d'un transport extraordinaire ; sa vue se troubla, et il se laissa tomber au pied de son trône avec de grandes convulsions. . . . .

» Quand le médecin Douban, ou, pour mieux dire, sa tête, vit que le poison faisait son effet, et que le roi n'avait plus que quelques moments à vivre : « Tyran, s'écria-t-elle, voilà de quelle
» manière sont traités les princes qui, abusant de leur autorité,
» font périr les innocents. Dieu punit tôt ou tard leurs injustices
» et leurs cruautés. » La tête eut à peine achevé ces paroles que le roi tomba mort, et qu'elle perdit elle-même le peu de vie qui lui restait. »

Sitôt que le pêcheur eut fini l'histoire du roi grec et du médecin, il en fit l'application au génie qu'il tenait toujours enfermé dans le vase.

« Si le roi grec, lui dit-il, eût voulu laisser vivre le médecin, Dieu l'aurait aussi laissé vivre lui-même ; mais il rejeta ses humbles prières, et Dieu l'en punit. Il en est de même de toi, ô génie ! si j'avais pu te fléchir et obtenir de toi la grâce que je te demandais, j'aurais présentement pitié de l'état où tu es ; mais puisque, malgré l'extrême obligation que tu m'avais de t'avoir mis en liberté, tu as persisté dans la volonté de me tuer, je dois, à mon tour, être impitoyable. Je vais, en te laissant dans ce vase et en te rejetant à la mer, t'ôter l'usage de la vie jusqu'à la fin des temps : c'est la vengeance que je prétends tirer de toi. — Pêcheur, mon ami, répondit le génie, je te conjure encore une fois de ne pas faire une si cruelle action ; songe qu'il n'est pas honnête de se venger, et qu'au contraire il est louable de rendre le bien pour le mal ; ne me traite pas comme Imama traita autrefois Ateca. — Et que fit Imama à Ateca? répliqua le pêcheur. — Oh! si tu souhaites de le savoir, repartit le génie, ouvre-moi ce vase; crois-tu que je sois en humeur de faire des contes dans une prison si étroite? Je t'en ferai autant que tu voudras quand tu m'auras tiré d'ici. — Non, dit le pêcheur, je ne te délivrerai pas ; c'est trop raisonner : je vais te précipiter au fond de la mer. — Encore un mot, pêcheur, s'écria le génie : je te promets de ne te faire aucun mal; bien éloigné de cela, je t'enseignerai un moyen de devenir puissamment riche. »

L'espérance de se tirer de la pauvreté désarma le pêcheur. « Je pourrais t'écouter, dit-il, s'il y avait quelque fonds à faire sur ta parole. Jure-moi, par le grand nom de Dieu, que tu feras de bonne foi ce que tu dis, et je vais t'ouvrir le vase : je ne crois pas que tu sois assez hardi pour violer un pareil serment. » Le génie le fit, et le pêcheur ôta aussitôt le couvercle du vase. Il en sortit à l'instant de la fumée, et le génie ayant repris sa forme de la même manière qu'auparavant, la première chose qu'il fit fut de jeter, d'un coup de pied, le vase dans la mer. Cette action effraya le pêcheur. « Génie, dit-il, qu'est-ce que cela signifie? ne voulez-vous pas garder le serment que vous venez de faire? et dois-je vous dire ce que le médecin Douban disait au roi grec : « Laissez-moi vivre, et Dieu prolongera vos jours! »

La crainte du pêcheur fit rire le génie, qui lui répondit: « Non, pêcheur, rassure-toi ; je n'ai jeté le vase que pour me divertir et voir si tu en serais alarmé ; et, pour te prouver que je te veux tenir parole, prends tes filets, et me suis. » En prononçant ces mots, il se mit à marcher devant le pêcheur, qui, chargé de ses filets, le suivait avec quelque sorte de défiance. Ils passèrent devant la ville, et montèrent au haut d'une montagne, d'où ils des-

HISTOIRE DU VIZIR PUNI

cendirent dans une vaste plaine qui les conduisit à un grand étang situé entre quatre collines.

Lorsqu'ils furent arrivés au bord de l'étang, le génie dit au pêcheur : » Jette tes filets, et prends du poisson. » Le pêcheur ne douta pas qu'il n'en prît, car il en vit une grande quantité dans l'étang; mais, ce qui le surprit extrêmement, c'est qu'il remarqua qu'il y en avait de quatre couleurs différentes, c'est-à-dire de blancs, de rouges, de bleus et de jaunes. Il jeta ses filets, et en amena quatre, dont chacun était d'une de ces couleurs. Comme il n'en avait jamais vu de pareils, il ne pouvait se lasser de les admirer; et jugeant qu'il en pouvait tirer une somme assez considérable, il en avait beaucoup de joie. « Emporte ces poissons, lui dit le génie, et va les présenter au sultan : il t'en donnera plus d'argent que tu n'en as manié en toute ta vie. Tu pourras venir tous les jours pêcher en cet étang; mais je t'avertis de ne jeter tes filets qu'une fois chaque jour; autrement, il t'en arrivera du mal. Prends-y garde; c'est l'avis que je te donne : si tu le suis exactement, tu t'en trouveras bien. » En disant cela, il frappa du pied la terre, qui s'ouvrit, et se referma après l'avoir englouti.

Le pêcheur, résolu de suivre de point en point les conseils du génie, se garda bien de jeter une seconde fois ses filets. Il reprit le chemin de la ville, fort content de sa pêche, et faisant mille réflexions sur son aventure. Il alla droit au palais du sultan pour lui présenter ses poissons.

Le sultan fut dans une surprise extrême lorsqu'il vit les quatre poissons que le pêcheur lui présenta. Il les prit l'un après l'autre pour les considérer avec attention, et après les avoir admirés assez longtemps : « Prenez ces poissons, dit-il à son premier vizir, et les portez à l'habile cuisinière que l'empereur des Grecs m'a envoyée; je m'imagine qu'ils ne seront pas moins bons qu'ils sont beaux. » Le vizir les porta lui-même à la cuisinière, et les lui remettant entre les mains : « Voilà, lui dit-il, quatre poissons qu'on vient d'apporter au sultan : il vous ordonne de les lui apprêter. » Après s'être acquitté de sa commission, il retourna vers le sultan son maître qui le chargea de donner au pêcheur quatre cents pièces d'or de sa monnaie; ce qu'il exécuta très fidèlement. Le pêcheur, qui n'avait jamais possédé une si grosse somme à la fois, concevait à peine son bonheur, et le regardait comme un songe; mais, il connut dans la suite qu'il était réel, par le bon usage qu'il en fit en l'employant aux besoins de sa famille.

Il faut maintenant parler de la cuisinière du sultan que nous allons trouver dans un grand embarras. Dès qu'elle eut nettoyé les poissons que le vizir lui avait donnés, elle les mit sur le feu dans une casserole, avec de l'huile pour les frire; lorsqu'elle les supposa assez cuits d'un côté, elle les tourna de l'autre. Mais, ô prodige inouï! à peine furent-ils tournés que le mur de la cuisine s'entr'ouvrit. Il en sortit une dame habillée d'une étoffe de satin à fleurs, façon d'Egypte, avec des pendants d'oreille, un collier de grosses perles, et des bracelets d'or garnis de rubis; et elle tenait une baguette de myrte à la main. Elle s'approche de la casserole, au grand étonnement de la cuisinière qui demeura immobile à cette vue; et, frappant un des poissons du bout de sa baguette : « Poisson, poisson, lui dit-elle, es-tu dans ton devoir? » Le poisson n'ayant rien répondu, elle répéta les mêmes paroles; et alors les quatre poissons levèrent la tête tous ensemble, et lui dirent très distinctement : « Oui, oui, si vous comptez, nous » comptons; si vous payez vos dettes, nous payons les nôtres; si » vous fuyez, nous vainquons, et nous sommes contents. » Dès qu'ils eurent achevé ces mots, la jeune dame renversa la casserole et rentra dans l'ouverture du mur, qui se referma aussitôt et se remit dans le même état où il était auparavant.

La cuisinière, que toutes ces merveilles avaient épouvantée, étant revenue de sa frayeur, alla relever les poissons qui étaient tombés sur la braise; mais elle les trouva plus noirs que du charbon, et hors d'état d'être servis au sultan. Elle en eut une vive douleur; et, se mettant à pleurer de toute sa force : « Hélas! disait-elle que vais-je devenir? quand je raconterai au sultan ce que j'ai vu, je suis assurée qu'il ne me croira pas; dans quelle colère sera-t-il contre moi? »

Pendant qu'elle s'affligeait ainsi, le grand vizir entra, et lui demanda si les poissons étaient prêts. Elle lui raconta tout ce qui lui était arrivée et ce récit, comme on le peut penser, l'étonna eaucoup; mais, sans en parler au sultan, il inventa une fable ui le contenta. Cependant, il envoya chercher le pêcheur à 'heure même, et quand il fut arrivé : « Pêcheur, lui dit-il, pporte-moi quatre autres poissons qui soient semblables à ceux ue tu as déjà apportés, car il est survenu certain malheur qui a mpêché qu'on ne les ait servis au sultan. » Le pêcheur ne lui dit as ce que le génie lui avait commandé; mais, pour se dispenser e fournir ce jour-là les poissons qu'on lui demandait, il s'excusa sur la longueur du chemin, et promit de les apporter le lendemain matin.

Effectivement, le pêcheur partit durant la nuit, et se rendit à l'étang. Il jeta ses filets, et les ayant retirés, il y trouva quatre poissons qui étaient, comme les autres, chacun d'une couleur différente. Il s'en retourna aussitôt, et les porta au grand vizir au moment qu'il lui avait indiqué. Ce ministre les prit et les porta lui-même dans la cuisine, où il s'enferma seul avec la cuisinière qui commença à les préparer devant lui, et qui les mit sur le feu, comme elle avait fait pour les quatre autres le jour précédent. Lorsqu'ils furent cuits d'un côté, et qu'elle les eut tournés de l'autre, le mur de la cuisine s'entr'ouvrit encore, et la même dame parut avec sa baguette à la main; elle s'approcha de la casserole, frappa un des poissons, lui adressa les mêmes paroles, et ils lui firent tous la même réponse en levant la tête.

Après qu'ils eurent répondu à la dame, elle renversa encore la casserole d'un coup de baguette, et se retira dans le même endroit de la muraille d'où elle était sortie. Le grand vizir ayant été témoin de ce qui s'était passé : « Cela est trop surprenant, dit-il, et trop extraordinaire, pour en faire un mystère au sultan; je vais de ce pas l'informer de ce prodige. » En effet, il l'alla trouver et lui fit un rapport fidèle.

Le sultan, fort surpris, témoigna un vif désir de voir cette merveille. Pour cet effet, il envoya chercher le pêcheur. « Mon ami, lui dit-il, ne pourrais-tu pas encore m'apporter quatre poissons de différentes couleurs? » Le pêcheur répondit au sultan que si Sa Majesté voulait lui accorder trois jours pour faire ce qu'il désirait, il lui promettait de la contenter. Les ayant obtenus, il alla à l'étang pour la troisième fois, et il ne fut pas moins heureux que les deux autres ; car, du premier coup de filet, il prit quatre poissons de couleurs différentes. Il ne manqua pas de les porter à l'heure même au sultan, qui en eut d'autant plus de joie qu'il ne s'attendait pas à les avoir sitôt, et qui lui fit donner encore quatre cents pièces d'or de sa monnaie.

Aussitôt que le sultan eut les poissons, il les fit porter dans son cabinet avec tout ce qui était nécessaire pour les faire cuire. Là, s'étant enfermé avec son grand vizir, ce ministre les prépara, les mit sur le feu dans une casserole, et quand ils furent cuits d'un côté, il les retourna de l'autre. Alors le mur du cabinet s'entr'ouvrit ; mais cette fois, au lieu d'une dame, ce fut un noir qui en sortit. Ce noir avait un habillement d'esclave ; il était d'une grosseur et d'une grandeur gigantesques, et tenait un gros bâton vert à la main. Il s'avança jusqu'à la casserole, et touchant de son bâton un des poissons, il lui dit d'une voix terrible : « Poisson, poisson, es-tu dans ton devoir ? » A ces mots les poissons levèrent la tête, et répondirent : « Oui, oui, nous y sommes : si vous comptez, nous comptons ; si vous payez vos dettes, nous payons les nôtres ; si vous fuyez, nous vainquons, et nous sommes contents. »

Les poissons eurent à peine achevé ces paroles, que le noir renversa la casserole au milieu du cabinet, et réduisit les poissons en charbon. Cela étant fait, il se retira fièrement, et rentra dans l'ouverture du mur : cette ouverture se referma, et le mur parut dans le même état qu'auparavant. « Après ce que je viens de voir, dit le sultan à son grand vizir, il ne me sera pas possible d'avoir l'esprit en repos. Ces poissons, sans doute, signifient quelque chose d'extraordinaire que je veux éclaircir. » Il envoya chercher le pêcheur : on le lui amena. « Pêcheur, lui dit-il, les poissons que tu nous a apportés me causent bien de l'inquiétude. En quel endroit les as-tu pêchés ? — Sire, répondit-il, je les ai pêchés dans un étang qui est situé entre quatre collines, au-delà de la montagne que l'on voit d'ici. — Connaissez-vous cet étang ? dit le sultan au vizir. — Non, sire, répondit le vizir, je n'en ai jamais entendu parler ; il y a pourtant soixante ans que je chasse aux environs et au-delà de cette montagne. » Le sultan demanda au pêcheur à quelle distance de son palais était cet étang ; le pêcheur assura qu'il n'y avait pas plus de trois heures de chemin. Sur cette assurance, et comme il restait encore assez de jour pour arriver avant la nuit, le sultan commanda à toute sa cour de monter à cheval, et le pêcheur leur servit de guide.

Ils montèrent tous la montagne ; et, à la descente, ils virent avec beaucoup de surprise une vaste plaine que personne n'avait remarquée jusqu'alors. Enfin, ils arrivèrent à l'étang, qu'ils trouvèrent effectivement situé entre quatre collines, comme le pêcheur l'avait rapporté. L'eau en était si transparente qu'ils remarquèrent que tous les poissons étaient semblables à ceux que le pêcheur avait apportés au palais.

Le sultan s'arrêta sur le bord de l'étang, et après avoir quelque temps regardé les poissons avec admiration, il demanda à ses émirs et à tous ses courtisans s'il était possible qu'ils n'eussent pas encore vu cet étang qui était si peu éloigné de la ville. Ils lui répondirent qu'ils n'en avaient jamais entendu parler. « Puisque vous soutenez tous, leur dit-il, que vous n'en avez jamais entendu parler, et que je ne suis pas moins étonné que vous de cette nouvelle, je suis résolu de ne pas rentrer dans mon palais que je n'aie su pour quelle raison cet étang se trouve ici, et pourquoi il n'y a dedans que des poissons de quatre couleurs. » Après avoir dit ces paroles, il ordonna de camper, et aussitôt son pavillon et les tentes de sa maison furent dressés sur les bords de l'étang.

A l'entrée de la nuit, le sultan, retiré sous son pavillon, parla en particulier à son grand vizir, et lui dit : « Vizir, j'ai l'esprit dans une extrême inquiétude : cet étang transporté en ces lieux, ce noir qui nous est apparu dans mon cabinet, ces poissons que nous avons entendus parler, tout cela aiguise tellement ma curiosité que je ne puis résister à l'impatience de la satisfaire. Pour cet effet, je médite un dessein que je veux absolument exécuter. Je vais seul m'éloigner de ce camp ; je vous ordonne de tenir mon absence secrète ; demeurez sous mon pavillon ; et demain matin, quand mes émirs et mes courtisans se présenteront à l'entrée, renvoyez-les, en leur disant que j'ai une légère indisposition, et que je veux être seul. Les jours suivants, vous continuerez à leur dire la même chose, jusqu'à ce que je sois de retour. »

Le grand vizir fit plusieurs observations au sultan pour tâcher de le détourner de son dessein ; il lui représenta le danger auquel il s'exposait, et la peine qu'il allait prendre peut-être inutilement. Mais il eut beau épuiser toute son éloquence, le sultan n'abandonna point sa résolution, et se prépara à l'exécuter. Il prit un habillement commode pour marcher à pied ; il se munit d'un sabre, et dès qu'il vit que tout était tranquille dans son camp, il partit sans être accompagné de personne.

Il tourna ses pas vers une des collines qu'il monta sans beaucoup de peine. Il en trouva la descente encore plus aisée ; et lorsqu'il fut dans la plaine, il marcha jusqu'au lever du soleil. Alors, apercevant de loin, devant lui, un grand édifice, il s'en réjouit dans l'espérance d'y pouvoir apprendre ce qu'il voulait savoir. Quand il en fut près, il remarqua que c'était un palais magnifique, ou plutôt un château très fort, d'un beau marbre noir poli, et couvert d'un acier fin et uni comme une glace de miroir. Ravi de n'avoir pas été longtemps sans rencontrer quelque chose digne au moins de sa curiosité, il s'arrêta devant la façade du château, et le considéra avec beaucoup d'attention.

Il s'avança ensuite jusqu'à la porte, qui était à deux battants, dont l'un était ouvert. Quoiqu'il lui fut facile d'entrer, il crut néanmoins devoir frapper. Il frappa assez légèrement, et attendit quelque temps ; mais ne voyant venir personne, il s'imagina qu'on ne l'avait pas entendu : c'est pourquoi il frappa un second coup plus fort ; mais ne voyant ni n'entendant venir personne, il redoubla ; personne ne parut encore. Cela le surprit extrêmement, car il ne pouvait supposer qu'un château si bien entretenu fût abandonné. « S'il n'y a personne, disait-il en lui-même, je n'ai rien à craindre ; et s'il y a quelqu'un, j'ai de quoi me défendre. »

Enfin le sultan entra, et s'avançant sous le vestibule : « N'y a-t-il personne ici, s'écria-t-il, pour recevoir un étranger qui aurait besoin de se rafraîchir en passant ? » Il répéta la même chose deux ou trois fois ; mais, quoiqu'il parlât fort haut, personne ne lui répondit. Ce silence augmenta son étonnement. Il passa dans une cour très spacieuse, et regardant de tous côtés pour voir s'il ne découvrirait point quelqu'un, il n'aperçut pas le moindre être vivant. Ne voyant personne dans la cour où il était, il entra dans de grandes salles dont les tapis de pied étaient de soie, les estrades et les sofas couverts d'étoffes de la Mecque, et les portières des plus riches étoffes des Indes, relevées d'or et d'argent. Il passa ensuite dans un salon

« Jette tes filets et prends du poisson », dit le génie au pêcheur. (P. 31.)

merveilleux au milieu duquel il y avait un grand bassin avec un lion d'or massif à chaque coin. Les quatre lions jetaient de l'eau par la gueule, et cette eau, en tombant, formait des diamants et des perles; ce qui n'accompagnait pas mal un jet d'eau qui, s'élançant du milieu du bassin, allait presque frapper le fond d'un dôme peint à l'arabesque.

Le château, de trois côtés, était environné d'un jardin que les parterres, les pièces d'eau, les bosquets et mille autres agréments concouraient à embellir; et ce qui achevait de rendre ce lieu admirable, c'était une infinité d'oiseaux qui y remplissaient l'air de leurs chants harmonieux, et qui y faisaient toujours leur demeure, parce que des filets tendus au-dessus des arbres et du palais les empêchaient d'en sortir.

Le sultan se promena longtemps d'appartement en appartement, où tout lui parut grand et magnifique. Lorsqu'il fut las de marcher, il s'assit dans un cabinet ouvert qui avait vue sur le jardin; et là, rempli de tout ce qu'il avait déjà vu et de tout ce qu'il voyait encore, il faisait des réflexions sur tous ces différents objets, quand tout à coup une voix plaintive, accompagnée de cris lamentables, vint frapper son oreille. Il écouta avec attention, et il entendit distinctement ces tristes paroles : « O fortune! » qui n'as pu me laisser jouir longtemps d'un heureux sort, et qui » m'as rendu le plus infortuné de tous les hommes, cesse de me » persécuter, et viens par une prompte mort mettre fin à mes » douleurs. Hélas! est-il possible que je sois encore en vie après » tous les tourments que j'ai soufferts! »

Le sultan, touché de ces pitoyables plaintes, se releva pour aller du côté d'où elles étaient parties. Lorsqu'il fut à la porte d'une grande salle, il ouvrit la portière, et vit un beau jeune homme très richement vêtu qui était assis sur un trône un peu élevé de terre! La tristesse était peinte sur son visage. Le sultan s'approcha de lui et le salua. Le jeune homme lui rendit son salut, en lui faisant une inclination de tête fort basse; et comme il ne se levait pas : « Seigneur, dit-il au sultan, je juge bien que vous méritez que je me lève pour vous recevoir et vous rendre tous les honneurs possibles; mais une raison si forte s'y oppose, que vous ne devez pas m'en savoir mauvais gré. — Seigneur, lui répondit le sultan, je vous suis fort obligé de la bonne opinion que vous avez de moi. Quant au sujet que vous avez de ne pas vous lever, quelle que soit votre excuse, je la reçois de fort bon cœur. Attiré par vos plaintes, pénétré de vos peines, je viens vous offrir mon secours. Plût à Dieu qu'il dépendît de moi d'apporter du soulagement à vos maux, je m'y emploierais de tout mon pouvoir! Je me flatte que vous voudrez bien me raconter l'histoire de vos malheurs; mais, de grâce, apprenez-moi auparavant ce que signifie cet étang qui est près d'ici, et où l'on voit des poissons de différentes couleurs; ce que c'est que ce château, pourquoi vous vous y trouvez, et d'où vient que vous y êtes seul. » Au lieu de répondre à ces questions, le jeune homme se mit à pleurer amèrement. « Que la fortune est inconstante! s'écria-t-il; elle se plaît à abaisser les hommes qu'elle a élevés. Où sont ceux qui jouissent tranquillement d'un bonheur qu'ils tiennent d'elle, et dont les jours sont purs et sereins? »

Le sultan, touché de compassion de le voir en cet état, le pria très instamment de lui dire le sujet d'une si grande douleur. « Hélas! seigneur, lui répondit le jeune homme, comment pourrais-je n'être pas affligé? et comment voulez-vous que mes yeux ne soient pas des sources intarissables de larmes? A ces mots, ayant levé sa robe, il fit voir au sultan qu'il n'était homme que depuis la tête jusqu'à la ceinture, et que l'autre moitié de son corps était de marbre noir.

Le sultan fut étrangement étonné quand il vit l'état déplorable dans lequel était le jeune homme. « Ce que vous me montrez-là, lui dit-il, en me donnant de l'horreur, irrite ma curiosité; je brûle d'apprendre votre histoire, qui doit être sans doute, fort étrange; et je suis persuadé que l'étang et les poissons y ont quelque part; ainsi, je vous conjure de me la raconter; vous y trouverez quelque consolation, puisqu'il est certain que les malheureux trouvent une espèce de soulagement à conter leurs malheurs. — Je ne veux pas vous refuser cette satisfaction, repartit le jeune homme, quoique je ne puisse vous la donner sans renouveler mes vives douleurs; mais je vous avertis par avance de préparer vos oreilles, votre esprit et vos yeux mêmes à des choses qui surpassent tout ce que l'imagination peut concevoir de plus extraordinaire. »

Histoire du jeune roi des Iles Noires

« Vous saurez, seigneur, continua-t-il, que mon père, qui s'appelait Mahmoud, était roi de cet Etat. C'est le royaume des Iles Noires, qui prend son nom de quatre petites montagnes voisines; car ces montagnes étaient autrefois des îles, et la capitale où mon père faisait son séjour était dans l'endroit où est présentement cet étang que vous avez vu. La suite de mon histoire vous instruira de tous ces changements.

» Le roi mon père perdit son épouse, ma mère, peu de temps après ma naissance. Il en épousa une autre qu'il choisit pour partager la dignité royale avec lui, et qui était sa cousine. Mais la nouvelle reine était ambitieuse et cruelle ; elle ne tarda pas à le montrer. Mon père me chérissait tendrement, comme son fils aîné; mais la reine conçut pour moi une aversion mortelle qui s'accrut encore bien davantage lorsqu'elle eut un fils. Elle se flattait de me faire déshériter par mon père, pour livrer la couronne à son fils. Mais mon père résista toujours à ses sollicitations importunes : aussi, depuis ce temps, elle ne perdit aucune occasion de me montrer son ressentiment.

» Mon père mourut bientôt, et je restai maître du trône. Il m'est impossible, seigneur, de vous dire quelle fut la fureur de la reine ma belle-mère de voir ses espérances déçues. Elle n'oublia rien pour me susciter des obstacles et provoquer mes sujets à la révolte. Je découvris une conspiration ourdie par mon frère lui-même, qui avait ainsi agi à l'instigation de sa mère. Alors, outré de tant d'ingratitude, j'ordonnai à mon grand vizir de se saisir de lui et de le livrer au bourreau, ce qui fut exécuté fidèlement.

Alors, seigneur, la reine devint comme une furie. « Cruel, dit-elle, ce n'était pas assez d'avoir frustré un frère de la couronne que sa naissance l'appelait à porter. » Transporté de colère, je l'interrompis vivement. « Oui, lui dis-je, j'ai fait châtier comme il le méritait cet indigne frère ; depuis longtemps j'aurais dû le traiter ainsi. » La reine me regarda avec un sourire moqueur. « Modère ton courroux, dit-elle. » En même temps elle prononça des paroles magiques que je n'entendis pas, et puis elle ajouta : « Par la vertu de mes enchantements, je te commande de devenir tout à l'heure moitié marbre et moitié homme. » Aussitôt, seigneur, je devins tel que vous me voyez, déjà mort parmi les vivants, et vivant parmi les morts.

» Après que la cruelle magicienne m'eut ainsi métamorphosé et fait passer dans cette salle par un autre enchantement, elle détruisit ma capitale, qui était très florissante et fort peuplée ; elle anéantit les maisons, les places publiques et les marchés, et en fit l'étang et la campagne déserte que vous avez pu voir. Les poissons de quatre couleurs qui sont dans l'étang, sont les quatre sortes d'habitants qui la composaient : les blancs étaient les Musulmans ; les rouges, les Perses, adorateurs du feu ; les bleus, les Chrétiens ; et les jaunes, les Juifs. Les quatre collines étaient les quatre îles qui donnaient le nom à ce royaume. J'appris tout cela de la magicienne, qui, pour comble d'affliction, m'annonça elle-même ces effets de sa rage. Ce n'est pas tout encore, elle n'a point borné sa fureur à la destruction de mon empire et à ma métamorphose : elle vient chaque jour me donner, sur les épaules nues, cent coups de nerfs de bœuf qui me mettent tout en sang. Quand ce supplice est achevé, elle me couvre d'une grosse étoffe de poil de chèvre, et me met par-dessus cette robe de brocart que vous voyez, non pour me faire honneur, mais pour se moquer de moi. »

En cet endroit de son discours, le jeune roi des Iles Noires ne put retenir ses larmes ; et le sultan en eut le cœur si serré qu'il ne put prononcer une parole pour le consoler. Peu de temps après, le jeune roi, levant les mains au ciel, s'écria : « Puissant Créateur » de toutes choses, je me soumets à vos jugements et aux décrets » de votre divine Providence ! Je souffre patiemment tous mes maux, puisque telle est votre volonté ; mais j'espère que votre bonté infinie m'en récompensera. »

Le sultan, attendri par le récit d'une histoire si étrange, et excité à venger ce malheureux prince, lui dit : « Apprenez-moi où se retire cette perfide magicienne. — Seigneur, répondit le prince, elle est dans un palais qui communique au château du côté de la porte, et qu'elle appelle le Palais des Larmes : c'est là qu'elle a fait élever un superbe tombeau à son indigne fils. Tous les jours, au lever du soleil, elle vient pleurer sur le tombeau de son fils, après avoir fait sur moi la sanglante exécution dont je vous ai parlé; et dont je ne puis me défendre. — Prince, repartit le sultan, on ne saurait être plus vivement touché de votre malheur que je le suis. Jamais rien de si extraordinaire n'est arrivé à personne; et les auteurs qui écriront votre histoire auront l'avantage de rapporter un fait surpassant tout ce qu'on a jamais écrit de plus surprenant. Il n'y manque qu'une chose : c'est la vengeance qui vous est due; mais je n'oublierai rien pour vous la procurer. »

En effet, le sultan, en s'entretenant avec le jeune prince, après lui avoir déclaré qui il était et pourquoi il était entré dans ce château, imagina un moyen de le venger, qu'il lui communiqua.

Ils convinrent des mesures qu'il y avait à prendre pour faire réussir ce projet, dont l'exécution fut remise au jour suivant. Cependant, la nuit étant fort avancée, le sultan prit quelque repos. Quant au jeune prince, il la passa, suivant la coutume, dans une insomnie continuelle, car il ne pouvait dormir depuis qu'il était enchanté; il avait quelque espérance, néanmoins, d'être bientôt délivré de ses souffrances.

Le lendemain, le sultan se leva dès qu'il fut jour; et, pour commencer à exécuter son dessein, il cacha dans un endroit son habillement de dessus qui l'aurait embarrassé, et s'en alla au Palais des Larmes. Il le trouva éclairé d'une infinité de flambeaux de cire blanche, et il sentit une odeur délicieuse qui sortait de plusieurs cassolettes d'or fin, d'un ouvrage admirable, toutes rangées dans un fort bel ordre. Il alla se cacher dans un appartement voisin, et y demeura pour exécuter le projet qu'il avait conçu.

La magicienne arriva bientôt. Son premier soin fut d'aller dans la chambre où était le roi des Iles Noires. Elle le dépouilla, et lui donna sur les épaules les cent coups de nerf de bœuf avec une barbarie qui n'a pas d'exemple. Le pauvre prince avait beau remplir le palais de ses cris et la conjurer de la manière la plus touchante d'avoir pitié de lui, elle ne cessa de le frapper qu'après lui avoir donné les cent coups. « Tu n'as pas eu compassion de mon fils, lui disait-elle, tu n'en dois pas attendre de moi. »

Après qu'elle lui eut donné les cent coups de nerf de bœuf, elle le revêtit du gros habillement de poil de chèvre et de la robe de brocart par-dessus. Elle alla ensuite au Palais des Larmes, et en y entrant, elle renouvela ses pleurs, ses cris et ses lamentations, et continua de pleurer longtemps sur le tombeau de son fils. Le sultan sortit alors, et s'approchant de la magicienne, le sabre à la main et prêt à la frapper : « Cruelle, dit-il, n'es-tu pas touchée des pleurs et des gémissements du prince qui t'implore avec tant d'instance! » La magicienne, effrayée, ne sut que répondre; mais voyant le sultan prêt à la frapper : « Seigneur, dit-elle, pour vous apaiser, je suis prête à faire ce que vous me commanderez. Voulez-vous que je lui rende sa première forme. — Oui, répondit le sultan, et hâte-toi de le mettre en liberté. »

La magicienne sortit aussitôt du Palais des Larmes, et le sultan la suivit. Elle prit une tasse d'eau, et prononça dessus des paroles qui la firent bouillir comme si elle eût été sur le feu. Elle alla ensuite à la salle où était le jeune roi; elle jeta de cette eau sur lui, en disant : « Si le Créateur de toutes choses t'a formé
» tel que tu es présentement, ou s'il est en colère contre toi, ne
» change pas; mais si tu n'es dans cet état que par la vertu de
» mon enchantement, reprends ta forme actuelle, et redeviens
» tel que tu étais auparavant. » A peine eut-elle achevé ces mots, que le prince, se retrouvant en son premier état, se leva librement avec toute la joie qu'on peut s'imaginer, et il rendit grâce à Dieu. Le sultan continuant toujours de la menacer : « Malheureuse, lui dit-il, si tu tiens à la vie, remets en leur premier état la ville et ses habitants, et les quatre îles que tu as détruites par tes enchantements. » La magicienne, effrayée, promit tout ce qu'on voulut. Elle partit, suivie du sultan, et lorsqu'elle fut

arrivée sur le bord de l'étang, elle prit un peu d'eau dans sa main et en fit une aspersion dessus.

Elle n'eut pas plutôt prononcé quelques paroles sur les poissons et sur l'étang, que la ville reparut à l'heure même. Les poissons redevinrent hommes, femmes ou enfants, mahométans, chrétiens, persans ou juifs, gens libres ou esclaves : chacun reprit sa forme naturelle. Les maisons et les boutiques furent bientôt remplies de leurs habitants qui y trouvèrent toutes choses dans le même état où elles étaient avant l'enchantement. La suite nombreuse du sultan, qui se trouva campée dans la plus grande place, ne fut pas peu étonnée de se voir en un instant au milieu d'une ville belle, vaste et bien peuplée.

Pour revenir à la magicienne, dès qu'elle eut fait ce changement merveilleux, elle voulut parler au sultan; mais il ne lui en laissa pas le loisir : il la saisit par le bras si brusquement qu'elle n'eut pas le temps de se reconnaître; et, d'un coup de sabre, il sépara son corps en deux parties, qui tombèrent l'une d'un côté, et l'autre de l'autre. Cela étant fait, il laissa le cadavre sur la place, et alla trouver le jeune prince des Iles Noires qui l'attendait avec impatience. « Prince, lui dit-il en l'embrassant, réjouissez-vous, vous n'aurez plus rien à craindre; votre cruelle ennemie n'est plus. »

Le jeune prince, pénétré de reconnaissance, remercia le sultan : et pour prix de lui avoir rendu un service si important, il lui souhaita une longue vie avec toutes sortes de prospérités. « Vous pouvez désormais, lui dit le sultan, demeurer paisible dans votre capitale, à moins que vous ne vouliez venir dans la mienne qui en est si voisine; je vous y recevrai avec plaisir, et vous n'y serez pas moins honoré et respecté que chez vous. — Puissant monarque à qui je suis si redevable, répondit le roi, vous croyez donc être fort près de votre capitale? — Oui, lui répliqua le sultan, je le crois; il n'y a pas plus de quatre ou cinq heures de chemin. — Il y a une année entière de voyage, reprit le jeune prince. Je veux bien croire que vous êtes venu ici de votre capitale dans le peu de temps que vous dites, parce que la mienne était enchantée; mais depuis qu'elle ne l'est plus, les choses ont bien changé. Cela ne m'empêchera pas de vous suivre, quand ce serait pour aller aux extrémités de la terre. Vous êtes mon libérateur, et pour vous donner toute ma vie des marques de ma reconnaissance, je prétends vous accompagner, et j'abandonne sans regret mon royaume. »

Le sultan, extraordinairement surpris d'apprendre qu'il était si loin de ses Etats, ne comprenait pas comment cela pouvait se faire. Mais le jeune roi des Iles Noires le convainquit si bien de cette possibilité, qu'il n'en douta plus. « Il n'importe, reprit alors le sultan, la peine de m'en retourner dans mes Etats est suffisamment récompensée par la satisfaction de vous avoir obligé et d'avoir acquis un fils en votre personne; car, puisque vous voulez bien me faire l'honneur de m'accompagner, et que je n'ai point d'enfant, je vous regarde comme tel, et je vous fais dès à présent mon héritier et mon successeur. »

L'entretien du sultan et du roi des Iles Noires se termina par les plus grands témoignages d'une amitié réciproque. Après quoi le jeune prince ne songea qu'aux préparatifs de son voyage. Ils furent achevés en trois semaines, au grand regret de toute sa cour et de ses sujets, qui reçurent de sa main un de ses proches parents pour leur roi.

Enfin, le sultan et le jeune prince se mirent en route avec cent chameaux chargés de richesses inestimables tirées des trésors du jeune roi, qui se fit suivre par cinquante cavaliers magnifiques, parfaitement bien montés et équipés. Leur voyage fut heureux; et lorsque le sultan, qui avait envoyé des courriers pour donner avis de son retard et de l'aventure qui en était la cause, fut près de sa capitale, les principaux officiers qu'il y avait laissés vinrent le recevoir, et l'assurèrent que sa longue absence n'avait apporté aucun changement dans son empire. Les habitants sortirent aussi en foule, le reçurent avec de grandes acclamations, et se livrèrent à des réjouissances qui durèrent plusieurs jours.

Le lendemain de son arrivée, le sultan fit à tous ses courtisans assemblés un détail fort ample des évènements qui, contre son attente, avaient rendu son absence si longue. Il leur déclara ensuite l'adoption qu'il avait faite du roi des quatre Iles Noires, qui avait bien voulu abandonner un grand royaume pour l'accompagner et vivre avec lui. Enfin, pour reconnaître la fidélité qu'ils lui avaient tous gardée, il leur distribua des largesses proportionnées au rang que chacun tenait à la cour.

Quant au pêcheur, qui était la première cause de la délivrance du jeune prince, le sultan le combla de biens, et le rendit, lui et sa famille, très heureux le reste de ses jours.

AVENTURES

DU CALIFE HAROUN-AL-RASCHID

Quelquefois nous sommes dans des transports de joie si extraordinaires, que nous communiquons aussitôt cette disposition d'esprit à ceux qui nous approchent, ou que nous participons aisément à la leur. Quelquefois aussi nous sommes dans une mélancolie si profonde, que nous sommes insupportables à nous-même, et que, bien loin d'en pouvoir dire la cause, — si on nous la demandait, — nous ne pourrions la trouver si nous la cherchions.

Le calife était un jour dans cette situation d'esprit, quand Giafar, son grand-vizir fidèle et aimé, vint se présenter devant lui. Ce ministre le trouva seul, ce qui lui arrivait rarement ; et comme il s'aperçut, en s'avançant, que le souverain était enseveli dans une humeur sombre, il s'arrêta en attendant qu'il daignât le regarder.

Le calife enfin leva les yeux et regarda Giafar ; mais il les détourna aussitôt, et demeura aussi immobile qu'auparavant. Comme le grand-vizir ne remarqua rien de fâcheux qui le concernât personnellement, il prit la parole : « Commandeur des croyants, dit-il, Votre Majesté me permet-elle de lui demander d'où peut venir la mélancolie qu'elle fait paraître, et dont il m'a toujours paru qu'elle était si peu capable?

— Il est vrai, vizir, répondit le calife en changeant de situation, que j'en suis peu susceptible, et sans toi je ne me serais pas aperçu de celle où tu me trouves, et dans laquelle je ne veux pas demeurer davantage. S'il n'y a rien de nouveau qui t'ait obligé à venir, tu me feras plaisir d'inventer quelque chose pour me distraire.

— Commandeur des croyants, reprit le grand-vizir Giafar, mon devoir seul m'a obligé à me rendre ici ; et, je prends la liberté de rappeler à Votre Majesté qu'elle s'est imposé le devoir de constater en personne si la police est bien observée dans sa capitale et aux environs. C'est aujourd'hui le jour qu'elle a bien voulu se prescrire pour cette corvée, et c'est l'occasion la meilleure qui s'offre d'elle-même pour dissiper les nuages qui offusquent sa gaieté ordinaire.

— Je l'avais oublié, répliqua le calife, et tu m'en fais souvenir fort à propos : va changer d'habit, pendant que je ferai la même chose de mon côté. »

Ils prirent chacun un habit de marchand étranger ; et, sous ce déguisement, ils sortirent seuls du jardin du palais par une porte secrète qui donnait sur la campagne. Ils firent une partie du circuit de la ville, par les dehors, jusqu'aux bords de l'Euphrate, à une distance assez éloignée de la porte de la ville qui était de ce côté-là, sans avoir rien observé qui fût contre le bon ordre. Ils traversèrent ce fleuve sur le premier bateau qui se présenta ; et, après avoir achevé le tour de l'autre partie de la ville opposée à celle qu'ils venaient de quitter, ils reprirent le chemin du pont qui servait de communication.

Ils passèrent ce pont, au bout duquel ils rencontrèrent un aveugle assez âgé qui demandait l'aumône. Le calife se détourna, et lui mit une pièce de monnaie d'or dans la main.

L'aveugle, à l'instant, lui prit la main et l'arrêta. « Charitable personne, dit-il, qui que vous soyez, que Dieu a inspiré de me faire l'aumône, ne me refusez pas la grâce que je vous demande de me donner un soufflet : je l'ai mérité, et même un plus grand châtiment... En achevant ces paroles, il quitta la main du calife pour lui laisser la liberté de lui donner un soufflet ; mais, de peur qu'il ne passât outre sans le faire, il le prit par son habit.

Le calife, surpris de la demande et de l'action de l'aveugle : « Bonhomme, dit-il, je ne puis t'accorder ce que tu me demandes ; je me garderai bien d'effacer le mérite de mon aumône par le

Le calife céda à l'importunité de l'aveugle et lui donna un soufflet. P. 51.)

mauvais traitement que tu prétends que je te fasse subir. » Et, en achevant ces paroles, il fit un effort pour faire quitter prise à l'aveugle.

Celui-ci, qui s'était douté de la répugnance de son bienfaiteur, par l'expérience qu'il en avait depuis longtemps, fit un grand effort pour le retenir. « Seigneur, reprit-il, pardonnez-moi ma hardiesse et mon importunité : donnez-moi, je vous prie, un soufflet, ou reprenez votre aumône : je ne puis la recevoir qu'à cette condition sans contrevenir à un serment solennel que j'ai fait devant Dieu ; et, si vous en saviez la raison, vous tomberiez d'accord avec moi que la peine est très légère. »

Le calife, qui ne voulait pas être retenu plus longtemps, céda à l'importunité de l'aveugle ; et il lui donna un soufflet assez léger. L'aveugle quitta prise aussitôt en le remerciant et en le bénissant. Le calife continua son chemin avec le grand-vizir. Mais à quelques pas de là, il dit au vizir : « Il faut que le sujet qui a porté cet aveugle à se conduire ainsi avec tous ceux qui lui font l'aumône soit un sujet grave ; je serais bien aise d'en être informé ; ainsi retourne ; fais-lui connaître qui je suis ; dis-lui qu'il ne manque pas de se trouver demain au palais au moment de la prière de l'après-dînée, et que je veux lui parler. »

Le grand-vizir retourna sur ses pas, fit son aumône à l'aveugle, et, après lui avoir donné un soufflet, il lui communiqua l'ordre, et vint rejoindre le calife.

Avant que le calife rentrât au palais, dans une rue par où il n'était pas passé depuis longtemps, il remarqua un édifice nouvellement bâti qui lui parut être l'hôtel de quelque seigneur de sa cour. Il demanda au grand-vizir s'il savait à qui il appartenait. Le grand-vizir répondit qu'il l'ignorait, mais qu'il allait s'en informer.

En effet, il interrogea un voisin, qui lui dit que cette maison appartenait à Cogia Hassan, surnommé Alhabbal, à cause de sa profession de cordier qu'il lui avait vu lui-même exercer dans une grande pauvreté ; et que, sans savoir par quel endroit la fortune l'avait favorisé, il avait acquis de si grands biens, qu'il soutenait fort honorablement la dépense qu'il avait faite pour bâtir cet édifice.

Le grand-vizir alla rejoindre le calife et lui rendit compte de ce qu'il venait d'apprendre. « Je veux voir ce Cogia Hassan Alhabbal, lui dit le calife; va lui dire qu'il se trouve demain à mon palais, à la même heure que l'autre. » Le grand-vizir ne manqua pas d'exécuter les ordres du calife.

Le lendemain, après la prière de l'après-dîner, le calife entra dans son appartement, et le grand-vizir y introduisit aussitôt les deux personnages dont nous avons parlé, et les présenta au calife.

Ils se prosternèrent devant le trône du commandeur des croyants, et quand ils furent relevés, le calife demanda à l'aveugle comment il s'appelait. « Je me nomme Baba-Abdallah, » répondit l'aveugle.

— Baba-Abdallah, reprit le calife, ta manière de demander l'aumône me parut hier si étrange, que, si je n'eusse été retenu par certaines considérations, je me fusse bien gardé d'avoir la complaisance que j'eus pour toi. Je t'ai donc fait venir ici pour savoir de toi quel est le motif qui t'a poussé à faire un serment aussi indiscret que le tien, et, sur ce que tu vas me dire, je jugerai si tu as bien fait, et si je dois te permettre de continuer une pratique qui me paraît d'un très mauvais exemple. Dis-moi donc, sans rien me déguiser, d'où t'est venue cette pensée extravagante. Ne me cache rien, je veux le savoir absolument. »

Baba-Abdallah, intimidé par cette réprimande, se prosterna une seconde fois le front contre terre, devant le trône du calife, et après s'être relevé : « Commandeur des croyants, dit-il aussitôt, je demande très humblement pardon à Votre Majesté de la hardiesse avec laquelle j'ai osé exiger d'elle et la forcer de faire une chose qui, à la vérité, paraît hors de bon sens. Je reconnais mon crime; mais, comme je ne connaissais pas alors Votre Majesté, j'implore sa clémence, et j'espère qu'elle aura égard à mon ignorance. Quant à ce qu'il lui plaît de traiter d'extravagance, j'avoue que c'en est une, et mon action doit paraître telle aux yeux des hommes; mais, à l'égard de Dieu, c'est une pénitence très modique d'un péché énorme dont je suis coupable, et que je n'expierais pas quand tous les mortels m'accableraient de soufflets les uns après les autres. C'est de quoi Votre Majesté sera le juge elle-même quand je lui aurai fait connaître cette faute énorme. »

Histoire de l'aveugle Baba-Abdallah

« Commandeur des croyants, continua Baba-Abdallah, je suis né à Bagdad, avec quelques biens dont je devais hériter de mon père et de ma mère, qui moururent tous deux à peu de jours l'un de l'autre. Quoique je fusse dans un âge peu avancé, je n'en usai pas néanmoins d'une façon inconsidérée ; je n'oubliai rien, au contraire, pour les augmenter par mon industrie, et par les peines que je me donnais. Enfin, j'étais devenu assez riche pour posséder quatre-vingts chameaux que je louais aux marchands des caravanes, et qui me valaient de grosses sommes à chaque voyage que je faisais en différents endroits.

» Au milieu de ce bonheur, et avec un puissant désir de devenir encore plus riche, un jour, comme je revenais de Balsora à vide avec mes chameaux que j'y avais conduits chargés de marchandises pour les Indes, et que je les faisais paître dans un lieu fort éloigné de toute habitation, un derviche à pied, qui allait à Balsora, vint m'aborder et s'assit auprès de moi pour se délasser. Je lui demandai d'où il venait, et où il allait. Il me fit les mêmes questions; et, après que nous eûmes satisfait notre curiosité de part et d'autre, nous mîmes nos provisions en commun, et nous mangeâmes ensemble.

» Pendant notre repas, après nous être entretenus de choses indifférentes, le derviche me dit que, dans un lieu peu éloigné de celui où nous étions, il connaissait un trésor plein de tant de richesses immenses que, quand mes quatre-vingts chameaux seraient chargés de l'or et des pierreries qu'on en pouvait tirer, il ne paraîtrait presque pas qu'on en eût rien enlevé.

» Cette bonne nouvelle me surprit et me charma en même temps. Je ne croyais pas le derviche capable de m'en faire accroire. Aussi, je me jetai à son cou, en lui disant : « Bon derviche, je vois bien que vous vous souciez peu des biens du monde : aussi, à quoi peut vous servir la connaissance de ce trésor? Vous êtes seul, et vous ne pouvez en emporter que très peu de chose : indiquez-moi où il est, j'en chargerai mes quatre-vingts chameaux, et je vous en ferai présent d'un en reconnaissance du bien et du plaisir que vous m'aurez faits. »

« J'offrais peu de chose, il est vrai, mais c'était beaucoup, à ce qu'il me paraissait, par rapport à l'excès d'avarice qui s'était emparé tout à coup de mon cœur depuis qu'il m'avait fait cette confidence, et je regardais les soixante-dix-neuf charges qui devaient me rester comme presque rien, en comparaison de celle dont je me priverais en la lui donnant.

» Le derviche ne se scandalisa pourtant pas de l'offre déraisonnable que je venais de lui faire. « Mon frère, me dit-il sans s'émouvoir, vous voyez bien vous-même que ce que vous m'offrez n'est pas proportionné au bienfait que vous me demandez. Je pouvais me dispenser de vous parler de ce trésor et garder mon secret. Mais ce que j'ai bien voulu vous en dire peut vous faire connaître la bonne intention que j'avais, et que j'ai encore, de vous obliger en faisant votre fortune et la mienne. J'ai donc une autre proposition plus juste et plus équitable à vous faire : c'est à vous de voir si elle vous convient. Vous dites que vous avez quatre-vingts chameaux : je suis prêt à vous mener où est le trésor : nous les chargerons, vous et moi, d'autant d'or et de pierreries qu'ils en pourront porter, à condition que, quand nous les aurons chargés, vous m'en céderez la moitié avec leur charge, et que vous retiendrez l'autre moitié : après quoi nous nous séparerons et les emmènerons où bon nous semblera, vous de votre côté, et moi du mien. Vous voyez que ce partage n'a rien qui ne soit dans l'équité, et que, si vous me faites grâce de quarante chameaux, vous aurez aussi, par mon entremise, de quoi en acheter un millier d'autres. »

» Je ne pouvais disconvenir que la proposition du derviche ne fût très équitable. Sans avoir égard néanmoins aux richesses qui pouvaient me revenir en l'acceptant, je regardais comme une grande perte la cession de la moitié de mes chameaux. Enfin, je payais déjà d'ingratitude un bienfait que je n'avais pas encore reçu du derviche. Mais il n'y avait pas à balancer, il fallait accepter la condition ou me résoudre à me repentir toute ma vie d'avoir, par ma faute, perdu l'occasion de faire une grande fortune.

» Dans le moment même, je rassemblai mes chameaux, et nous partîmes ensemble. Après avoir marché quelque temps, nous arrivâmes dans un vallon assez spacieux, dont l'entrée était fort étroite. Mes chameaux n'y purent passer qu'un à un ; mais comme le terrain s'élargissait, ils trouvèrent moyen d'y tenir tous ensemble sans se gêner. Les deux montagnes qui fermaient ce vallon, en se terminant en demi-cercle à l'extrémité, étaient si élevées, si escarpées et si impraticables, qu'il n'y avait pas à craindre qu'aucun mortel pût jamais nous apercevoir.

» Quand nous fûmes arrivés entre ces deux montagnes : « N'allons pas plus loin, me dit le derviche ; arrêtez vos chameaux, et faites-les coucher sur le ventre dans l'espace que vous voyez, afin que nous n'ayons pas de peine à les charger ; et, quand vous l'aurez fait, je procéderai à l'ouverture du trésor. »

» Je fis ce que le derviche m'avait dit, et j'allai le rejoindre aussitôt. Je le trouvai un briquet à la main, qui amassait un peu de bois sec pour faire du feu. Sitôt qu'il en eut allumé, il y jeta du parfum en prononçant quelques paroles dont je ne compris pas bien le sens, et aussitôt une grosse fumée s'éleva en l'air. Il sépara cette fumée ; et, au même instant, quoique le roc qui était entre les deux montagnes, et qui s'élevait en ligne perpendiculaire, parût n'avoir aucune espèce d'ouverture, il s'en fit une comme une espèce de porte à deux battants.

» Cette ouverture exposa à nos yeux, dans un grand enfoncement, un palais magnifique, pratiqué plutôt par le travail des génies que par celui de l'homme ; car il ne paraissait pas que des hommes eussent pu même s'aviser d'une entreprise si hardie.

» Mais, je n'admirai pas même les richesses infinies que je voyais de tous côtés ; et, sans m'arrêter à observer l'économie qu'on avait gardée dans l'arrangement de tant de trésors, comme l'aigle fond sur sa proie, je me jetai sur le premier tas de monnaie d'or qui se présenta devant moi, et je commençai à en mettre dans un sac, dont je m'étais déjà saisi, autant que je jugeai pouvoir en porter. Les sacs étaient grands, et je les eusse volontiers empli tous ; mais il fallait les proportionner aux forces de mes chameaux.

» Le derviche fit la même chose que moi, mais je m'aperçus qu'il s'attachait plutôt aux pierreries ; quand il m'en eut fait comprendre la raison, je suivis son exemple, et nous enlevâmes beaucoup plus de toutes sortes de pierreries que d'or monnayé. Nous achevâmes enfin d'emplir tous nos sacs, et nous en chargeâmes les chameaux. Il ne restait plus qu'à refermer le trésor, et à nous en aller.

» Avant de partir, le derviche rentra dans le trésor ; et comme il avait plusieurs grands vases d'orfévrerie, j'observai qu'il prit dans un de ces vases une petite boîte d'un certain bois qui m'était inconnu, et qu'il la mit dans son sein, après m'avoir montré qu'il n'y avait dedans qu'une espèce de pommade.

» Le derviche fit, pour fermer le trésor, la même cérémonie qu'il avait faite pour l'ouvrir ; et, après avoir prononcé certaines paroles, la porte du trésor se referma, et le rocher nous parut aussi entier qu'auparavant.

» Alors nous partageâmes nos chameaux, que nous fîmes lever avec leurs charges. Je me mis à la tête des quarante que je m'étais réservés, et le derviche se plaça à la tête des autres que je lui avais cédés.

» Nous marchâmes ensemble jusqu'au grand chemin, où nous devions nous séparer, le derviche pour continuer sa route vers Balsora, et moi pour revenir à Bagdad. Pour le remercier d'un si grand bienfait, j'employai les termes les plus chaleureux qui pouvaient lui marquer davantage ma reconnaissance. Nous nous embrassâmes avec bien de la joie ; et, après nous être dit adieu, nous nous éloignâmes chacun de notre côté.

» Je n'eus pas fait quelques pas, pour rejoindre mes chameaux, que le démon de l'ingratitude et de l'envie s'empara de mon cœur ; je déplorais la perte de mes quarante chameaux, et encore plus les richesses dont ils étaient chargés. « Le derviche n'a pas besoin de toutes ces choses, disais-je en moi-même; il est le maître des trésors; il en aura tant qu'il voudra. » Aussi je me déterminai tout à coup à lui enlever ses chameaux avec leur charge.

» Pour exécuter mon dessein, je commençai par faire arrêter mes chameaux. Ensuite, je courus après le derviche, que j'appelai de toute ma force pour lui faire comprendre que j'avais encore quelque chose à lui dire, et je lui fis signe de faire arrêter les siens et de m'attendre. Il entendit ma voix et il s'arrêta. Quand je l'eus rejoint : « Mon frère, lui dis-je, je ne vous ai pas eu plus tôt quitté, que j'ai considéré une chose à laquelle je n'avais pas pensé auparavant et à laquelle peut-être vous n'avez pas pensé vous-même. Vous êtes un bon derviche accoutumé à vivre tranquillement, sans autre embarras que celui de servir Dieu. Vous ne savez peut-être pas à quelle peine vous vous êtes engagé en vous chargeant d'un si grand nombre de chameaux. Si vous vouliez m'en croire, vous n'en emmèneriez que trente, et je crois que vous aurez encore bien de la difficulté à les gouverner. Vous pouvez vous en rapporter à moi, car j'en ai l'expérience.

» — Je crois que vous avez raison, reprit le derviche, et j'avoue que je n'y avais pas fait réflexion. Je commençais déjà à être inquiet sur ce que vous me représentez. Choisissez donc les dix qu'il vous plaira, emmenez-les, et allez à la garde de Dieu. »

» J'en choisis dix, et, après les avoir détournés, je les mis en chemin pour aller se placer à la suite des miens. Je ne croyais pas trouver, dans le derviche, une si grande facilité à se laisser persuader. Cela augmenta mon avidité, et je me flattai que je n'aurais pas de peine à en obtenir dix autres.

» En effet, au lieu de le remercier du riche présent qu'il venait de me faire : « Mon frère, lui dis-je encore, par l'intérêt que je prends à votre repos, je ne puis me séparer d'avec vous sans vous prier de considérer encore une fois combien trente chameaux chargés sont difficiles à mener pour un homme qui n'est pas accoutumé à ce travail. Vous vous trouveriez beaucoup mieux si vous me faisiez une grâce pareille à celle que vous venez de me faire. Ce que je vous en dis, comme vous le voyez, n'est pas tant pour l'amour de moi et pour mon intérêt que pour vous faire un grand plaisir : soulagez-vous donc de ces dix autres chameaux en faveur d'un homme comme moi, à qui il ne coûte pas plus de prendre soin de cent que d'un seul. »

» Mon discours fit l'effet que je souhaitais, et le derviche me céda sans aucune résistance les dix chameaux que je lui demandais, de manière qu'il ne lui en resta plus que vingt, et je me vis maître de soixante charges, dont la valeur surpassait les richesses de beaucoup de souverains.

Mais, commandeur des croyants, je me sentis plus enflammé qu'auparavant de l'envie de me procurer les vingt autres qui restaient encore au derviche.

» Je redoublai mes sollicitations, mes prières et mes importunités pour faire condescendre le derviche à m'en accorder encore dix des vingt. Il se rendit de bonne grâce; et, quant aux dix autres qui lui restaient, je lui fis tant d'amitiés, en le conjurant de ne pas me les refuser et de mettre par là le comble à l'obligation que je lui aurais éternellement, qu'il me combla de joie en m'annonçant qu'il y consentait. « Faites-en un bon usage, mon frère, ajouta-t-il, et souvenez-vous que Dieu peut nous ôter les richesses comme il nous les donne si nous ne nous en servons pas à secourir les pauvres, qu'il se plaît à laisser dans l'indigence exprès pour donner lieu aux riches de mériter par leurs aumônes une plus grande richesse dans l'autre monde. »

» Mon aveuglement était si grand, que je n'étais pas en état de profiter d'un conseil si salutaire. Je ne me contentai pas de me revoir possesseur de mes quatre-vingts chameaux; et il me vint dans l'esprit que la petite boîte de pommade que le derviche m'avait montrée pouvait bien être quelque chose de plus précieux que toutes les richesses dont je lui étais redevable. Cela me détermina à essayer de l'obtenir. Je venais de l'embrasser en lui disant adieu. « A propos, lui dis-je en retournant vers lui, que voulez-vous faire de cette petite boîte de pommade? Elle me paraît si peu de chose, qu'elle ne vaut guère la peine que vous l'emportiez ; je vous prie de m'en faire présent : aussi bien un derviche, comme vous, qui a renoncé aux vanités du monde, n'a pas besoin de pommade. »

» Plût à Dieu qu'il me l'eût refusée, cette boîte! Mais, quand il l'aurait voulu faire, je ne me possédais plus, j'étais plus fort que lui et bien résolu de la lui enlever par force, afin qu'il ne fût pas dit qu'il eût emporté la moindre chose du trésor.

» Loin de me la refuser, le derviche la tira aussitôt de son sein, et en me la présentant de la meilleure grâce du monde : « Tenez, mon frère, me dit-il, la voilà, et soyez content; si je puis faire davantage pour vous, vous n'avez qu'à demander, je suis prêt à vous satisfaire. »

» Quand j'eus la boîte entre les mains, je l'ouvris, et en considérant la pommade : « Puisque vous êtes de si bonne volonté, lui dis-je, et que vous ne vous lassez pas de m'obliger, je vous prie de vouloir bien me dire quel est l'usage particulier de cette pommade.

» — L'usage en est surprenant et merveilleux, repartit le derviche. Si vous appliquez un peu de cette pommade autour de l'œil gauche et sur la paupière, elle fera paraître devant vos yeux tous les trésors qui sont cachés dans le sein de la terre; mais si vous en appliquez de même à l'œil droit, elle vous rendra aveugle.

» Je voulais faire sur moi-même l'expérience d'un effet si admirable. « Prenez la boîte, dis-je au derviche en la lui présentant, et appliquez-moi de cette pommade sur l'œil gauche. Vous entendez cela mieux que moi. »

» Le derviche me fit fermer l'œil gauche et m'appliqua la pommade. Quand il eut terminé, j'ouvris l'œil, et j'éprouvai qu'il m'avait dit la vérité. Je vis en effet un nombre infini de trésors, remplis de richesses si prodigieuses et si diversifiées, qu'il ne me serait pas possible d'en donner un détail exact. Mais, comme j'étais obligé de tenir l'œil droit fermé avec la main et que cela me fatiguait, je priai le derviche de m'appliquer aussi de cette pommade autour de cet œil.

» Je suis prêt à le faire, me dit le derviche; mais, ajouta-t-il, je vous ai averti que si vous en mettez sur l'œil droit, vous deviendrez aveugle aussitôt. Telle est la vertu de cette pommade, il faut en prendre votre parti. »

» Loin de me persuader que le derviche me dît la vérité, je

m'imaginai, au contraire, qu'il voulait encore me cacher quelque nouveau mystère. « Mon frère, repris-je en souriant, je vois bien que vous voulez m'en faire accroire : il n'est pas naturel que cette pommade produise deux effets si opposés.

» — La chose est pourtant comme je vous le dis, repartit le derviche en prenant le nom de Dieu à témoin, et vous devez m'en croire sur ma parole, car je ne sais point déguiser la vérité. »

» Je ne voulus pas me fier à la parole du derviche, qui me parlait en homme d'honneur. L'envie insurmontable de contempler à mon aise tous les trésors de la terre, et peut-être d'en jouir toutes les fois que je voudrais m'en donner le plaisir, fit que je ne voulus pas me persuader d'une chose qui cependant n'était que trop vraie.

» Dans la prévention où j'étais, j'allai m'imaginer que si cette pommade avait la vertu de me faire voir tous les trésors de la terre en l'appliquant sur l'œil gauche, elle avait peut-être la vertu de les mettre à ma disposition en l'appliquant sur l'œil droit. Dans cette pensée, je m'obstinai à presser le derviche de m'en appliquer lui-même autour de l'œil droit, mais il refusa. « Après vous avoir procuré un si grand bien, mon frère, me dit-il, je ne puis me résoudre à vous faire un si grand mal. Considérez bien vous-même quel malheur est celui d'être privé de la vue, et ne me réduisez pas à la nécessité fâcheuse de vous complaire dans une chose dont vous auriez à vous repentir toute votre vie. »

» Je poussai mon opiniâtreté jusqu'au bout : « Mon frère, lui dis-je assez fermement, je vous prie de passer par-dessus toutes les difficultés que vous me faites. Vous m'avez accordé fort généreusement tout ce que je vous ai demandé jusqu'à présent : voulez-vous que je me sépare d'avec vous mécontent pour une chose de si peu d'importance? Au nom de Dieu, accordez-moi cette dernière faveur. Quoi qu'il en arrive, je ne m'en prendrai pas à vous, et la faute en sera sur moi seul. »

» Le derviche fit toute la résistance possible ; mais quand il vit que j'étais en état de l'y forcer : « Puisque vous le voulez absolument, me dit-il, je vais vous satisfaire. » Il prit un peu de cette pommade fatale et me l'appliqua donc sur l'œil droit, que je tenais

fermé ; mais, hélas ! quand je vins à l'ouvrir, je ne vis que ténèbres épaisses et je demeurai aveugle comme vous me voyez.

» Ah ! malheureux derviche ! m'écriai-je, ce que vous m'avez prédit n'est que trop vrai. Fatale curiosité, ajoutai-je, désir insatiable des richesses, dans quel abîme de malheurs m'allez-vous jeter ! Je sens bien à présent que je me les suis attirés ; mais vous, cher frère, m'écriai-je encore en m'adressant au derviche, qui êtes si charitable et si bienfaisant, entre tant de secrets merveilleux dont vous avez la connaissance, n'en avez-vous pas quelqu'un pour me rendre la vue ?

Le derviche poursuivit son chemin (p. 62)

» — Malheureux ! me répondit alors le derviche ; tu n'as que ce que tu mérites, et c'est l'aveuglement du cœur qui t'a attiré celui du corps. Il est vrai que j'ai des secrets, tu l'as pu connaître dans le peu de temps que j'ai été avec toi; mais je n'en ai pas pour te rendre la vue. Adresse-toi à Dieu; il n'y a que lui qui puisse te la rendre. Il t'avait donné des richesses dont tu étais indigne, il te les a ôtées, et il va les donner par mes mains à des hommes qui en seront plus reconnaissants que toi. »

» Le derviche n'en dit pas davantage, et je n'avais rien à lui répliquer. Il me laissa seul, accablé de confusion et plongé dans un excès d'une douleur qu'on ne peut exprimer; et, après avoir rassemblé mes quatre-vingts chameaux, il poursuivit son chemin jusqu'à Balsora.

» Je le priai de ne point m'abandonner en cet état malheureux et de m'aider du moins à me conduire jusqu'à la première caravane, mais il resta sourd à mes prières et à mes cris. Ainsi, privé de la vue et de tout ce que je possédais au monde, je serais mort d'affliction et de faim, si le lendemain une caravane qui revenait de Balsora n'eût bien voulu me recevoir charitablement et me ramener à Bagdad.

» D'une situation à être l'égal des princes, sinon en puissance, du moins en richesses, je me vis sans aucune ressource, et réduit à la mendicité. Il fallut donc me résoudre à demander l'aumône, et c'est ce que j'ai fait jusqu'à présent. Mais, pour expier mon crime envers Dieu, je m'imposai en même temps la peine d'un soufflet de la part de chaque personne charitable qui aurait compassion de ma misère.

» Voilà enfin, commandeur des croyants, le motif de ce qui parut hier si étrange à Votre Majesté. Je lui en demande pardon encore une fois, en me soumettant à recevoir le châtiment que j'ai mérité. Et si elle daigne prononcer sur la pénitence que je me suis imposée, je suis persuadé qu'elle la trouvera de beaucoup au-dessous de mon crime. »

Quand l'aveugle eut achevé son histoire, le calife lui dit : « Baba-Abdallah, ton péché est grand; mais Dieu soit loué de ce que tu en as connu l'énormité, et de la pénitence publique que tu en as faite jusqu'à présent! C'est assez; il faut que dorénavant tu la continues en particulier, en ne cessant de demander pardon à

Dieu dans chacune de tes prières. Et afin que tu n'en sois pas détourné par le soin de demander ta vie, je te fais une aumône perpétuelle, de quatre drachmes d'argent par jour, que mon grand-vizir te fera donner. Ainsi ne t'en retourne pas, et attends qu'il ait exécuté mon ordre. »

A ces paroles, Baba-Abdallah se prosterna devant le trône du calife, et en se relevant, il lui souhaita toutes sortes de bonheur et de prospérité.

Le calife Haroun-Al-Raschid, content de l'histoire de Baba-Abdallah et du derviche, s'adressa ensuite à Cogia Hassan Alhabbal : « Cogia Hassan, lui dit-il, en passant hier devant ton hôtel, il me parut si magnifique que j'eus la curiosité de savoir à qui il appartenait. J'appris que tu l'avais fait bâtir après avoir fait profession d'un métier qui te produisait à peine de quoi vivre. On me dit aussi que tu faisais un bon usage des richesses que Dieu t'a données, et que tes voisins disaient mille biens de toi. Tout cela m'a fait plaisir, et je suis bien persuadé que les voies par lesquelles il a plu à la Providence de te gratifier de ses dons sont extraordinaires. Je suis curieux de les apprendre par toi-même, et c'est pour me donner cette satisfaction que je t'ai fait venir. Parle-moi donc avec sincérité, afin que je me réjouisse en prenant part à ton bonheur. Et afin que ma curiosité ne te soit pas suspecte, et que tu ne croies pas que j'y prenne autre intérêt que celui que je viens de te dire, je te déclare que, loin d'y avoir aucune prétention, je te donne ma protection pour en jouir en toute sûreté. »

Sur ces assurances du calife, Cogia Hassan se prosterna devant son trône, frappa de son front le tapis dont il était couvert, et après qu'il se fut relevé : « Commandeur des croyants, dit-il, tout autre que moi aurait pu être troublé en recevant l'ordre de venir paraître devant Votre Majesté ; mais, comme je n'ai rien commis contre l'obéissance que je lui dois, ni contre les lois, qui ait pu m'attirer son indignation, la seule chose qui m'ait fait de la peine est la juste crainte dont j'ai été saisi de n'en pouvoir soutenir l'éclat. Néanmoins, je me suis rassuré, et je n'ai pas douté qu'elle ne me donnât elle-même le courage et la confiance de lui procurer la satisfaction qu'elle pourrait exiger de moi. »

» C'est, commandeur des croyants, ce que Votre Majesté vient de me faire expérimenter en m'accordant sa puissante protection sans savoir si je la mérite. J'espère néanmoins qu'elle demeurera dans un sentiment qui m'est si avantageux, quand, pour satisfaire à son commandement, je lui aurai fait le récit de mes aventures. »

Après ce petit compliment pour se concilier la bienveillance et l'attention du calife, et après avoir, pendant quelques moments, rappelé dans sa mémoire ce qu'il avait à dire, Cogia Hassan reprit la parole en ces termes :

Histoire de Cogia Hassan Alhabbal

« Commandeur des croyants, dit-il, pour mieux faire entendre à Votre Majesté par quelles voies je suis parvenu au bonheur dont je jouis, je dois, avant toutes choses, commencer par lui parler de deux amis intimes, citoyens de cette même ville de Bagdad, — qui vivent encore, et qui peuvent rendre témoignage de la vérité, — auxquels j'en suis redevable après Dieu, le premier auteur de tout bien et de tout bonheur.

» Ces deux amis s'appellent, l'un Saadi et l'autre Saad : Saadi, qui est puissamment riche, a toujours été d'avis qu'un homme ne peut être heureux en ce monde qu'autant qu'il a des biens et de grandes richesses.

» Saad est d'un autre sentiment : il convient qu'il faut avoir des richesses autant qu'elles sont nécessaires à la vie; mais il soutient que la vertu doit faire le bonheur des hommes sans d'autre attache aux biens du monde que par rapport aux besoins qu'ils peuvent en avoir et que pour en faire des libéralités selon leur pouvoir. Saad est de ce nombre, et il vit très heureux et très content dans l'état où il se trouve. Quoique Saadi soit infiniment plus riche que lui, leur amitié est très sincère, et le plus riche ne s'estime pas plus que l'autre. Ils n'ont jamais eu de contestation que sur ce point.

» Un jour, dans leur entretien, à peu près sur le même sujet, comme je l'ai appris d'eux-mêmes, Saadi prétendait que les pauvres n'étaient pauvres que parce qu'ils étaient nés dans la pauvreté, ou que, nés avec des richesses, ils les avaient perdues ou par la débauche ou par quelqu'une des fatalités imprévues qui ne sont pas extraordinaires. « Mon opinion, disait-il, est que ces pauvres ne le sont que parce qu'ils ne peuvent parvenir à amasser une somme d'argent assez grosse pour se tirer de la misère en employant leur industrie à la faire valoir, et mon sentiment est que s'ils venaient à ce point, et qu'ils fissent un usage convenable de cette somme, ils ne deviendraient pas seulement riches, mais même très opulents avec le temps. »

» Saad ne convint pas de la proposition de Saadi. « Le moyen que vous proposez, reprit-il, pour faire qu'un pauvre devienne riche, ne me paraît pas aussi certain que vous le croyez. Ce que vous en pensez est fort équivoque, et je pourrais appuyer mon sentiment contre le vôtre de plusieurs bonnes raisons qui nous mèneraient trop loin. Je crois, au moins avec autant de probabilité, qu'un pauvre peut devenir riche par tout autre moyen qu'avec une somme d'argent. On fait souvent, par un hasard, une fortune plus grande et plus surprenante qu'avec une somme d'argent telle que vous le prétendez, quelque ménagement et quelque économie que l'on apporte pour le faire multiplier par un négoce bien conduit.

» — Saad, repartit Saadi, je vois bien que je ne gagnerais rien avec vous en persistant à soutenir mon opinion contre la vôtre. Je veux en faire l'expérience pour vous en convaincre, en donnant, par exemple, en pur don, une somme telle que je me l'imagine, à un de ces artisans pauvres de père en fils, qui vivent au jour le jour. Si je ne réussis pas, nous verrons si vous réussirez mieux de la manière que vous l'entendez. »

» Quelques jours après cette contestation, il arriva que les deux amis, en se promenant, passèrent dans le quartier où je travaillais de mon métier de cordier, que j'avais appris de mon père, et qu'il avait lui-même appris de mon aïeul, et ce dernier de nos ancêtres. A voir mon habillement, ils n'eurent pas de peine à juger de ma pauvreté.

» Saad, qui se souvint de l'engagement de Saadi, lui dit : « Si vous n'avez pas oublié à quoi vous vous êtes engagé avec moi, voilà un homme, ajouta-t-il en me désignant, que je vois depuis longtemps faire le métier de cordier, et toujours dans le même état de pauvreté. C'est un sujet digne de votre libéralité, et bien propre à l'expérience dont vous parliez l'autre jour.

» — Je m'en souviens si bien, reprit Saadi, que je porte sur moi de quoi faire l'expérience que vous dites, et je n'attendais que l'occasion. Abordons-le, et sachons si véritablement il en a besoin.

» Les deux amis vinrent à moi, et comme je vis qu'ils voulaient me parler, je cessai mon travail, et Saadi me demanda comment je m'appelais.

« Seigneur, lui dis-je, mon nom est Hassan ; et à cause de ma profession, je suis connu sous le nom de Hassan Alhabbal.

» Hassan, reprit Saadi, comme il n'y a pas de métier qui ne nourrisse son maître, je ne doute pas que le vôtre ne vous fasse gagner de quoi vivre à votre aise, et même je m'étonne que, depuis le temps que vous l'exercez, vous n'ayez pas fait quelque épargne et que vous n'ayez pas acheté une bonne provision de chanvre pour faire plus de travail.

» Seigneur, lui repartis-je, vous cesserez de vous étonner, quand vous saurez qu'avec tout le travail que je puis faire depuis le matin jusqu'au soir, j'ai de la peine à gagner de quoi me nourrir, moi et ma famille, de pain et de quelques légumes. J'ai une femme et cinq enfants, dont pas un n'est en âge de m'aider en la moindre chose : il faut les entretenir et les habiller, et dans un ménage, si petit qu'il soit, il y a toujours mille choses nécessaires dont on ne peut se passer. Quoique le chanvre ne soit pas cher, il faut néanmoins de l'argent pour en acheter, et c'est le premier que je mets à part de la vente de mon travail ; sans cela, il ne me serait pas possible de fournir à la dépense de ma maison. « Jugez, seigneur, s'il est possible que je fasse des épargnes pour me mettre plus au large moi et ma famille. Il nous suffit que nous soyons contents du peu que Dieu nous donne, et qu'il nous ôte la connaissance et le désir de ce qui nous manque.

» Quand j'eus donné tous ces détails à Saadi : « Hassan, me

dit-il, je ne suis plus dans l'étonnement où j'étais, et je comprends toutes les raisons qui vous obligent à vous contenter de l'état où vous vous trouvez. Mais si je vous faisais présent d'une bourse de deux cents pièces d'or, ne croyez-vous pas qu'avec cette somme vous puissiez devenir bientôt aussi riche que les principaux de votre profession ?

» — Seigneur, repris-je, vous me paraissez un si honnête homme, que je suis persuadé que vous ne voudriez pas vous moquer de moi, et que l'offre que vous me faites est sérieuse. J'ose donc vous dire, sans trop présumer de mes forces, qu'une somme beaucoup moindre me suffirait, non seulement pour devenir aussi riche que les principaux de ma profession, mais même pour le devenir, en peu de temps, plus moi seul qu'ils ne le sont tous ensemble dans cette ville de Bagdad.

» Le généreux Saadi me montra sur-le-champ qu'il avait parlé sérieusement. Il tira la bourse de son sein, et en me la mettant entre les mains : « Prenez, me dit-il, voilà la bourse, vous y trouverez les deux cents pièces d'or bien comptées. Je prie Dieu qu'il vous fasse la grâce d'en faire le bon usage que je souhaite; et croyez que mon ami Saad, que voici, et moi, nous aurons un très grand plaisir quand nous apprendrons qu'elles vous auront servi à vous rendre plus heureux que vous ne l'êtes. »

» Commandeur des croyants, quand j'eus reçu la bourse et que je l'eus mise dans mon sein, je fus dans un transport de joie si grand et tellement pénétré de reconnaissance que la parole me manqua, et qu'il ne me fut pas possible d'en donner autre marque à mon bienfaiteur que d'avancer la main pour lui prendre le bord de sa robe et la baiser. Mais il la retira, en s'éloignant, et ils continuèrent leur chemin, lui et son ami.

En reprenant mon ouvrage, la première pensée qui me vint fut d'aviser où je mettrais la bourse en sûreté. Je n'avais dans ma pauvre maison ni coffre, ni armoire qui fermât, ni aucun lieu où je pusse m'assurer qu'elle ne serait pas découverte si je l'y cachais. Dans cette perplexité, comme j'avais coutume de cacher le peu de monnaie que j'avais dans les plis de mon turban, je quittai mon ouvrage et je rentrai chez moi sous prétexte de le raccommoder. Je pris si bien mes précautions que, sans que ma femme et mes enfants s'en aperçussent, je tirai dix pièces d'or de la bourse, que je mis à part pour les dépenses les plus pressées, et j'enveloppai le reste dans les plis de la toile qui entourait mon bonnet.

» La principale dépense que je fis, dès le même jour, fut d'acheter une bonne provision de chanvre; ensuite, comme il y avait longtemps qu'on n'avait vu de viande dans ma famille, j'allai à la boucherie et j'en achetai pour le souper.

» En m'en revenant, je tenais ma viande à la main, lorsqu'un milan affamé fondit dessus, et me l'eût arrachée de la main si je n'eusse tenu ferme contre lui. Mais, hélas! j'aurais bien mieux fait de la lui lâcher pour ne pas perdre ma bourse. Plus il trouvait en moi de résistance, plus il s'opiniâtrait. Il me traînait de côté et d'autre, pendant qu'il se soutenait en l'air sans quitter prise; alors, il arriva que dans les efforts que je faisais, mon turban tomba par terre.

» Aussitôt, le milan lâcha prise et se jeta sur mon turban avant que j'eusse eu le temps de le ramasser, et l'enleva. Je poussai des cris si perçants que les hommes, femmes et enfants en furent effrayés, et joignirent leurs cris aux miens pour tâcher de faire quitter prise à l'oiseau.

» On réussit souvent, par ce moyen, à forcer ces rapaces à lâcher ce qu'ils ont enlevé. Mais les cris n'épouvantèrent pas le milan . il emporta mon turban si loin, que nous le perdîmes tous de vue avant qu'il l'eût lâché. Ainsi, il eut été inutile de me donner la peine et la fatigue de courir après pour le recouvrer.

» Je retournai chez moi fort triste de la perte que je venais de faire de mon turban et de mon argent. Il fallut cependant en acheter un autre, ce qui fit une nouvelle brèche aux dix pièces d'or que j'avais tirées de la bourse. J'en avais déjà dépensé pour l'achat du chanvre, et ce qui me restait ne suffisait pas pour me donner lieu de remplir les belles espérances que j'avais conçues.

» Ce qui me fit le plus de peine fut le peu de satisfaction que mon bienfaiteur aurait d'avoir si mal placé sa libéralité, quand il

Le milan lâcha prise, se jeta sur mon turban et l'enleva. (P. 68.)

apprendrait le malheur qui m'était arrivé, et qu'il regarderait peut-être comme incroyable.

» Tant que dura le peu qui me restait des dix pièces d'or, nous nous en ressentîmes ma petite famille et moi ; mais je retombai bientôt dans le même état et dans la même impuissance de me tirer hors de misère. Je n'en murmurai pourtant pas : « Dieu, disais-je, a voulu m'éprouver, je me soumets à sa volonté. »

» J'étais dans ces sentiments pendant que ma femme, à qui je n'avais pu m'empêcher de faire part de la perte que j'avais faite, était inconsolable. Il m'était échappé aussi, dans le trouble où j'étais, de dire à mes voisins qu'en perdant mon turban, je perdais une bourse de cent quatre-vingt-dix pièces d'or ; mais comme ma pauvreté leur était connue et qu'ils ne pouvaient pas comprendre que j'eusse gagné une si grosse somme par mon travail, ils ne firent qu'en rire, et les enfants plus qu'eux.

» Il y avait environ six mois que le milan m'avait causé le malheur que je viens de raconter à Votre Majesté, lorsque les deux amis passèrent auprès du quartier où je demeurais. Le voisinage fit que Saad se souvint de moi. Il dit à Saadi : « Nous ne sommes pas loin de la rue, où demeure Hassan Alhabbal ; passons-y, et voyons si les deux cents pièces d'or que vous lui avez données ont contribué pour quelque chose à le mettre en chemin de faire au moins une fortune meilleure que celle dans laquelle nous l'avons vu.

— Je le veux bien, reprit Saadi ; il y a quelques jours, ajouta-t-il, que je pensais à lui et à la satisfaction que j'aurais en vous rendant témoin de la preuve de ma proposition. Vous allez voir un grand changement en lui, et je m'attends que nous aurons de la peine à le reconnaître. »

» Les deux amis s'étaient déjà détournés, et ils entrèrent dans la rue, quand Saadi parlait encore. Saad, qui m'aperçut de loin le premier, dit à son ami : « Il me semble que vous preniez gain de cause trop tôt. Je vois Hassan Alhabbal, mais il ne me paraît aucun changement en sa personne ; il est aussi mal habillé qu'il l'était quand nous lui avons parlé ensemble ; la différence que j'y vois, c'est que son turban est un peu moins malpropre : voyez vous-même si je me trompe. »

» En approchant, Saadi, qui m'avait aperçu aussi, vit bien que Saad avait raison, et il ne savait sur quoi fonder le peu de changement qu'il vit en ma personne. Il en fut même si étonné, que ce ne fut pas lui qui me parla quand ils m'eurent abordé : « Eh bien! Hassan, me dit Saad, nous ne vous demandons pas comment vont vos petites affaires depuis que nous ne vous avons vu; elles ont pris sans doute un meilleur train; les deux cents pièces d'or doivent y avoir contribué.

» — Seigneurs, repris-je en m'adressant à tous les deux, j'ai une grande mortification d'avoir à vous apprendre que vos souhaits, vos vœux et vos espérances, aussi bien que les miennes, n'ont pas eu le succès que vous aviez lieu d'attendre et que je m'étais promis à moi-même. Vous aurez de la peine à ajouter foi à l'aventure extraordinaire qui m'est arrivée; je vous assure néanmoins, en homme d'honneur, que rien n'est plus véritable que ce que vous allez entendre. » Alors je leur racontai mon aventure.

» — Hassan, dit Saadi, vous vous moquez de moi, et vous voulez me tromper; ce que vous me dites est une chose incroyable : les milans n'en veulent pas aux turbans; ils ne cherchent que de quoi contenter leur avidité. Vous avez fait comme tous les gens de votre sorte ont coutume de faire : si quelque bonne fortune qu'ils n'attendaient pas leur arrive, ils abandonnent leur travail, ils se divertissent, ils font bonne chère tant que l'argent dure, et, dès qu'ils ont tout mangé, ils se retrouvent dans les mêmes besoins qu'auparavant.

» — Seigneur, repris-je, je souffre tous ces reproches, avec d'autant plus de patience que je crois n'en avoir mérité aucun. La chose est si publique dans le quartier, qu'il n'y a personne qui ne vous en rende témoignage. Informez-vous-en vous-même, et vous verrez que je ne vous en impose pas. J'avoue que je n'avais pas entendu dire que des milans eussent enlevé des turbans, mais la chose est arrivée, comme une infinité d'autres dont on n'avait jamais été témoin, et qui arrivent tous les jours. »

» Saad prit mon parti, et il raconta à Saadi tant d'autres histoires de milans non moins surprenantes, qu'à la fin il tira sa bourse de son sein : il me compta deux cents pièces d'or, que je mis à mesure dans mon sein, faute de bourse.

» Quand Saadi eut achevé de me compter cette somme : « Hassan, me dit-il, je veux bien vous faire encore présent de deux cents pièces d'or ; mais prenez garde de les perdre aussi malheureusement que les autres. Je lui témoignai que je ne méritais pas cette seconde grâce, après ce qui m'était arrivé, et que je n'oublierais rien pour profiter de son bon conseil. Je voulais poursuivre, mais il ne m'en donna pas le temps ; et il continua sa promenade.

» Je ne repris mon travail qu'après leur départ : je rentrai chez moi, où ma femme ni mes enfants ne se trouvaient alors. Je mis à part dix pièces d'or des deux cents, et j'enveloppai les cent quatre-vingt-dix autres dans un linge que je nouai. Il s'agissait de cacher le linge dans un lieu de sûreté. Après y avoir bien songé, je m'avisai de le mettre au fond d'un grand vase de terre plein de son, où je m'imaginai bien que ma femme ni mes enfants n'iraient le chercher. Ma femme revint peu de temps après, et comme il ne me restait que très peu de chanvre, sans lui parler des deux amis, je lui dis que j'allais en acheter.

» Je sortis ; mais, pendant que j'étais allé faire cette emplette, un vendeur de terre à décrasser, dont les femmes se servent au bain, vint à passer par la rue et se fit entendre par son cri. Ma femme, qui n'avait plus de cette terre, appelle le vendeur, et comme elle n'avait pas d'argent, elle lui demande s'il voulait lui donner de sa terre en échange de son. Le vendeur demande à voir le son ; ma femme lui montre le vase. Le marché se conclut. Elle reçoit la terre à décrasser, et le vendeur emporte le vase avec le son.

» Je revins chargé de chanvre autant que j'en pouvais porter, suivi de cinq porteurs chargés comme moi de la même marchandise, dont j'emplis une soupente que j'avais ménagée dans ma maison. Je satisfis les porteurs de leur peine, et après qu'ils furent partis, je pris quelques moments pour me remettre de ma fatigue : alors, je jetai les yeux du côté où j'avais laissé le vase de son, et je ne le vis plus. Je demandai à ma femme ce qu'il était devenu, et elle me raconta son marché avec satisfaction.

« — Ah! femme infortunée! m'écriai-je, vous ignorez le mal que vous nous avez fait, à moi, à vous-même et à vos enfants; ce marché nous perd sans ressource. Vous avez cru ne vendre que du son, et avec ce son vous avez enrichi votre vendeur de cent quatre-vingt-dix pièces d'or dont Saadi, accompagné de son ami Saad, venait de me faire présent pour la seconde fois. »

» Il s'en fallut peu que ma femme ne se désespérât quand elle eut appris la grande faute qu'elle avait commise. Elle se lamenta, se frappa la poitrine, s'arracha les cheveux, et, déchirant l'habit dont elle s'était revêtue : « Malheureuse que je suis! s'écriat-elle, suis-je digne de vivre après une méprise si cruelle? Où chercherai-je ce vendeur que je ne connais pas; il n'a passé par notre rue que cette seule fois, et peut-être ne le reverrai-je jamais! Ah! mon mari, ajouta-t-elle, vous avez un grand tort : pourquoi avez-vous été si réservé à mon égard dans une affaire de cette importance! Cela ne fût pas arrivé si vous m'eussiez fait part de votre secret. » Je ne finirais pas si je rapportais à Votre Majesté tout ce que la douleur lui mit dans la bouche.

» — Ma femme, lui dis-je, modérez-vous; vous ne comprenez pas que vous nous allez attirer tout le voisinage par vos cris et par vos pleurs. Il n'est pas besoin qu'ils soient informés de nos disgrâces. Bien loin de prendre part à notre malheur ou de nous donner de la consolation, ils se feraient un plaisir de se railler de votre simplicité et de la mienne.

» Le parti le meilleur que nous ayons à prendre, c'est de dissimuler cette perte, de la supporter patiemment, et de nous soumettre à la volonté de Dieu. »

» Quelque bonnes que fussent mes raisons, ma femme eut bien de la peine à les goûter. Mais le temps, qui adoucit les maux qui paraissent les moins supportables, fit qu'à la fin elle se consola.

» Je continuai mon travail, l'esprit aussi libre que si je n'eusse pas fait deux pertes si mortifiantes. La seule chose qui me chagrinait, c'était quand je me demandais comment je pourrais soutenir la présence de Saadi lorsqu'il viendrait me demander compte de l'emploi de ses deux cents pièces d'or.

» Les deux amis furent plus longtemps à revenir apprendre des nouvelles de mon sort que la première fois. Saad en avait parlé souvent à Saadi; mais Saadi avait toujours différé. « Plus nous différerons, disait-il, plus Hassan se sera enrichi, et plus la satisfaction que j'en aurai sera grande. »

» Saad n'avait pas la même opinion de l'effet de la libéralité de son ami. « Vous croyez donc, reprenait-il, que votre présent aura été mieux employé par Hassan cette fois que la première? Je ne vous conseille pas de vous en flatter. — Mais, répliquait Saadi, il n'arrive pas tous les jours qu'un milan emporte un turban. Hassan y a été attrapé, il aura pris ses précautions pour ne pas l'être une seconde fois.

« — Je n'en doute pas, répliqua Saad; mais, tout autre accident que nous ne pouvons imaginer, pourra être arrivé. Je vous le dis encore une fois, modérez votre joie, et n'inclinez pas plus à vous prévenir sur le bonheur de Hassan que sur son malheur. Pour vous dire ce que j'en pense et ce que j'en ai toujours pensé, j'ai un pressentiment que vous n'aurez pas réussi, et que je réussirai mieux que vous à prouver qu'un pauvre homme peut devenir riche par toute autre manière qu'avec de l'argent. »

» Un jour enfin que Saad se trouvait chez Saadi, après une longue contestation semblable : « C'en est trop, dit Saadi, je veux savoir à quoi m'en tenir aujourd'hui; voilà le moment de la promenade; allons savoir lequel de nous deux aura perdu la gageure. »

» Les deux amis partirent, et je les vis venir de loin : tout ému, je fus sur le point de quitter mon ouvrage et d'aller me cacher pour ne point paraître devant eux. Attaché à mon travail, je fis semblant de ne pas les avoir aperçus, et je ne pus lever les yeux pour les regarder que quand ils furent si près de moi que, m'ayant donné le salut de paix, je ne pus honnêtement m'en dispenser. Je les baissai aussitôt, et, en leur contant ma dernière disgrâce dans toutes ses circonstances, je leur fis connaître pourquoi ils me trouvaient aussi pauvre que la dernière fois.

« Vous pouvez me dire, ajoutai-je, que je devais cacher les cent quatre-vingt-dix pièces d'or ailleurs que dans un vase de son. Mais il y avait plusieurs années que ce vase y était, et qu'il servait à cet usage. Pouvais-je deviner que ce jour-là même, en mon absence, ma femme échangerait ce son contre de la terre à décrasser. Vous pourriez me dire que je devais avertir ma femme; mais des personnes aussi sages que vous l'êtes m'eussent-elles donné ce conseil. Quelle certitude pouvais-je avoir que les pièces d'or eussent été ailleurs en plus grande sûreté?

» Seigneur, dis-je en m'adressant à Saadi, il n'a pas plu à Dieu que votre libéralité servît à m'enrichir. Il me veut pauvre et non pas riche. Je ne laisse pas de vous en avoir la même obligation. »

« — Hassan, me dit Saadi, quand je voudrais me persuader que tout ce que vous venez de nous dire est aussi vrai que vous le prétendez, et que ce ne serait pas pour cacher vos désordres ou votre mauvaise économie, comme cela pourrait être, je me garderais bien néanmoins de m'opiniâtrer à faire une expérience capable de me ruiner. Je ne regrette pas les quatre cents pièces d'or dont je me suis privé pour essayer de vous tirer de la pauvreté; je l'ai fait sans attendre d'autre récompense de votre part que le plaisir de vous avoir fait du bien. Si quelque chose était capable de m'en faire repentir, ce serait de m'être adressé à vous plutôt qu'à un autre, qui peut-être en aurait mieux profité. » Et en se tournant du côté de son ami : — « Saad, continua-t-il, vous pouvez comprendre par ce que je viens de dire que je ne vous donne pas entièrement gain de cause. Il vous est loisible de faire l'expérience que vous prétendez tenter contre moi. Montrez-moi qu'il y a d'autres moyens capables de faire la fortune d'un homme pauvre, et ne cherchez pas un autre sujet que Hassan. Quoi que vous puissiez lui donner, je ne puis me persuader qu'il devienne plus riche qu'il n'a pu faire avec quatre cents pièces d'or. »

» Saad tenait un morceau de plomb dans la main, qu'il montrait à Saadi. « Vous m'avez vu, reprit-il, ramasser à mes pieds ce morceau de plomb; je vais le donner à Hassan, vous verrez ce qu'il lui vaudra. »

» Saadi partit d'un éclat de rire en se moquant de Saad. — « Un morceau de plomb! s'écria-t-il : hé! que peut-il valoir à Hassan? une obole; et, que fera-t-il avec une obole? » Saad, en me présentant le morceau de plomb, me dit : — « Laissez rire Saadi et ne laissez pas de le prendre; vous nous direz un jour des nouvelles du bonheur qu'il vous aura porté. »

» Je crus que Saad ne parlait pas sérieusement, et que ce qu'il en faisait n'était que pour se divertir. Je ne laissai pas de recevoir le morceau de plomb, en le remerciant, et je le mis dans mon vêtement comme par manière d'acquit. Les deux amis me quittèrent pour achever leur promenade, et je continuai mon travail.

» Le soir, comme je me déshabillais, pour me coucher, et après que j'eus ôté ma ceinture, le morceau de plomb que Saad m'avait donné, tomba par terre; je le ramassai et le mis dans le premier endroit que je trouvai.

» La même nuit, il arriva qu'un pêcheur de mes voisins, en arrangeant ses filets, trouva qu'il y manquait un morceau de plomb : il n'en avait pas d'autre pour le remplacer, et il n'était pas l'heure d'en envoyer acheter, les boutiques étant fermées. Il fallait cependant, s'il voulait avoir de quoi vivre le lendemain, lui et sa famille, qu'il allât à la pêche deux heures avant le jour. Il témoigna son chagrin à sa femme, et il l'envoya demander du plomb dans le voisinage.

» La femme obéit; elle alla de porte en porte, des deux côtés de la rue, et ne trouva rien. Elle rapporta cette réponse à son mari, qui lui demanda, en lui nommant plusieurs de ses voisins, si elle avait frappé à leur porte. Elle répondit que oui. « Et chez Hassan Alhabbal, ajouta-t-il, je gage que vous n'y avez pas été! »

» — Il est vrai, reprit la femme, je n'ai pas été jusque-là parce qu'il y a trop loin, et quand j'en aurais pris la peine, croyez-vous que j'en eusse trouvé? Quand on n'a besoin de rien, c'est justement chez lui qu'il faut aller.

» — Vous êtes une paresseuse, et je veux que vous y alliez. Vous avez été cent fois chez lui sans trouver ce que vous cherchiez ; vous y trouverez peut-être aujourd'hui ce dont j'ai besoin.

» La femme du pêcheur sortit en murmurant, et vint frapper à ma porte. Il y avait déjà quelque temps que je dormais ; je me réveillai en demandant ce qu'on voulait. — « Hassan Alhabbal, dit la femme en haussant la voix, mon mari a besoin d'un peu de plomb pour ses filets. Si, par hasard, vous en avez, il vous prie de lui en donner. »

» La mémoire du morceau de plomb que Saad m'avait donné m'était si récente, que je ne pouvais pas l'avoir oublié. Je répondis à la voisine que j'en avais, qu'elle attendît un moment, et que ma femme allait lui en donner un morceau. Ma femme, qui s'était éveillée au bruit, se lève, trouve à tâtons le plomb où je lui avais indiqué qu'il était, entr'ouvre la porte et le donne à la voisine.

» La femme du pêcheur, ravie de n'être pas venue en vain : — « Voisine, dit-elle à ma femme, le plaisir que vous nous faites, à mon mari et à moi, est si grand que je vous promets tout le poisson que mon mari amènera du premier jet de ses filets, et je vous assure qu'il ne me dédira pas. »

» Le pêcheur, satisfait d'avoir trouvé, contre son espérance, le plomb qui lui manquait, approuva la promesse que sa femme avait faite. Il acheva de préparer ses filets, et il alla à la pêche deux heures avant le jour, selon sa coutume. Il n'amena qu'un seul poisson du premier jet de ses filets, mais long de plus d'une coudée et gros à proportion. Il en fit ensuite plusieurs autres qui furent tous heureux ; mais il s'en fallut que, de tout le poisson qu'il amena, un seul approchât du premier.

» Quand le pêcheur eut achevé sa pêche, et qu'il fut revenu chez lui, son premier soin fut de songer à moi, et je fus extrêmement surpris de le voir se présenter devant moi chargé de ce poisson. — « Voisin, me dit-il, ma femme vous a promis, cette nuit, le poisson que j'amènerais du premier jet de mes filets, en reconnaissance du plaisir que vous nous avez fait, et j'ai approuvé sa promesse. Dieu ne m'a envoyé pour vous que celui-ci : je vous prie de l'agréer. S'il m'en eût envoyé plein mes filets, ils eussent de même tous été pour vous.

Elle reçoit la terre à décrasser et le vendeur emporte le vase avec le son. (P. 74.)

» — Voisin, repris-je, le morceau de plomb que je vous ai envoyé est si peu de chose, qu'il ne méritait pas que vous le missiez à un si haut prix. Les voisins doivent se secourir les uns les autres dans leurs petits besoins : je n'ai fait pour vous que ce que je pouvais en attendre dans une occasion semblable. Aussi, je refuserais de recevoir votre présent, si je n'étais pas persuadé que vous me le faites de bon cœur. »

» Nos civilités en demeurèrent là, et je portai le poisson à ma femme. — « Prenez, lui dis-je, ce poisson, que le pêcheur notre voisin vient de m'apporter en reconnaissance du morceau de plomb qu'il nous envoya demander la nuit dernière. C'est, je crois, tout ce que nous pouvons espérer de ce présent que Saad me fit hier en me promettant qu'il me porterait bonheur. » Ce fut alors que je lui parlai du retour des deux amis et de ce qui s'était passé entre eux et moi.

» Ma femme fut embarrassée de voir un poisson si grand et si gros. — « Que voulez-vous, dit-elle, que nous en fassions? Notre gril n'est propre qu'à rôtir de petits poissons, et nous n'avons pas de vase assez grand pour le faire cuire au court-bouillon.

» — C'est votre affaire, lui dis-je : accommodez-le comme il vous plaira; rôti ou bouilli, j'en serai content. » Et je retournai à mon travail.

» En préparant le poisson, ma femme tira avec les entrailles un gros diamant qu'elle prit pour du verre. Elle avait bien entendu parler de diamants, mais elle n'en avait pas assez de connaissance pour en faire la distinction. Elle le donna au plus petit de nos enfants pour en faire un jouet avec ses frères et sœurs, qui voulaient le voir et le manier tour à tour, en se le donnant les uns aux autres pour en admirer la beauté, l'éclat et le brillant.

» Le soir, quand la lampe fut allumée, nos enfants, qui continuaient leur jeu, s'aperçurent que le diamant rendait de la lumière à mesure que ma femme leur cachait la clarté de la lampe en se déplaçant pour préparer le souper; cela engageait les enfants à se l'arracher pour en faire l'expérience.

» Ni ma femme ni moi nous ne fîmes attention à ce qui faisait le sujet du bruit dont les enfants nous étourdissaient; ils cessèrent enfin quand les plus grands se furent mis à table pour souper avec nous, et que ma femme eut donné aux plus petits chacun leur part.

» Après le souper, les enfants se rassemblèrent, et recommencèrent le même bruit. Alors, je voulus savoir quelle était la cause de leur dispute. — « Mon père, me dit l'aîné, c'est un morceau de verre qui fait de la lumière quand nous le regardons le dos tourné à la lampe. » Je me le fis apporter, et j'en fis l'expérience.

» Cela me parut extraordinaire, et je demandai à ma femme ce que c'était que ce morceau de verre. — « Je ne sais, dit-elle : c'est un morceau de verre que j'ai tiré du ventre du poisson en le préparant. »

» Je ne m'imaginai pas que ce fût autre chose que du verre ; je poussai néanmoins l'expérience plus loin : Je dis à ma femme de cacher la lampe dans la cheminée. Elle le fit, et je vis que le prétendu morceau de verre faisait une lumière si grande, que nous pouvions nous passer de la lampe pour nous coucher. Je la fis éteindre, et je mis moi-même le morceau de verre sur le bord de la cheminée pour nous éclairer. — « Voici, dis-je, un autre avantage que le morceau de plomb de l'ami de Saadi nous procure en nous épargnant d'acheter de l'huile. »

» Quand mes enfants virent que j'avais fait éteindre la lampe et que le morceau de verre y suppléait, ils poussèrent des cris d'admiration avec tant d'éclat, qu'ils retentirent dans le voisinage.

» Nous augmentâmes le bruit, ma femme et moi, à force de crier pour les faire taire, et nous n'eûmes la paix que quand ils furent couchés et qu'ils se furent endormis.

» Le lendemain, de grand matin, sans penser davantage au morceau de verre, j'allai travailler comme de coutume.

» Je ferai remarquer à Votre Majesté, qu'entre ma maison et celle de mon voisin, il n'y avait qu'une mince cloison de charpente et de maçonnerie pour toute séparation. Cette maison appartenait à un juif fort riche, joailler de profession, et la chambre où lui et sa femme couchaient joignait à la cloison. Ils étaient déjà couchés et endormis quand mes enfants avaient fait le plus grand bruit. Cela les avait éveillés, et ils avaient été longtemps à se rendormir.

» Le lendemain, la femme du juif vint se plaindre à la mienne de l'interruption de leur sommeil : — « Ma bonne Rachel, lui dit ma femme, je suis bien fâchée de ce qui est arrivé, et je vous en fais mes excuses. Vous savez ce que c'est que les enfants : un rien les fait rire, de même que peu de chose les fait pleurer. Entrez, et je vous montrerai l'objet qui fait celui de vos plaintes. »

» La juive entra, et ma femme prit le diamant, puisque enfin c'en était un, et un d'une grande singularité. Il était encore sur la cheminée, et, en le lui présentant : — « Voyez, dit-elle, c'est ce morceau de verre qui est cause de tout le bruit que vous avez entendu hier au soir. » Pendant que la juive, qui se connaissait en toutes sortes de pierreries, examinait ce diamant avec admiration, elle lui raconta comment elle l'avait trouvé dans le ventre du poisson, et tout ce qui en était arrivé.

« — Aïschah, dit la juive à ma femme, en lui remettant le diamant entre les mains, je crois comme vous que ce n'est que du verre; mais comme il est plus beau que le verre ordinaire, et que j'en ai un morceau à peu près semblable dont je me pare quelquefois, je l'achèterais si vous vouliez me le vendre. »

» Mes enfants, qui entendirent parler de vendre leur jouet, se récrièrent en priant leur mère de le leur garder; ce qu'elle fut contrainte de promettre pour les apaiser.

» La juive, obligée de se retirer, sortit en priant ma femme, à voix basse, de ne vendre le morceau de verre à personne, et de ne le faire voir à qui que ce soit avant qu'elle lui eût donné son avis.

» Le juif était allé de grand matin à sa boutique, dans le quartier des joailliers; la juive alla l'y trouver, et lui annonça la découverte qu'elle venait de faire. Elle lui rendit compte de la grosseur, du poids à peu près, de la beauté, de la belle eau et de l'éclat du diamant; et surtout de sa singularité, qui était de rendre de la lumière la nuit.

» Le juif renvoya sa femme, avec ordre de s'entendre avec la mienne, de lui offrir d'abord peu de chose, du prétendu morceau de verre, d'augmenter à proportion de la difficulté qu'elle trouverait, et enfin, de conclure le marché à quelque prix que ce fût.

» La juive, selon l'ordre de son mari, parla à ma femme en particulier, sans attendre qu'elle se fût déterminée à vendre le diamant, et elle lui demanda si elle voulait vingt pièces d'or pour son morceau de verre. Ma femme trouva la somme considérable; elle ne voulut répondre néanmoins ni oui ni non : elle dit à la juive qu'elle ne pouvait l'écouter qu'après m'avoir parlé.

» Sur ces entrefaites, je venais de quitter mon travail, et je rentrai chez moi pour dîner pendant qu'elles se parlaient à ma porte. Ma femme m'arrêta, et me demanda si je consentirais à vendre le morceau de verre qu'elle avait trouvé dans le ventre du poisson pour vingt pièces d'or, que la juive en offrait.

» Je ne répondis pas sur-le-champ ; je fis réflexion à l'assurance avec laquelle Saad m'avait promis, en me donnant le morceau de plomb, qu'il ferait ma fortune, et la juive crut que c'était en méprisant la somme qu'elle m'avait offerte que je ne répondais rien. — « Voisin, me dit-elle, je vous en donnerai cinquante. En êtes-vous content ? »

» Comme je vis que de vingt pièces d'or, la juive augmentait si promptement jusqu'à cinquante, je tins ferme, et je lui dis qu'elle était bien éloignée du prix auquel je prétendais le vendre.

« — Voisin, reprit-elle, prenez-en cent pièces d'or; c'est beaucoup, je ne sais si mon mari m'approuvera. » A cette nouvelle augmentation, je lui dis que je voulais en avoir cent mille pièces d'or; que je voyais bien que le diamant valait davantage ; mais que, pour lui faire plaisir, à elle et à son mari, comme voisin, je me bornais à cette somme, que je voulais en avoir absolument.

» La juive me confirma elle-même dans ma résolution par l'empressement qu'elle témoigna de conclure le marché en m'offrant à plusieurs reprises jusqu'à cinquante mille pièces d'or, que je refusai. — « Je ne puis, dit-elle, en offrir davantage sans le consentement de mon mari. Il reviendra ce soir. La grâce que je vous demande, c'est d'avoir la patience d'attendre qu'il vous ait parlé et qu'il ait vu le diamant. » Je le lui promis.

» Le soir, quand le juif fut revenu chez lui, il apprit de sa femme qu'elle n'avait rien conclu avec la mienne ni avec moi;

elle lui dit l'offre qu'elle m'avait faite de cinquante mille pièces d'or, et la grâce qu'elle m'avait demandée.

» Le juif saisit le moment où je quittai mon ouvrage pour rentrer chez moi : — « Voisin Hassan, dit-il en m'abordant, je vous prie de me montrer le diamant que votre femme a fait voir à la mienne. » Je le fis entrer, et je le lui montrai.

» Comme il faisait fort sombre et que la lampe n'était pas encore allumée, il reconnut aussitôt par la lumière que le diamant rendait, et par son grand éclat au milien de ma main, qui en était éclairée, que sa femme lui avait fait un rapport fidèle. Il le prit, et après l'avoir examiné longtemps et en ne cessant de l'admirer : — « Eh bien ! voisin, dit-il, ma femme, à ce qu'elle m'a dit, vous en a offert cinquante mille pièces d'or; afin que vous soyez content, je vous en offre vingt mille de plus.

» — Voisin, repris-je, votre femme a pu vous dire que je l'ai mis à cent mille : ou vous me les donnerez, ou le diamant me demeurera. » Il marchanda longtemps, dans l'espérance que je le lui donnerais pour quelque chose de moins; mais il ne put rien obtenir, et la crainte qu'il eut que je ne le fisse voir à d'autres joailliers, fit qu'il ne me quitta pas sans conclure le marché au prix que je demandais. Il me dit qu'il n'avait pas les cent mille pièces d'or chez lui, mais que le lendemain il me consignerait toute la somme, et il m'en apporta le même jour deux sacs, chacun de mille, pour conclure le marché.

» Le lendemain, le juif m'apporta les cent mille pièces d'or, et je lui mis le diamant entre les mains.

» Riche au-dessus de mes espérances, je remerciai Dieu de sa bonté et de sa libéralité, et je serais allé me jeter aux pieds de Saad pour lui témoigner ma reconnaissance, si j'avais su où il demeurait. J'en eusse usé de même à l'égard de Saadi, à qui j'avais la première obligation de mon bonheur, quoi qu'il n'eût pas réussi dans la bonne intention qu'il avait pour eue moi.

» Je songeai ensuite au bon usage que je devais faire d'une somme si considérable. Ma femme me proposa tout de suite d'acheter de riches habillements pour elle et pour ses enfants, d'acquérir une maison et de la meubler richement. — « Ma femme, lui dis-je, ce n'est point par ces sortes de dépenses que nous devons commencer ; cela viendra avec le temps. Quoique l'argent ne soit fait que pour le dépenser, il faut néanmoins y procéder de manière qu'il produise un fonds dont on puisse tirer parti sans qu'il tarisse : dès demain, je commencerai à établir ce fonds. »

» Le jour suivant, j'employai la journée à aller chez une partie des gens de mon métier qui n'étaient pas plus riche que je ne l'avais été jusqu'alors, et, en leur donnant de l'argent d'avance, je les engageai à travailler pour moi à différentes sortes d'ouvrages de corderie ; je leur promis d'être exact à les bien payer de leur travail à mesure qu'ils m'apporteraient leurs ouvrages. Le jour d'après, je décidai les autres cordiers du même rang à travailler pour moi ; et, depuis ce temps-là, ils continuent tous ce travail, très contents de mon exactitude à leur tenir parole.

» Comme ce grand nombre d'ouvriers devait produire des ouvrages en proportion, je louai des magasins en différents endroits, et dans chacun, j'établis un commis, tant pour recevoir le travail que pour la vente en gros et en détail ; et bientôt, par cette combinaison, je me fis un gain et un revenu considérables.

» Ensuite, pour réunir en un seul endroit tant de magasins dispersés, j'achetai une grande maison qui occupait un vaste terrain, mais qui tombait en ruine ; je la fis mettre à bas ; et, à la place, je fis bâtir celle que Votre Majesté vit hier. Mais, quelque apparence qu'elle ait, elle est composée surtout des magasins qui me sont nécessaires ; il n'y a de logements que ce qu'il faut pour moi et pour ma famille.

» Il y avait déjà quelque temps que j'avais abandonné mon ancienne et pauvre demeure, quand Saadi et Saad, qui n'avaient plus pensé à moi jusqu'alors, s'en souvinrent. Ils convinrent d'un jour de promenade ; et, en passant par la rue où ils m'avaient vu, ils furent dans un grand étonnement de ne pas m'y rencontrer occupé, comme autrefois, à mon petit train de corderie. Ils demandèrent ce que j'étais devenu, et si j'étais mort ou vivant. Leur étonnement augmenta quand ils apprirent que celui qu'ils demandaient était devenu un gros marchand, et qu'on ne l'appelait plus simplement Hassan, mais Cogia Hassan Alhabbal, c'est-à-dire le marchand Hassan le cordier; et qu'il s'était fait bâtir une maison qui avait l'apparence d'un palais.

» Les deux amis vinrent me chercher; et en chemin, Saadi disait à Saad : — « J'ai une joie parfaite d'avoir fait la fortune de Hassan Alhabbal; mais je ne puis approuver qu'il m'ait fait deux mensonges pour me tirer quatre cents pièces d'or au lieu de deux cents; car il ne faut pas songer à attribuer sa fortune au morceau de plomb que vous lui avez donné.

» — C'est votre pensée, reprit Saad, mais ce n'est pas la mienne; vous me permettrez de croire que Hassan nous a dit la vérité, et que c'est le morceau de plomb qui est la cause unique de son bonheur. »

» Les deux amis arrivèrent dans la rue où est ma maison; et, à en considérer la façade, ils eurent de la peine à croire que ce fût là mon habitation. Ils frappèrent, et mon portier ouvrit.

» Saadi, qui craignait de commettre une erreur, dit au portier : « — On nous a enseigné cette maison pour celle de Cogia Hassan Alhabbal; dites-nous si nous ne nous trompons pas. — Non, seigneur, vous ne vous trompez pas. Entrez, et vous trouverez parmi ses esclaves quelqu'un qui vous annoncera. »

» Je reconnus les deux amis, dès que je les vis paraître. Je me levai, courus vers eux, et voulus leur prendre le bord de la robe pour la baiser. Ils m'en empêchèrent, et ils m'embrassèrent. Je les invitai à prendre place sur un grand sofa, et ils voulaient que je me misse à la place d'honneur. — « Seigneur, leur dis-je, je n'ai pas oublié que je suis le pauvre Hassan Alhabbal, et quand je ne vous aurais pas les obligations que je vous ai, je sais ce qui vous est dû. Je vous supplie de ne me pas couvrir plus longtemps de confusion. » Ils prirent place, et je me plaçai vis-à-vis d'eux.

« — Cogia Hassan, me dit alors Saadi, je ne puis exprimer combien j'ai de joie de vous voir à peu près dans l'état que je souhaitais quand je vous fis présent, — sans vous en faire un reproche, — des deux cents pièces d'or, tant la première que la seconde fois, et je suis persuadé que les quatre cents pièces ont fait en vous le changement merveilleux de votre fortune. Une seule chose me fait de la peine, c'est que je ne comprends pas quelle raison vous pouvez avoir eue de me déguiser la vérité deux fois, en alléguant des pertes arrivées par des contre-temps qui m'ont paru et qui me paraissent encore incroyables. Ne serait-ce pas que, quand nous vous vîmes la dernière fois, vous aviez encore si peu avancé vos petites affaires, que vous avez eu honte d'en faire un aveu? »

» Saad entendit ce discours de Saadi avec grande impatience, et il le témoigna en secouant la tête. Il le laissa parler néanmoins jusqu'à la fin sans ouvrir la bouche. Quand il eut achevé : — « Saadi, reprit-il, pardonnez si, avant que Cogia Hassan vous réponde, je le préviens pour vous dire que je regrette votre prévention contre sa sincérité. Je vous ai déjà dit, et je vous le répète, que je l'ai cru tout de suite, sur le simple récit des deux accidents qui lui sont arrivés, et, quoi que vous puissiez dire, je suis persuadé qu'ils sont véritables. »

» Je pris à mon tour la parole : — « Seigneur, dis-je, je me condamnerais à un silence perpétuel, si je n'étais certain que la discussion que vous avez à mon occasion n'est pas capable de rompre le nœud d'amitié qui unit vos cœurs. Je vais donc m'expliquer, puisque vous l'exigez ; mais auparavant, je vous proteste que c'est avec la même sincérité que je vous ai exposé autrefois ce qui m'était arrivé. » Alors, je leur racontai mon histoire de point en point, comme Votre Majesté l'a entendue, sans oublier la moindre circonstance.

» Mes protestations ne firent pas d'impression sur l'esprit de Saadi : — « Cogia Hassan, reprit-il, l'aventure du poisson et du diamant trouvé dans son ventre me paraît aussi peu croyable que l'enlèvement de votre turban par un milan, et que le vase de son échangé pour de la terre à décrasser. Quoi qu'il en puisse être, vous êtes riche, et je m'en réjouis très sincèrement. »

» Comme il était tard, il se leva pour prendre congé, et Saad en même temps que lui. Je me levai de même, et, en les arrêtant : « — Seigneurs, leur dis-je, je vous demande une grâce que je vous supplie de ne pas me refuser : souffrez que j'aie l'honneur de vous offrir un repas frugal, et ensuite à chacun un lit ; je vous conduirai demain, par eau, à une petite maison de campagne que j'ai achetée pour y aller prendre l'air de temps en temps ; et je vous en ramènerai par terre le même jour, chacun sur un cheval de mon écurie.

» — Si Saad n'a pas d'affaire qui l'appelle ailleurs, dit Saadi, j'y consens de bon cœur. — Je n'en ai point, reprit Saad, dès qu'il s'agit de jouir de votre compagnie. Il faut donc, continua-t-il, envoyer chez vous et chez moi avertir qu'on ne nous attende pas. » Je leur fis venir un esclave, et, pendant qu'ils le chargèrent de cette commission, je donnai des ordres pour le souper.

» En attendant l'heure du repas, je montrai ma maison à mes bienfaiteurs, qui la trouvèrent bien organisée.

» Je les appelle mes bienfaiteurs l'un et l'autre, sans distinction, parce que, sans Saadi, Saad ne m'eût pas donné le morceau de plomb, et que, sans Saad, Saadi ne se fût pas adressé à moi pour me donner les quatre cents pièces d'or, à quoi je rapporte la source de mon bonheur. — Je les ramenai dans la salle, où ils me firent plusieurs questions sur mon négoce, et je leur répondis de manière qu'ils parurent satisfaits de ma conduite.

» Le lendemain, de grand matin, afin de jouir de la fraîcheur, nous nous rendîmes sur le bord de la rivière avant que le soleil fût levé. Nous nous embarquâmes sur un bateau garni de tapis, qu'on nous tenait prêt, et, à la faveur de six bons rameurs, après une heure et demie de navigation, nous abordâmes à ma maison de campagne. En mettant pied à terre, les deux amis s'arrêtèrent, moins pour en reconnaître la beauté extérieure que pour en admirer la situation avantageuse par les belles vues qui la rendaient agréable de tous les côtés. Je les menai dans tous les appartements; je leur en fis remarquer l'agencement, les dépendances et les commodités.

» Nous entrâmes ensuite dans le jardin, où ce qui leur plut davantage fut un massif d'orangers et de citronniers de toute sorte d'espèces, chargés de fruits et de fleurs dont l'air était embaumé, plantés par allées à distance égale, et arrosés par une rigole perpétuelle, d'arbre en arbre, d'une eau vive détournée de la rivière. L'ombrage, la fraîcheur dans la plus grande ardeur du soleil, le doux murmure de l'eau, le ramage harmonieux d'une infinité d'oiseaux, les frappèrent tellement qu'ils s'arrêtaient à chaque pas pour me féliciter de l'acquisition que j'avais faite, et pour me faire d'autres compliments obligeants.

» Je les menai jusqu'au bout de ce bois d'orangers, fort long et fort large, et je leur fis remarquer un autre bois de grands arbres qui termine mon jardin. Je les conduisis jusqu'à un cabinet ouvert de tous les côtés, mais ombragé par un bouquet de palmiers qui n'empêchaient pas qu'on y eût la vue libre, et je les invitai à y entrer et à s'y reposer sur un sofa garni de tapis et de coussins.

» Deux de mes fils, que nous avions trouvés dans la maison, et que j'y avais envoyés depuis quelque temps avec leur précepteur pour y prendre l'air, nous avaient quittés pour entrer dans le bois, et, comme ils cherchaient des nids d'oiseaux, ils en aperçurent un entre les branches d'un grand arbre. Ils tentèrent d'y monter; mais comme ils n'avaient ni la force ni l'adresse de l'entreprendre, ils le montrèrent à un esclave qui ne les abandonnait pas, et ils lui dirent de leur dénicher les oiseaux.

» L'esclave monta sur l'arbre; et, quand il fut arrivé jusqu'au nid, il fut étonné de voir qu'il était construit dans un turban. Il enleva le nid tel qu'il était, descendit de l'arbre, et fit remarquer le turban à mes enfants; mais, comme il ne douta pas que ce ne fût une chose que je serais bien aise de voir, il le leur témoigna, et il le donna à l'aîné pour me l'apporter.

» Je les vis venir de loin avec la joie ordinaire aux enfants qui ont trouvé un nid, et, en me le présentant : — « Mon père, me dit l'aîné, voyez-vous ce nid dans un turban ? »

» Saadi et Saad ne furent pas moins surpris que moi de la nouveauté; mais je le fus bien plus qu'eux en reconnaissant le turban que le milan m'avait enlevé. Dans mon étonnement, après l'avoir bien examiné et tourné de tous les côtés, je demandai aux deux amis : — « Seigneurs, vous souvenez-vous que c'est là le turban que je portais le jour où vous me fîtes l'honneur de m'aborder la première fois ?

» — Je ne pense pas, répondit Saad, que Saadi y ait fait attention, non plus que moi; mais nous ne pourrions en douter si les cent quatre-vingt-dix pièces d'or s'y trouvaient.

» — Seigneur, repris-je, je m'aperçois au poids que c'est bien

L'esclave enlève le nid et fait remarquer le turban à mes enfants. (P. 93.)

le même turban, et vous vous en apercevrez vous-même si vous prenez la peine de le manier. » Je le lui présentai après en avoir ôté les oiseaux, que je donnai à mes enfants. Il le prit, et le présenta à Saadi, pour juger de son poids.

» — Je veux bien croire que c'est votre turban, me dit Saadi; mais j'en serai mieux convaincu quand je verrai les cent quatre-vingt-dix pièces d'or.

» — Au moins, seigneur, ajoutai-je, observez bien, je vous supplie que ce n'est pas d'aujourd'hui que le turban s'est trouvé sur l'arbre, et que l'état où vous le voyez, et le nid qui y est si proprement disposé, sans que main d'homme y ait touché, sont des marques certaines qu'il s'y trouvait depuis le jour ou le milan me l'a emporté.

« — Saadi, reprit Saad, cela vous regarde et non pas moi; car je suis bien persuadé que Cogia Hassan vous dit la vérité. »

» Pendant que Saad parlait, j'ôtai la toile qui environnait le bonnet, et j'en tirai la bourse, que Saadi reconnut pour la même qu'il m'avait donnée. Je la vidai sur le tapis devant eux, et je leur dis : — « Seigneurs, voilà les pièces d'or, comptez-les vous-mêmes, et voyez si le compte n'y est pas. » Saad les arrangea par dizaines jusqu'au nombre de cent quatre-vingt-dix; et alors Saadi, qui ne pouvait nier une vérité si manifeste, prit la parole : — « Cogia Hassan, dit-il, je conviens que ces cent quatre-vingt-dix pièces d'or n'ont pu servir à vous enrichir; mais les cent quatre-vingt-dix autres, ont pu y contribuer.

» — Seigneur, repris-je, je vous ai dit la vérité aussi bien à l'égard de cette dernière somme qu'à l'égard de la première. Vous ne voudriez pas que je me rétractasse pour dire un mensonge.

» — Cogia Hassan, me dit Saad, laissez Saadi dans son opinion : je consens de bon cœur qu'il croie que vous lui êtes redevable de la moitié de votre bonne fortune, pourvu qu'il tombe d'accord que j'y ai contribué pour l'autre moitié, et qu'il ne révoque pas en doute le précieux diamant trouvé dans le ventre du poisson.

» — Saad, reprit Saadi, je veux ce que vous voulez, pourvu que vous me laissiez la liberté de croire qu'on n'amasse de l'argent qu'avec de l'argent.

» — Quoi! repartit Saad, si le hasard voulait que je trouvasse un diamant de cinquante mille pièces d'or, et qu'on m'en donnât la somme, aurais-je acquis cette somme avec de l'argent? »

» La contestation en demeura là. Nous nous levâmes, et, en rentrant dans la maison nous nous mîmes à table. Après le dîner, je laissai à mes hôtes la liberté de passer la grande chaleur du jour à se reposer, pendant que j'allai donner mes ordres à mon concierge et à mon jardinier. Je les rejoignis, et nous nous entretînmes de choses indifférentes jusqu'à ce que la plus grande chaleur fût passée. Nous retournâmes ensuite au jardin, où nous restâmes à la fraîcheur presque jusqu'au coucher du soleil. Alors les deux amis et moi nous montâmes à cheval, et, suivis d'un esclave, nous arrivâmes à Bagdad par un beau clair de lune.

» Je ne sais par quelle négligence il manquait chez moi de l'orge pour les chevaux. Les magasins étaient fermés, et ils étaient trop éloignés pour qu'on allât faire provision si tard.

» En cherchant dans le voisinage, un de mes esclaves trouva un vase de son dans une boutique; il acheta le son et l'apporta avec le vase, à la condition de rapporter et de rendre le vase le lendemain. L'esclave vida le son dans l'auge, et, en l'étendant, afin que les chevaux en eussent chacun leur part, il sentit sous sa main un linge lié qui était lourd. Il m'apporta le linge sans y toucher et dans l'état où il l'avait trouvé, et il me le présenta, en me disant que c'était peut-être le linge dont il m'avait entendu parler souvent en racontant mon histoire à mes amis.

» Plein de joie, je dis à mes bienfaiteurs : — « Seigneurs, Dieu ne veut pas que vous vous sépariez d'avec moi sans être pleinement convaincus de la vérité. Voici les autres cent quatre-vingt-dix pièces d'or; je le connais au linge. » Je déliai le linge, et je comptai la somme devant eux. Je me fis aussi apporter le vase; je le reconnus, et je l'envoyai à ma femme pour lui demander si elle le reconnaissait. Elle m'envoya dire que c'était le même vase qu'elle avait échangé plein de son pour de la terre à décrasser.

» Saadi, revenu de son incrédulité, dit à Saad : — « Je reconnais avec vous que l'argent n'est pas toujours un moyen sûr d'en amasser d'autre et de devenir riche. »

» Quand Saadi eut achevé : — « Seigneur, lui dis-je, je n'oserais vous proposer de reprendre les trois cent quatre-vingt pièces d'or qu'il a plu à Dieu de me faire retrouver aujourd'hui. Mais j'espère que vous approuverez que je les distribue demain aux pauvres, afin que Dieu nous en donne la récompense à vous et à moi. »

» Les deux amis couchèrent encore chez moi cette nuit-là, et le lendemain, après m'avoir embrassé, ils s'en allèrent, très contents de la réception que je leur avais faite. Je n'ai pas manqué d'aller les remercier chez eux, chacun en particulier ; et, depuis ce temps-là, je tiens à grand honneur la permission qu'ils m'ont donnée de cultiver leur amitié et de continuer à les voir. »

Le calife Haroun-Al-Raschid donnait à Cogia Hassan une attention si grande, qu'il ne s'aperçut de la fin de son histoire que par son silence. Il lui dit : — « Cogia Hassan, il y avait longtemps que je n'avais rien entendu qui m'ait fait un aussi grand plaisir que les voies toutes merveilleuses par lesquelles il a plu à Dieu de te rendre heureux dans ce monde. C'est à toi de continuer à lui rendre grâces par le bon usage que tu fais de ses bienfaits. Je suis bien aise que tu saches que le diamant qui a fait ta fortune est dans mon trésor ; et, de mon côté, je suis ravi d'apprendre par quel moyen il y est entré. Mais parce qu'il se peut faire qu'il reste encore quelque doute dans l'esprit de Saadi sur la singularité de ce diamant, que je regarde comme la chose la plus précieuse et la plus digne d'être admirée de tout ce que je possède, je veux que tu l'amènes avec Saad, afin que le garde de mon trésor le lui montre ; et, pour peu qu'il soit encore incrédule, qu'il reconnaisse que l'argent n'est pas toujours un moyen certain à un pauvre homme pour acquérir de grandes richesses. Je veux aussi que tu racontes ton histoire au garde de mon trésor, afin qu'il la fasse mettre par écrit et qu'elle y soit conservée avec le diamant. »

En achevant ces paroles, comme le calife témoigna par une inclination de tête à Cogia Hassan et à Baba-Abdallah qu'il était content d'eux, ils prirent congé en se prosternant devant son trône, après quoi ils se retirèrent.

HISTOIRE

DU PETIT BOSSU

Il y avait autrefois à Casgar, aux extrémités de la grande Tartarie, un tailleur qui avait une grande affection pour sa femme dont il était également aimé. Un jour qu'il travaillait, un petit bossu vint s'asseoir à l'entrée de sa boutique et se mit à chanter en jouant du tambour de basque. Le tailleur qui prit plaisir à l'entendre résolut de l'emmener dans sa maison pour réjouir sa femme. « Avec ses chansons plaisantes, disait-il, il nous divertira. » Il lui en fit la proposition, et le bossu l'ayant acceptée, il ferma sa boutique et le mena chez lui.

Dès qu'ils y furent arrivés, la femme du tailleur servit un bon plat de poisson qu'elle avait préparé. Ils se mirent tous trois à table; mais en mangeant, le bossu avala, par malheur, une grosse arête ou un os, et il mourut en peu de moments, sans que le tailleur et sa femme y pussent remédier. Ils furent d'autant plus effrayés de cet accident qu'ils avaient à craindre que la justice ne les punît comme des assassins. Le mari, néanmoins, trouva un expédient pour se défaire du cadavre. Il se souvint qu'un médecin juif demeurait dans le voisinage. Sa femme et lui prirent le bossu, l'un par les pieds, l'autre par la tête, et le portèrent jusqu'au logis du médecin. Ils frappèrent à sa porte, où aboutissait un escalier très roide par lequel on montait à sa chambre; une servante descendit sans lumière; elle ouvrit, et demanda ce qu'ils souhaitaient. — « Remontez, s'il vous plaît, répondit le tailleur, et dites à votre maître que nous lui amenons un homme bien malade pour qu'il ordonne quelque remède. Tenez, ajouta-t-il en lui mettant en main une pièce d'argent, donnez-lui cela, afin qu'il soit persuadé que nous n'avons pas dessein de lui faire perdre sa peine. » Pendant que la servante remonta pour faire part au médecin d'une si bonne nouvelle, le tailleur et sa femme portèrent promptement le corps du bossu au haut de l'escalier, le laissèrent là, et retournèrent chez eux en diligence.

Cependant, la servante ayant dit au médecin qu'un homme et une femme le priaient de descendre pour voir un malade, et lui ayant remis entre les mains l'argent qu'elle avait reçu, il se laissa transporter de joie : Se voyant payé d'avance, il supposa que c'était une bonne pratique qu'il ne fallait pas négliger. — « Prends vite de la lumière, dit-il à la servante, et suis-moi. » En disant cela, il s'avança vers l'escalier avec tant de précipitation, qu'il n'attendit point qu'on l'éclairât; et venant à rencontrer le bossu, il lui donna son pied si rudement dans les côtes qu'il le fit rouler jusqu'au bas de l'escalier. Peu s'en fallut qu'il ne tombât et ne roulât avec lui. — « Apporte donc vite de la lumière, cria-t-il à sa servante. » Il descendit avec elle, et trouvant que ce qui avait roulé était un homme mort, il fut tellement effrayé de ce spectacle, qu'il invoqua Moïse, Aaron, Josué, Esdras, et tous les autres prophètes de sa loi. — « Malheureux que je suis! s'écria-t-il, j'ai achevé de tuer ce malade; on va bientôt m'arracher de chez moi comme un meurtrier. »

Malgré le trouble qui l'agitait, il ne laissa pas de fermer sa porte, de peur que quelqu'un venant à passer par la rue, ne s'aperçût du malheur dont il se croyait la cause. Il prit ensuite le cadavre, le porta dans la chambre de sa femme, qui faillit s'évanouir quand elle le vit entrer avec cette fatale charge. — « Ah! c'est fait de nous, s'écria-t-elle, si nous ne trouvons moyen de mettre, cette nuit, hors de chez nous, ce corps mort! Quel malheur! Comment avez-vous donc fait pour tuer cet homme? » — « Il ne s'agit point de cela, repartit le juif; il s'agit de trouver un remède à un mal si pressant... ».

Le médecin et sa femme délibérèrent ensemble sur le moyen de se délivrer du cadavre pendant la nuit. Le médecin eut beau rêver, il ne trouva nul stratagème pour sortir d'embarras; mais sa femme, plus fertile en inventions, dit : — « Il me vient une pensée; portons ce cadavre sur la terrasse de notre logis, et le jetons, par la cheminée, dans la maison du musulman, notre voisin. »

Ce musulman était un des fournisseurs du sultan; il était chargé de fournir l'huile, le beurre, et toute sorte de graisses. Il avait chez lui son magasin où les rats et les souris faisaient un grand dégât.

Le médecin juif ayant approuvé l'expédient proposé, sa femme et lui prirent le bossu, le portèrent sur le toit de leur maison, et, après lui avoir passé des cordes sous les aisselles, ils le descendirent par la cheminée dans la chambre du pourvoyeur, si doucement qu'il demeura planté sur ses pieds contre le mur, comme s'il eût été vivant. Lorsqu'ils le sentirent en bas, ils retirèrent les cordes et le laissèrent dans l'attitude que je viens de dire. Ils étaient à peine descendus et rentrés dans leur chambre quand le fournisseur du sultan entra dans la sienne. Il revenait d'un festin de noces auquel il avait été invité ce soir-là, et il avait une lanterne à la main. Il fut assez surpris de voir, à la faveur de sa lumière, un homme debout dans sa cheminée; mais, comme il était naturellement courageux et qu'il s'imagina que c'était un voleur, il se saisit d'un gros bâton et courut droit au bossu : — « Ah! ah! lui dit-il, je m'imaginais que c'étaient les rats et les souris qui mangeaient mon beurre et mes graisses, et c'est toi qui descends par la cheminée pour me voler! Je ne crois pas qu'il te reprenne jamais envie d'y revenir. » En achevant ces mots, il frappe le bossu et lui donne plusieurs coups de bâton. Le cadavre tombe le nez contre terre. Le pourvoyeur redouble ses coups; mais remarquant enfin que le corps est sans mouvements, il s'arrête pour le considérer. — « Qu'ai-je fait, misérable, dit-il : je viens d'assommer un homme. Grand Dieu, si vous n'avez pitié de moi, c'est fait de ma vie. » Il demeura pâle et défait. Il croyait déjà voir les ministres de la justice qui le traînaient au supplice, et il ne savait quelle résolution il devait prendre.

Le pourvoyeur du sultan, en frappant le bossu, n'avait pas pris

Le petit bossu se mit à chanter en jouant du tambour de basque.
(P. 96.)

garde à sa bosse. Lorsqu'il s'en aperçut, il s'écria — : « Maudit bossu, chien de bossu, plût à Dieu que tu m'eusses volé toutes mes graisses, et que je ne t'eusses point trouvé ici! je ne serais pas dans l'embarras où je suis pour l'amour de toi et de ta vilaine bosse. Etoiles qui brillez aux cieux, ajouta-t-il, n'ayez de lumière que pour moi dans un danger si imminent! » En disant ces paroles, il chargea le bossu sur ses épaules, sortit de sa chambre, alla jusqu'au bout de la rue, où, l'ayant posé debout et appuyé contre une boutique, il reprit le chemin de sa maison sans regarder derrière lui.

Quelques moments avant le jour, un marchand qui fournissait au palais du sultan la plupart des choses dont on y avait besoin, après avoir passé la nuit en festin, s'avisa de sortir de chez lui pour aller au bain. Quand il fut au bout de la rue, il s'arrêta pour quelque besoin, contre la boutique où le pourvoyeur du sultan avait mis le corps du bossu, lequel, venant à être ébranlé, tomba sur le dos du marchand, qui, dans la pensée que c'était un voleur qui l'attaquait, le renversa par terre d'un coup de poing qu'il lui déchargea sur la tête : il lui en donna beaucoup d'autres ensuite et se mit à crier au voleur.

Le garde du quartier vint à ses cris, et voyant que c'était un juif qui maltraitait un musulman : — « Quel sujet avez-vous, lui dit-il, de maltraiter ainsi un musulman? — Il a voulu me voler, répondit le marchand, et il s'est jeté sur moi pour me prendre à à la gorge. — Vous vous êtes assez vengé, répliqua le garde en le tirant par le bras, ôtez-vous de là. » En même temps, il tendit la main au bossu pour l'aider à se relever; mais remarquant qu'il était mort : — « Oh! oh! poursuivit-il, c'est donc ainsi qu'un juif a la hardiesse d'assassiner un musulman! » En achevant ces mots, il arrêta le marchand, et le mena chez le lieutenant de police, où on le mit en prison jusqu'à ce que le juge fût levé et en état d'interroger l'accusé. Cependant, le marchand revint de son ivresse, et plus il faisait de réflexions sur son aventure, moins il pouvait comprendre comment de simples coups de poing avaient été capables d'ôter la vie à un homme.

Le lieutenant de police, sur le rapport du garde, et ayant vu le cadavre qu'on avait apporté chez lui, interrogea le marchand qui ne put nier un crime qu'il n'avait pas commis. Comme le bossu appartenait au sultan, — car c'était un de ses bouffons, — le lieutenant de police ne voulut pas faire mourir le prétendu assassin sans avoir pris les ordres du prince. Il alla au palais rendre compte de ce qui se passait au sultan, qui lui dit : — « Je n'ai pas de grâce à accorder : allez, faites votre devoir. » A ces paroles, le juge de police fit dresser une potence, envoya des crieurs par la ville pour publier qu'on allait pendre un juif qui avait tué un musulman.

Enfin on tira le marchand de prison, on l'amena au pied de la potence, et le bourreau, après lui avoir attaché la corde au cou, allait l'élever en l'air, lorsque le pourvoyeur du sultan, fendant la presse, s'avança, et cria au bourreau : — « Attendez, attendez, ne vous pressez pas : ce n'est pas lui qui a commis le meurtre, c'est moi. » Le lieutenant de police, qui assistait à l'exécution, se mit à interroger le pourvoyeur, qui lui raconta de point en point de quelle manière il avait tué le bossu, et il acheva en disant qu'il avait porté son corps à l'endroit où le marchand l'avait trouvé. — « Vous allez, ajouta-t-il, faire mourir un innocent, puisqu'il ne peut pas avoir tué un homme qui n'était déjà plus en vie. C'est bien assez pour moi d'avoir assassiné un musulman, sans charger encore ma conscience de la mort d'un homme qui n'est pas criminel. »

Le pourvoyeur s'étant ainsi accusé publiquement, le lieutenant de police ne put se dispenser de rendre justice au marchand. — « Laisse, dit-il au bourreau, laisse aller le juif, et pends cet homme à sa place, puisqu'il est évident de son propre aveu, qu'il est coupable. » Le bourreau lâcha le marchand, mit aussitôt la corde au cou du pourvoyeur, et au moment ou il allait l'expédier, il entendit la voix du médecin qui le priait instamment de suspendre l'exécution, et qui se faisait faire place pour se rendre au pied de la potence.

Quand il fut devant le juge de police : — « Seigneur, lui dit-il, ce musulman que vous voulez faire pendre n'a pas mérité la mort : c'est moi seul qui suis criminel. Hier, pendant la nuit, un homme et une femme que je ne connais pas vinrent frapper à ma porte avec un malade qu'ils m'amenaient : ma servante alla ouvrir sans lumière, et reçut d'eux une pièce d'argent pour venir me dire de prendre la peine de descendre. Pendant qu'elle me parlait, ils apportèrent le malade au haut de l'escalier, puis ils disparurent. Je descendis, sans attendre que ma servante eût allumé une chandelle, et, dans l'obscurité, venant à donner du pied contre le malade, je le fis rouler jusqu'au bas de l'escalier; enfin je vis qu'il était mort, et c'était le musulman bossu dont on veut aujourd'hui venger le trépas. Nous prîmes le cadavre ma femme et moi, nous le portâmes sur notre toit, d'où nous passâmes sur celui du pourvoyeur, notre voisin, que vous alliez faire mourir injustement, et nous le descendîmes dans sa chambre par la cheminée. Le pourvoyeur, l'ayant trouvé chez lui, l'a traité comme un voleur, l'a frappé, et a cru l'avoir tué; mais cela n'est pas, comme vous le voyez par ma déposition. Je suis donc le seul auteur du meurtre, et, quoique je le sois contre mon intention, j'ai résolu d'expier mon crime, pour n'avoir pas à me reprocher la mort de deux musulmans. Renvoyez-le donc, s'il vous plaît, et me mettez à sa place, puisque personne que moi n'est cause de la mort du bossu. »

Dès que le juge de police fut persuadé que le médecin était le meurtrier, il ordonna au bourreau de se saisir de sa personne et de mettre en liberté le pourvoyeur du sultan. Le médecin avait déjà la corde au cou, quand on entendit la voix du tailleur qui faisait ranger le peuple pour s'avancer vers le lieutenant de police, devant lequel étant arrivé : — « Seigneur, dit-il, peut s'en est fallu que vous ayez fait perdre la vie à trois personnes innocentes : mais si vous voulez bien avoir la patience de m'entendre, vous allez connaître le véritable assassin du bossu. Alors, il se mit à raconter ce qui lui était arrivé depuis le moment où il avait invité le bossu à venir partager son dîner, jusqu'à celui où sa femme et lui avaient déposé son cadavre au haut de l'escalier du médecin juif.

Le lieutenant de police et tous les spectateurs ne pouvaient assez admirer les étranges évènements dont la mort du bossu avait été suivie. — « Lâche donc le médecin juif, dit le juge au bourreau, et pends le tailleur, puisqu'il confesse son crime. Il faut avouer que cette histoire est bien extraordinaire. — « Le bourreau ayant mis en liberté le médecin, passa une corde autour du cou du tailleur.

Cependant le sultan de Casgar, qui ne pouvait se passer longtemps du bossu, son bouffon, ayant demandé à le voir, un de ses officiers lui dit : — « Sire, le bossu dont Votre Majesté est en peine, après s'être enivré hier, s'échappa du palais, contre sa coutume, pour aller courir par la ville, et on l'a retrouvé mort ce matin. On a conduit devant le juge de police un homme accusé de l'avoir tué, et aussitôt le juge a fait dresser une potence. Comme on allait pendre l'accusé, un homme est arrivé, et après celui-là un autre, qui s'accusent eux-même et se déchargent l'un l'autre. Il y a longtemps que cela dure, et le lieutenant de police est actuellement occupé à interroger un troisième homme qui se dit le véritable assassin. »

A ce discours, le sultan de Casgar envoya un huissier au lieu du supplice. — « Allez, lui dit-il, dire au juge de police qu'il m'amène les accusés, et qu'on m'apporte aussi le corps du pauvre bossu, que je veux voir encore une fois. » L'huissier partit, et arrivant au moment où le bourreau commençait à tirer la corde pour pendre le tailleur, il cria de toute sa force que l'on eût à suspendre l'exécution. Le bourreau lâcha le tailleur. L'huissier ayant joint le lieutenant de police, lui déclara la volonté du sultan. Le juge obéit, prit le chemin du palais avec le tailleur, le médecin juif, le pourvoyeur et le marchand chrétien, et fit porter par quatre de ses gens le corps du bossu.

Lorsqu'ils furent devant le sultan, le juge de police se prosterna aux pieds de ce prince, et, quand il fut relevé, lui raconta fidèlement tout ce qu'il savait de l'histoire du bossu. Le sultan la trouva si singulière qu'il ordonna à son historiographe particulier de l'écrire avec toutes ses circonstances, et renvoya en paix le tailleur, le médecin, juif, le pourvoyeur et le marchand.

HISTOIRE

DE SINDBAD LE MARIN

Sous le règne du calife Haroun-Al-Raschid, il y avait à Bagdad un pauvre porteur qui se nommait Hindbad. Un jour qu'il faisait une chaleur excessive, il portait une charge très pesante d'une extrémité de la ville à l'autre. Comme il était déjà fatigué du chemin qu'il avait fait et qu'il lui en restait encore beaucoup à faire, il arriva dans une rue où régnait un doux zéphyr et dont le pavé était arrosé d'eau de rose. Ne pouvant désirer un lieu plus favorable pour se reposer et reprendre de nouvelles forces, il posa sa charge à terre et s'assit dessus, auprès d'une grande maison.

Il se sut bientôt très bon gré de s'être arrêté en cet endroit, car son odorat fut agréablement frappé d'un parfum exquis de bois d'aloès et de pastilles qui sortait par les fenêtres de cet hôtel ; et qui, se mêlant avec l'odeur de l'eau de rose, achevait d'embaumer l'air. Outre cela, il entendit en dedans un concert de divers instruments, accompagné du ramage harmonieux d'un grand nombre de rossignols et d'autres oiseaux particuliers au climat de Bagdad. Cette gracieuse mélodie et la fumée de plusieurs sortes de viandes qui se faisait sentir, lui firent juger qu'il y avait là quelque festin et qu'on s'y réjouissait. Il voulut savoir qui demeurait en cette maison. Pour satisfaire sa curiosité, il s'approcha de quelques domestiques qu'il vit à la porte, magnifiquement habillés, et demanda à l'un d'entre eux comment s'appelait le maître de cet hôtel : — « Hé ! quoi, lui répondit le domestique, vous demeurez à Bagdad, et vous ignorez que c'est ici la demeure du seigneur Sindbad, le marin, de ce fameux voyageur qui a parcouru toutes les mers que le soleil éclaire ? » Le porteur, qui avait ouï parler des richesses de Sindbad, ne put s'empêcher d'envier le sort d'un homme dont la condition lui paraissait aussi heureuse qu'il trouvait la sienne déplorable. L'esprit aigri par ces réflexions, il leva les yeux au ciel, et dit assez haut pour être entendu : — « Puissant créateur de toutes choses : je souffre tous les jours mille souffrances et mille maux, et j'ai bien de la peine à me nourrir, moi et ma famille pendant que l'heureux Sindbad dépense avec profusion d'immenses richesses et mène une vie pleine de délices. Qu'a-t-il fait pour obtenir de vous une destinée si agréable ? qu'ai-je fait pour en mériter une si rigoureuse ? »

Il était encore occupé de ses tristes pensées, lorsqu'il vit sortir de l'hôtel un valet qui vint à lui, et qui, le prenant par le bras, lui dit : — « Venez, suivez-moi : le seigneur Sindbad, mon maître, veut vous parler. » Après le discours qu'il venait de tenir, Hindbad, craignant que Sindbad ne l'envoyât chercher pour lui faire subir quelque mauvais traitement, voulut s'excuser sur ce qu'il ne pouvait abandonner sa charge au milieu de la rue. Mais le valet l'assura qu'on y prendrait garde, et le pressa tellement que le porteur fut obligé de se rendre à ses instances.

Le valet l'introduisit dans une grande salle où il y avait beaucoup de personnes autour d'une table couverte de toutes sortes de mets délicieux. On voyait à la place d'honneur un personnage grave, vénérable, avec une longue barbe blanche ; et, derrière lui, étaient debout une foule d'officiers et de domestiques fort empressés à le servir : Ce personnage était Sindbad. Le porteur, dont le trouble s'augmenta à la vue de tant de monde, salua la compagnie en tremblant. Sindbad lui dit de s'approcher, et, après l'avoir fait asseoir à sa droite, lui servit à manger lui-même, et lui fit boire d'un excellent vin.

Sur la fin du repas, Sindbad prit la parole, et s'adressant à Hindbad, qu'il traita de frère, selon la coutume des Arabes, il lui demanda comment il se nommait et quelle était sa profession. « Seigneur, lui répondit-il, je m'appelle Hindbad. — Je suis bien

Le porteur, dont le trouble s'augmenta, salua la compagnie en tremblant. (P. 106.)

aise de vous voir, reprit Sindbad; mais, je souhaiterais d'apprendre de vous-même ce que vous disiez tout à l'heure dans la rue. » Sindbad, en effet, avait entendu tout son discours, et c'était ce qui l'avait engagé à le faire appeler.

A cette demande, Hindbad, plein de confusion, baissa la tête et repartit : — « Seigneur, je vous avoue que ma lassitude m'avait mis en mauvaise humeur, et il m'est échappé quelques paroles indiscrètes que je vous supplie de me pardonner.. — Oh! ne croyez pas, reprit Sindbad, que je sois assez injuste pour en conserver du ressentiment : au lieu de vous reprocher vos murmures, je vous plains; mais il faut que je vous tire d'une erreur où vous me paraissez être à mon égard. Vous vous imaginez, sans doute, que j'ai acquis sans peine et sans travail toutes les commodités et le repos dont vous voyez que je jouis. Désabusez-vous : je ne suis parvenu à un état si heureux qu'après avoir souffert durant plusieurs années tous les tourments du corps et de l'esprit. Oui, seigneurs, ajouta-t-il en s'adressant à toute la compagnie, je puis vous assurer que mes travaux sont si extraordinaires, qu'ils sont capables d'ôter aux hommes les plus avides de richesses l'envie fatale de traverser les mers pour en acquérir. Vous n'avez peut-être entendu parler que confusément de mes étranges aventures et des dangers que j'ai courus sur mer dans mes différents voyages; et, puisque l'occasion s'en présente, je vais vous en faire un récit fidèle. »

Comme Sindbad voulait raconter son histoire particulièrement à cause du porteur, il ordonna, avant de commencer, qu'on fît porter à sa destination la charge qu'il avait laissée dans la rue. Après cela, il parla en ces termes :

Premier voyage de Sindbad le Marin

« J'avais hérité de ma famille de biens considérables, j'en dissipai la meilleure partie dans les désordres de ma jeunesse; mais je revins de mon aveuglement; et, rentrant en moi-même, je reconnus que les richesses étaient périssables, et qu'on en voyait bientôt la fin quand on ne les ménageait pas. Je pensai, de plus, que je consumais malheureusement dans une vie déréglée le temps, qui est la chose du monde la plus précieuse. Je considérai encore que c'était la dernière et la plus déplorable de toutes les misères que d'être pauvre dans la vieillesse. Je me souvins de ces paroles du grand Salomon que j'avais autrefois entendu dire à mon père : — « Il est moins fâcheux d'être dans le tombeau que dans la pauvreté. »

Frappé de toutes ces réflexions, je ramassai les débris de mon patrimoine; je vendis tout ce que j'avais de meubles; je me liai ensuite avec quelques marchands qui négociaient par mer; et, je me rendis à Balsora, où je m'embarquai, avec plusieurs marchands, sur un vaisseau que nous avions équipé à frais communs.

» Nous mîmes à la voile et prîmes la route des Indes orientales par le golfe Persique. Je fus d'abord incommodé de ce qu'on appelle le mal de mer; mais ma santé se rétablit bientôt, et depuis ce temps-là, je n'ai point été sujet à cette maladie.

» Dans le cours de notre navigation, nous abordâmes à plusieurs îles, et nous y vendîmes ou échangeâmes nos marchandises. Un jour que nous étions à la voile, le calme nous prit vis-à-vis une petite île presque à fleur d'eau, qui ressemblait à une prairie par sa verdure. Le capitaine fit plier les voiles et prendre terre aux personnes de l'équipage qui voulurent y descendre. Je fus du nombre de ceux qui y débarquèrent.

» Mais pendant que nous nous divertissions à boire et à manger, l'île trembla tout à coup et nous donna une rude secousse. On s'aperçut du tremblement de l'île dans le vaisseau : On nous cria de nous rembarquer promptement, si nous ne voulions tous périr, car ce que nous prenions pour une île était le dos d'une baleine. Les plus diligents se sauvèrent dans la chaloupe, d'autres se jetèrent à la nage; quant à moi, j'étais encore sur l'île, ou plutôt sur la baleine, lorsqu'elle se plongea dans la mer, et je n'eus que le temps de m'accrocher à une pièce de bois qu'on avait apportée du vaisseau pour faire du feu. Cependant le capitaine, après avoir reçu sur son bord les gens qui étaient dans la chaloupe et recueilli quelques-uns de ceux qui nageaient, voulut profiter du vent frais et favorable qui s'était élevé : il fit hisser les voiles, et m'ôta par là l'espérance de regagner le vaisseau.

» Je demeurai donc à la merci des flots, poussé tantôt d'un côté et tantôt d'un autre; je disputai contre eux ma vie tout le reste du jour et la nuit suivante. Je n'avais plus de force le lendemain, et je désespérais d'éviter la mort, lorsqu'une vague me jeta heureusement contre une île. Le rivage en était haut et escarpé, et j'aurais eu beaucoup de peine à y monter, si quelques racines d'arbres ne m'en eussent donné le moyen. Je m'étendis sur la terre, où je demeurai à demi-mort jusqu'à ce que le soleil parût.

» Alors, quoique je fusse très faible à cause de la fatigue que j'avais endurée et parce que je n'avais pris aucune nourriture depuis le jour précédent, je ne laissai pas de me traîner en cherchant des herbes bonnes à manger. J'en trouvai quelques-unes, et j'eus le bonheur de rencontrer une source d'eau excellente qui ne contribua pas peu à me rétablir. Les forces m'étant revenues, je m'avançai dans l'île, marchant sans tenir de route assurée. J'entrai dans une belle plaine où j'aperçus un cheval qui paissait. Je remarquai en approchant que c'était une superbe bête attachée à un piquet. Sa beauté attira mon attention; mais, pendant que je la regardais, j'entendis la voix d'un homme qui parlait sous terre. Un moment après cet homme parut, vint à moi, et me demanda qui j'étais : Je lui racontai mon aventure; alors, me prenant par la main, il me fit entrer dans une grotte où il y avait d'autres personnes qui ne furent pas moins étonnées de me voir que je l'étais de les trouver là.

» Je mangeai de quelques mets que ces gens me présentèrent; puis leur ayant demandé ce qu'ils faisaient dans un lieu qui me paraissait si désert, ils me répondirent qu'ils étaient palefreniers du roi Mihrage, souverain de cette île; que chaque année, dans la même saison, ils avaient coutume d'y amener les cavales du roi pour leur faire paître une herbe qu'on ne trouvait que dans cette île, et qui avait la propriété de rendre les chevaux très agiles et très vigoureux. Ils ajoutèrent qu'ils devaient partir le lendemain, et que si j'étais arrivé un jour plus tard, j'aurais péri infailliblement, parce que les habitations étaient éloignées, et qu'il m'eût été impossible d'y arriver sans guide.

» Le lendemain, ils reprirent le chemin de la capitale de l'île avec les chevaux, et je les accompagnai. A notre arrivée le roi Mihrage, à qui je fus présenté, me demanda qui j'étais, et par quelle aventure j'étais dans ses Etats. Dès que j'eus satisfait sa curiosité, il me témoigna qu'il prenait beaucoup de part à mon malheur. En même temps, il ordonna qu'on eût soin de moi et que l'on me fournît toutes les choses dont j'aurais besoin.

» Comme j'étais marchand, je fréquentais les gens de ma profession. Je recherchais particulièrement ceux qui étaient étrangers, tant pour apprendre d'eux des nouvelles de Bagdad, que pour en trouver quelqu'un avec qui je pusse y retourner; car la capitale du roi Mihrage est située sur le bord de la mer, et a un beau port où il aborde tous les jours des vaisseaux de différentes nations du monde. Je recherchais aussi la compagnie des savants des Indes, et je prenais plaisir à les entendre parler.

» J'étais un jour sur le port quand un navire y vint aborder. Dès qu'il fut à l'ancre, on commença à débarquer les marchandises, et les marchands à qui elles appartenaient les faisaient transporter dans des magasins. En jetant les yeux sur quelques ballots et sur l'écriture indiquant à qui ils étaient, je vis mon nom dessus ; et, après les avoir attentivement examinés, je ne doutai pas que ce ne fussent ceux que j'avais fait charger sur le vaisseau où je m'étais embarqué à Balsora. Je reconnus même le capitaine ; mais comme j'étais persuadé qu'il me croyait mort, je l'abordai et lui demandai à qui appartenaient les ballots que je voyais. — « J'avais sur mon bord, me répondit-il, un marchand de Bagdad, qui se nommait Sindbad. Un jour que nous étions près d'une île, à ce qu'il nous paraissait, il mit pied à terre avec plusieurs passagers dans cette île prétendue, qui n'était autre chose qu'une baleine d'une grosseur énorme qui s'était endormie à fleur d'eau. Elle ne se sentit pas plutôt échauffée par le feu qu'on avait allumé sur son dos pour faire la cuisine, qu'elle commença à se mouvoir et à s'enfoncer dans la mer. La plupart des personnes qui étaient dessus se noyèrent, et le malheureux Sindbad fut de ge nombre. Ces ballots étaient à lui, et j'ai résolu de les négocier jusqu'à ce que je rencontre quelqu'un de sa famille à qui je puisse rendre le profit que j'aurai réalisé. — Capitaine, lui dis-je alors, je suis ce Sindbad que vous croyez mort et qui ne l'est pas, et ces ballots sont mon bien et ma marchandise. »

» Quand le capitaine du vaisseau m'entendit parler ainsi : — « Grand Dieu! s'écria-t-il, j'ai vu de mes propres yeux périr Sindbad; les passagers qui étaient sur mon bord l'ont vu comme moi, et vous osez dire que vous êtes ce Sindbad! Quelle audace! A vous voir, il semble que vous soyez un honnête homme; et, cependant, vous dites une horrible fausseté pour vous emparer du bien qui ne vous appartient pas. — Prenez patience, repartis-je au capitaine, et faites-moi la grâce d'écouter ce que j'ai à vous dire. » Je lui racontai alors de quelle manière je m'étais sauvé, et par quelle aventure j'avais rencontré les palefreniers du roi Mihrage, qui m'avaient amené à sa cour.

» Il se sentit ébranlé par mon récit; et il fut bientôt persuadé que je n'étais pas un imposteur, car il arriva des gens de son navire qui me reconnurent, et me témoignèrent la joie qu'ils avaient de me revoir. Enfin, il me reconnut aussi lui-même, et se jetant à mon cou : — « Dieu soit loué! me dit-il, de ce que vous êtes heureusement échappé à un si grand danger! je ne puis assez vous marquer le plaisir que j'en ressens. Voilà votre bien, prenez-le; il est à vous, faites-en ce qu'il vous plaira. » Je le remerciai, et je le priai d'accepter quelques marchandises que je lui présentai; mais il les refusa.

» Je choisis ce qu'il y avait de plus précieux dans mes ballots, et j'en fis présent au roi Mihrage. Ce prince connaissait mon malheur, et il me demanda où j'avais pris des choses si rares. Je lui racontai par quel hasard je venais de recouvrer mes marchandises; il accepta mon présent et m'en fit de beaucoup plus considérables. Après cela, je pris congé de lui, et me rembarquai sur le même vaisseau. Mais, avant mon embarquement, j'échangeai les marchandises qui me restaient contre d'autres du pays. J'emportai avec moi du bois d'aloès, du sandal, du camphre, de la muscade, du clou de girofle, du poivre et du gingembre. Nous passâmes par plusieurs îles, et nous abordâmes enfin à Balsora, d'où je revins à Bagdad avec la valeur d'environ cent mille sequins. Ma famille me reçut, et je la revis avec tous les transports que peut causer une amitié vive et sincère. J'achetai des esclaves, de belles terres ; et, je résolus d'oublier les maux que j'avais soufferts en jouissant des plaisirs de la vie. »

Sindbad, s'étant arrêté en cet endroit, ordonna aux joueurs d'instruments de recommencer leurs concerts, qu'il avait interrompus par le récit de son histoire. La fête continua jusqu'au soir, et, lorsqu'il fut temps de se retirer, Sindbad se fit apporter une bourse de cent sequins, et la donnant au porteur : — « Prenez, Hindbad, lui dit-il, retournez chez vous, et revenez demain entendre la suite de mes aventures. » Le porteur se retira confus de l'honneur et du présent qu'il venait de recevoir. Le récit qu'il fit à sa femme et à ses enfants, les combla de joie ; et ils ne manquèrent pas de remercier Dieu du bien qu'il leur faisait par l'entremise de Sindbad.

Hindbad s'habilla le lendemain plus proprement que le jour précédent, et retourna chez le voyageur libéral, qui le reçut d'un air riant et lui fit mille caresses. Dès que les conviés furent tous arrivés, on servit et l'on tint table assez longtemps. Le repas fini, Sindbad prit la parole, et s'adressant à la compagnie : — « Seigneurs, dit-il, je vous prie de vouloir bien écouter les aventures de mon second voyage. Elles sont plus dignes de votre attention que celles du premier. » Tout le monde garda le silence, et Sindbad parla en ces termes :

Second voyage de Sindbad le marin

« J'avais résolu, après mon premier voyage, de passer tranquillement le reste de mes jours à Bagdad, comme j'eus l'honneur de vous le dire hier. Mais je ne fus pas longtemps sans m'ennuyer d'une vie oisive ; l'envie de voyager et de négocier par mer me reprit : j'achetai des marchandises, et je partis une seconde fois avec d'autres marchands dont la probité m'était connue. Nous nous embarquâmes sur un bon navire ; et, après nous être recommandés à Dieu, nous commençâmes notre navigation.

— » Nous allions de port en port, faisant un trafic fort avantageux. Un jour, nous descendîmes dans une île qui était couverte de plusieurs sortes d'arbres fruitiers, mais si déserte que nous n'y découvrîmes aucune habitation. Nous allâmes prendre l'air dans les prairies et le long des ruisseaux qui les arrosaient.

» Pendant que les uns se divertissaient à cueillir des fleurs et les autres des fruits, je pris mes provisions, et m'assis près d'une eau coulant entre de grands arbres qui formaient un bel ombrage. Je fis un assez bon repas de ce que j'avais, après quoi le sommeil s'empara de mes sens. Je ne vous dirai pas si je dormis longtemps, mais quand je me réveillai, je ne vis plus le navire à l'ancre...

» Je fus bien étonné; je me levai, je regardai de toutes parts, et je ne vis pas un seul des marchands qui étaient descendus dans l'île avec moi. J'aperçus seulement le navire à la voile, mais si éloigné que je le perdis de vue peu de temps après.

» Je vous laisse à imaginer les réflexions que je fis dans un état si triste. Je pensai mourir de douleur; je poussai des cris épouvantables; je me frappai la tête par terre, et je demeurai longtemps abîmé dans une confusion mortelle de pensées toutes plus affligeantes les unes que les autres. Je me reprochai cent fois de ne m'être pas contenté de mon premier voyage; mais tous mes regrets étaient inutiles.

» A la fin, je me résignai à la volonté de Dieu, et je montai au haut d'un grand arbre pour voir si je ne découvrirais rien qui pût me donner quelque espérance. En jetant les yeux sur la mer, je ne vis que de l'eau et le ciel; mais ayant aperçu du côté de la terre quelque chose de blanc, je descendis de l'arbre, avec ce qui me restait de vivres; je marchai vers cette blancheur, si éloignée que je ne pouvais pas bien distinguer ce que c'était.

» Lorsque j'en fus à une distance raisonnable, je remarquai que c'était une boule blanche d'une hauteur et d'une grosseur prodigieuses. Dès que j'en fus près, je la touchai et la trouvai fort douce. Je tournai à l'entour pour voir s'il n'y avait pas d'ouverture : je n'en pus découvrir aucune, et il me parut qu'il était impossible de monter dessus, tant elle était unie. Elle pouvait avoir cinquante pas de circonférence.

» Le soleil alors était prêt de se coucher; l'air s'obscurcit tout à coup, comme s'il eût été couvert d'un nuage épais. Mais si je fus étonné de cette obscurité, je le fus bien davantage quand je vis que ce qui la causait était un oiseau d'une grandeur et d'une grosseur extraordinaires qui s'avançait de mon côté en volant. Je me souvins d'avoir entendu parler aux matelots d'un oiseau appelé *roc*, et je supposai que la

Je vis un oiseau d'une grandeur extraordinaire.

grosse boule devait être un œuf de cet oiseau. En effet, il s'abattit et se posa dessus comme pour le couver. En le voyant venir, je m'étais serré fort près de l'œuf, de sorte que j'eus devant moi un des pieds de l'oiseau, et ce pied était aussi gros qu'un gros tronc d'arbre. Je m'y attachai fortement avec la toile dont mon turban était environné, dans l'espérance que le roc, lorsqu'il reprendrait son vol, le lendemain, m'emporterait hors de cette île déserte. Effectivement, après avoir passé la nuit en cet état, l'oiseau s'envola dès qu'il fut jour, et m'enleva si haut que je ne voyais plus la terre; puis, il descendit tout à coup, avec tant de rapidité, que je ne me sentais pas. Lorsque le roc fut posé et que je me vis à terre, je déliai promptement le nœud qui me tenait attaché à son pied. J'avais à peine achevé de me détacher, qu'il donna du bec sur un serpent d'une longueur considérable. Il le prit et s'envola aussitôt.

» Le lieu où il me laissa était une vallée très profonde, environnée de toutes parts de montagnes si hautes qu'elles se perdaient dans la nue, et tellement escarpées qu'il n'y avait aucun chemin par où l'on y pût monter. Ce fut un nouvel embarras pour moi; et, comparant cet endroit à l'île déserte que je venais de quitter, je trouvai que je n'avais rien gagné au change.

» En marchant dans cette vallée, je remarquai qu'elle était parsemée de diamants, dont il y en avait d'une grosseur surprenante. Je pris beaucoup de plaisir à les regarder; mais j'aperçus un grand nombre de serpents si gros et si longs, qu'il n'y en avait pas un qui n'eût englouti un éléphant. Ils se retiraient pendant le jour dans leurs antres, où ils se cachaient à cause du roc, leur ennemi, et ils n'en sortaient que la nuit.

» Je passai la journée à me promener dans la vallée et à me reposer de temps en temps dans les endroits les plus commodes. Cependant le soleil se coucha, et à l'entrée de la nuit je me retirai dans une grotte dont je bouchai l'entrée, qui était basse et étroite, avec une pierre assez grosse pour me garantir des serpents, en laissant pénétrer un peu de lumière. Je soupai d'une partie de mes provisions, au bruit des serpents qui commencèrent à paraître. Leurs affreux sifflements me causèrent une frayeur extrême, et ne me permirent pas, comme vous pouvez penser, de passer la nuit tranquillement. Le jour étant venu, les serpents se retirèrent. Alors je sortis de ma grotte en tremblant, et je puis dire que je marchai longtemps sur les diamants sans en avoir la moindre envie. A la fin, je m'assis, et comme je n'avais pas fermé l'œil de toute la nuit, je m'endormis après avoir fait encore un repas de mes provisions. Mais j'étais à peine assoupi que quelque chose qui tomba près de moi avec bruit me réveilla ; c'était une grosse pièce de viande fraîche ; et au même instant, j'en vis rouler plusieurs autres du haut des rochers.

» J'avais toujours considéré comme un conte fait à plaisir ce que j'avais entendu dire plusieurs fois à des matelots touchant la vallée des diamants, et l'adresse dont se servaient quelques marchands pour en tirer ces pierres précieuses. Je connus bien qu'ils n'avaient dit la vérité. En effet, ces marchands se rendent auprès de cette vallée à l'époque où les aigles ont des petits. Ils découpent de la viande et la jettent par grosses pièces dans la vallée ; les diamants sur la pointe desquels elles tombent s'y attachent. Les aigles, qui sont dans ce pays-là plus forts qu'ailleurs, vont fondre sur ces pièces de viande et les emportent dans leurs nids pour servir de pâture à leurs aiglons. Alors, les marchands courant aux nids, obligent par leurs cris les aigles à s'éloigner et prennent les diamants qu'ils trouvent attachés aux pièces de viande. Ils se servent de cette ruse, parce qu'il n'y a pas d'autre moyen pour tirer les diamants de cette vallée, qui est un précipice dans lequel on ne saurait descendre.

» J'avais cru, jusque-là, qu'il ne me serait pas possible de sortir de cet abîme ; mais ce que je venais de voir me donna lieu d'imaginer le moyen de conserver ma vie. Je commençai par amasser les plus gros diamants qui se présentèrent à mes yeux, et j'en remplis le sac de cuir qui m'avait servi à mettre mes provisions. Je pris ensuite la pièce de viande qui me parut la plus longue et l'attachai fortement autour de moi avec la toile de mon turban ; et, en cet état, je me couchai le ventre contre terre, la bourse de cuir attachée à ma ceinture de manière qu'elle ne pouvait tomber.

» Je ne fus pas plus tôt en cette situation que les aigles vinrent : chacun se saisit d'une pièce de viande qu'il emporta, et un des plus puissants m'ayant enlevé de même avec le morceau de viande dont j'étais enveloppé, me porta au haut de la montagne, jusque dans son nid. Les marchands ne manquèrent point alors de crier pour épouvanter les aigles, et, lorsqu'ils les eurent obligés à quitter leur proie, un d'entre eux s'approcha de moi, mais il fut saisi de crainte quand il m'aperçut. Il se rassura pourtant, et, au lieu de s'informer par quelle aventure je me trouvais là, il se mit à me quereller en me demandant pourquoi je lui ravissais son bien. — « Consolez-vous, lui dis-je, j'ai des diamants pour vous et moi, plus que n'en peuvent avoir tous les autres marchands ensemble ; car j'ai choisi moi-même au fond de la vallée ceux que j'apporte dans cette bourse que vous voyez. » Je n'avais pas achevé de parler, que les autres marchands, qui m'aperçurent, se groupèrent autour de moi, fort étonnés de me voir, et j'augmentai leur surprise par le récit de mon histoire. Ils n'admirèrent pas tant le stratagème que j'avais imaginé pour me sauver que ma hardiesse à le tenter.

» Ils m'emmenèrent au logement où ils demeuraient tous ensemble, et quand j'eus ouvert ma bourse en leur présence, la grosseur de mes diamants les surprit ; ils m'avouèrent qu'ils n'en avaient pas vu un qui en approchât. Je priai le marchand à qui appartenait le nid où j'avais été transporté d'en choisir autant qu'il en voudrait. Il se contenta d'en prendre un seul, encore le prit-il des moins gros ; et comme je le pressais d'en recevoir d'autres sans craindre de me faire tort : — « Non, me dit-il, celui-ci est assez précieux pour m'épargner la peine de faire désormais d'autres voyages pour l'établissement de ma petite fortune. »

» Il y avait déjà plusieurs jours que les marchands jetaient des pièces de viande dans la vallée, et comme chacun paraissait content des diamants qui lui étaient échus, nous partîmes le lendemain tous ensemble ; et nous marchâmes par de hautes montagnes où il y avait des serpents d'une longueur prodigieuse, que nous eûmes le bonheur d'éviter. Nous gagnâmes ainsi le premier port, d'où nous passâmes à l'île de Roha, où croît l'arbre dont on tire le camphre, et qui est si gros et si touffu que cent hommes peuvent aisément s'y mettre à l'ombre.

» Il y a dans la même île des rhinocéros, animaux plus petits que l'éléphant et plus grands que le buffle ; ils ont une corne sur le nez, longue environ d'une coudée : cette corne est solide, et coupée par le milieu d'une extrémité à l'autre. On voit, sur cette corne, des traits blancs qui représentent la figure d'un homme. Le rhinocéros se bat avec l'éléphant, le perce de sa corne par dessous le ventre, l'enlève et le porte sur sa tête ; mais, comme le sang et la graisse de l'éléphant lui coulent sur les yeux et l'aveuglent, il tombe par terre, et, ce qui va vous étonner, le roc vient qui les enlève tous deux entre ses griffes et les emporte pour nourrir ses petits.

» Je passe sous silence plusieurs autres particularités de cette île. J'y échangeai quelques-uns de mes diamants contre de bonnes marchandises. De là, nous allâmes à d'autres îles ; et enfin, nous abordâmes à Balsora, d'où je me rendis à Bagdad. J'y fis aussitôt de grandes aumônes aux pauvres, et je jouis, honorablement du reste, des richesses immenses que j'avais gagnées au prix de tant de fatigues ! »

Ce fut ainsi que Sindbad raconta son second voyage. Il fit donner encore cent sequins à Hindbad, qu'il invita à venir le lendemain entendre le récit du troisième.

Les conviés retournèrent chez eux, et revinrent le jour suivant à la même heure, de même que le porteur qui avait déjà presque oublié sa misère passée. On se mit à table, et, après le repas, Sindbad fit le récit de son troisième voyage :

Troisième voyage de Sindbad le marin

— « J'eus bientôt perdu, dit-il, dans les douceurs de la vie, le souvenir des dangers que j'avais courus dans mes deux voyages : mais comme j'étais à la fleur de mon âge, je m'ennuyai de vivre dans le repos, et, m'étourdissant sur les nouveaux périls que je voulais affronter, je partis de Bagdad avec de riches marchandises du pays, que je fis transporter à Balsora. Là je m'embarquai encore avec d'autres marchands. Nous fîmes une longue navigation et nous abordâmes à plusieurs ports où nous fîmes un commerce considérable.

» Un jour que nous étions en pleine mer, nous fûmes battus par une tempête horrible qui nous fit perdre notre route. Elle continua plusieurs jours, et nous poussa devant le port d'une île où le capitaine aurait voulu se dispenser d'entrer; mais, nous fûmes bien obligés d'y aller mouiller. Lorsqu'on eut plié les voiles, le capitaine nous dit : — « Cette île et quelques autres voisines sont habitées par des sauvages tout velus qui vont venir nous assaillir. Quoique ce soient des nains, notre résistance serait vaine, parce qu'ils sont plus nombreux que les sauterelles, et que, s'il nous arrivait d'en tuer quelqu'un, ils se jetteraient tous sur nous et nous assommeraient. »

» Le discours du capitaine mit tout l'équipage dans la consternation, et nous connûmes bientôt que ce qu'il venait de nous dire n'était que trop véritable. Nous vîmes paraître une multitude innombrable de sauvages hideux, couverts par tout le corps d'un poil roux, et hauts seulement de deux pieds. Ils se jetèrent à la nage et environnèrent notre vaisseau. Ils nous parlaient, mais nous n'entendions pas leur langage. Ils s'accrochèrent aux vergues et aux cordages du navire, et grimpèrent de tous les côtés jusqu'au tillac avec une si grande agilité et avec tant de vitesse qu'il ne paraissait pas qu'ils posassent leurs pieds.

» Nous les vîmes avec frayeur faire cette manœuvre, sans oser nous mettre en état de défense ni leur dire un seul mot pour les détourner de leur dessein. Ils déplièrent les voiles, coupèrent le câble de l'ancre sans se donner la peine de la tirer; et, après avoir fait approcher de terre le vaisseau, ils nous firent tous débarquer. Ils emmenèrent ensuite le navire dans une autre île d'où ils étaient venus. Tous les voyageurs évitaient avec soin celle où nous étions alors, et il était très dangereux de s'y arrêter pour la raison que vous allez entendre.

» Nous nous éloignâmes du rivage, et, en nous avançant dans l'île, nous trouvâmes quelques fruits et des herbes dont nous mangeâmes pour prolonger notre vie le plus possible, car nous nous attendions à une mort certaine. En marchant, nous aperçûmes assez loin de nous un édifice vers lequel nous dirigeâmes nos pas. C'était un palais bien bâti ; il avait une porte d'ébène à deux battants, que nous ouvrîmes en la poussant. Nous entrâmes dans la cour, et nous vîmes en face un vaste appartement avec un vestibule, où il y avait d'un côté un monceau d'ossements humains, et de l'autre une infinité de broches à rôtir. Nous tremblâmes à ce spectacle, et comme nous étions déjà fatigués, nous tombâmes par terre, saisis d'une frayeur mortelle.

» Le soleil se couchait : tandis que nous étions dans l'état pitoyable que je viens de dire, la porte de l'appartement s'ouvrit avec bruit, et nous en vîmes sortir une horrible figure d'homme noir, de la hauteur d'un grand palmier. Il avait au milieu du front un seul œil, rouge et ardent comme un charbon allumé ; les dents de devant, qu'il avait fort longues et fort aiguës, lui sortaient de la bouche, qui n'était pas moins fendue que celle d'un cheval ; et, la lèvre inférieure lui descendait sur la poitrine. Ses oreilles ressemblaient à celles d'un éléphant et lui couvraient les épaules ; il avait les ongles crochus et longs comme les griffes des plus grands oiseaux. A la vue d'un géant si effroyable, nous demeurâmes comme morts.

» A la fin, nous revînmes à nous, et nous le vîmes assis sous le vestibule, qui nous examinait de tout son œil. Quand il nous eut bien considérés, il s'avança vers nous, étendit la main sur moi, me prit par le cou, et me tourna de tous côtés comme un boucher qui manie une tête de mouton. Après m'avoir bien regardé, voyant que j'étais si maigre que je n'avais que les os et la peau, il me lâcha. Il prit les autres tour à tour, les examina de la même manière, et comme le capitaine était le plus gras de l'équipage, il le tint d'une main, ainsi que j'aurais tenu un moineau, et lui passa une broche au travers du corps ; ayant ensuite allumé un grand feu, il le fit rôtir et le mangea à son souper dans l'appartement où il s'était retiré. Ce repas achevé, il revint sous le vestibule, où il se coucha, et s'endormit en ronflant d'une manière plus bruyante que le tonnerre ; son sommeil dura jusqu'au lendemain matin. Pour nous, il ne nous fut pas possible de goûter la douceur du repos, et nous passâmes la nuit dans la plus cruelle inquiétude. Le jour étant venu, le géant se réveilla, se leva, sortit, et nous laissa dans le palais.

» Lorsque nous le crûmes éloigné, nous rompîmes le triste silence que nous avions gardé toute la nuit, et nous fîmes retentir le palais de plaintes et de gémissements. Quoique nous fussions nombreux, nous n'eûmes pas d'abord la pensée de nous délivrer de lui par sa mort. Cette entreprise était pourtant celle que nous devions naturellement former.

» Nous délibérâmes sur plusieurs autres partis, mais nous ne nous déterminâmes à aucun; et, nous soumettant à ce qu'il plairait à Dieu, nous passâmes la journée à parcourir l'île en nous nourrissant de fruits et de plantes comme le jour précédent. Sur le soir, nous cherchâmes quelque endroit pour nous mettre à couvert; mais n'en trouvant point, nous fûmes obligés, malgré nous, de retourner au palais.

» Le géant ne manqua pas d'y revenir, et de souper encore d'un de nos compagnons; après quoi il s'endormit et ronfla jusqu'au jour; puis, il sortit et nous laissa comme il avait déjà fait. Notre condition nous parut si affreuse, que plusieurs de mes camarades furent sur le point d'aller se précipiter dans la mer plutôt que d'attendre une mort si étrange. Mais un de nos compagnons prenant alors la parole : — « Il nous est défendu, dit-il, de nous donner nous-mêmes la mort; et quand cela serait permis, n'est-il pas plus raisonnable que nous songions au moyen de nous défaire du barbare qui nous destine un trépas si funeste? »

» J'avais, dans cette même pensée, formé un projet, je le communiquai à mes camarades, qui l'approuvèrent. « Mes frères, leur dis-je, vous savez qu'il y a beaucoup de bois le long de la mer; si vous m'en croyez, construisons plusieurs radeaux qui puissent nous porter; et, lorsqu'ils seront achevés, nous les laisserons sur la côte jusqu'à ce que nous jugions à propos de nous en servir. Cependant, nous exécuterons le dessein que je vous ai proposé pour nous défaire du géant; s'il réussit, nous pourrons attendre ici quelque vaisseau qui nous retire de cette île fatale;

si, au contraire, nous manquons notre coup, nous gagnerons promptement nos radeaux, et nous nous mettrons en mer. J'avoue qu'en nous exposant à la fureur des flots sur de si fragiles bâtiments, nous courons risque de perdre la vie ; mais, n'est-il pas plus doux de nous laisser ensevelir dans la mer que dans les entrailles de ce monstre? » Mon avis fut approuvé, et nous construisîmes des radeaux capables de porter chacun trois personnes.

» Nous retournâmes vers le soir au palais, et le géant y arriva peu de temps après nous. Il fallut encore nous résoudre à voir rôtir un de nos camarades. Mais, bientôt, nous nous vengeâmes de la cruauté du géant. Lorsqu'il eut fini son détestable souper, il se coucha sur le dos et s'endormit. Dès que nous l'entendîmes ronfler, selon sa coutume, neuf des plus hardis d'entre nous et moi, nous prîmes chacun une broche, nous en mîmes la pointe dans le feu, pour la faire rougir, et ensuite nous la lui enfonçâmes dans l'œil en même temps, et nous le lui crevâmes.

» La douleur fit pousser au géant un cri effroyable. Il se leva brusquement, et étendit les mains de tous côtés pour saisir quelqu'un de nous, afin de le sacrifier à sa rage. Mais nous eûmes le temps de nous éloigner et de nous retirer dans des endroits où il ne pouvait nous rencontrer. Après nous avoir vainement cherchés, il trouva la porte à tâtons, et sortit avec des hurlements épouvantables.

» Nous sortîmes du palais après lui, et nous nous rendîmes au bord de la mer dans l'endroit où étaient nos radeaux. Nous les mîmes à l'eau, et nous attendîmes qu'il fît jour pour nous jeter dessus, dans le cas où nous verrions le géant venir à nous avec quelque guide de son espèce ; mais nous nous flattions que, s'il ne paraissait pas après le lever du soleil, et que nous n'entendions plus ses hurlements, ce serait une marque qu'il aurait perdu la vie ; en ce cas, nous nous proposions de rester dans l'île et de ne pas nous risquer sur nos radeaux. Mais, à peine fut-il jour, que nous aperçûmes notre cruel ennemi accompagné de deux géants à peu près de sa grandeur, qui le conduisaient, et d'un assez grand nombre d'autres qui marchaient devant lui à pas précipités.

» A cette vue, nous ne balançâmes point à nous jeter sur nos

Les géants se munirent de grosses pierres et entrèrent dans l'eau. (P. 127.)

radeaux, pour nous éloigner du rivage à force de rames. Les géants, qui s'en aperçurent, se munirent de grosses pierres, entrèrent même dans l'eau jusqu'à la moitié du corps, et nous les jetèrent si adroitement, qu'à l'exception du radeau sur lequel j'étais, tous les autres furent brisés et les hommes qu'ils portaient se noyèrent. Quant à moi et à mes deux compagnons, comme nous ramions de toutes nos forces, nous nous trouvâmes les plus avancés dans la mer, et hors de la portée des pierres.

» Quand nous fûmes en pleine mer, nous devînmes le jouet du vent et des flots; mais, le lendemain, nous eûmes le bonheur d'être poussés contre une île, où nous trouvâmes d'excellents fruits, qui nous furent d'un grand secours pour réparer les forces que nous avions perdues.

» Le soir, nous nous endormîmes sur le bord de la mer; mais nous fûmes réveillés par le bruit qu'un serpent, long comme un palmier, faisait avec ses écailles en rampant sur la terre. Il se trouva si près de nous, qu'il engloutit un de mes deux camarades malgré ses cris et ses efforts. Nous prîmes aussitôt la fuite, mon autre camarade et moi. « O Dieu! m'écriai-je alors, à quoi nous sommes-nous exposés! nous nous réjouissions hier d'avoir dérobé nos vies à la cruauté d'un géant et à la fureur des flots, et nous voilà tombés dans un péril qui n'est pas moins terrible! »

» Nous remarquâmes, en nous promenant, un gros arbre fort haut, sur lequel nous projetâmes de passer la nuit suivante. Nous mangeâmes encore des fruits; et, à la fin du jour, nous montâmes sur l'arbre. Nous entendîmes bientôt le serpent qui vint en sifflant jusqu'au pied de l'arbre où nous étions. Il s'éleva contre le tronc, et rencontrant mon camarade qui était plus bas que moi, il l'engloutit d'un seul coup et se retira.

» Je demeurai sur l'arbre jusqu'au jour, et alors j'en descendis plus mort que vif. Effectivement, je ne pouvais attendre un autre sort que celui de mes deux compagnons, et cette pensée me faisant frémir d'horreur, je fis quelques pas pour aller me jeter dans la mer; mais je résistai à ce mouvement de désespoir, et me soumis à la volonté de Dieu, qui dispose à son gré de nos vies.

» Je ne laissai pas, toutefois, d'amasser une grande quantité de menu bois, de ronces et d'épines sèches. J'en fis plusieurs fagots que je liai ensemble après en avoir fait un grand cercle autour de l'arbre, et j'en liai quelques-uns en travers par-dessus pour me couvrir la tête. Cela étant fait, je m'enfermai dans ce cercle, à l'entrée de la nuit, avec la triste consolation de n'avoir rien négligé pour me garantir du sort cruel qui me menaçait. Le serpent ne manqua pas de revenir et de tourner autour de l'arbre, cherchant à me dévorer. Mais il n'y put réussir à cause du rempart que je m'étais fabriqué. Enfin, le jour étant venu, il se retira; mais je n'osai sortir de mon fort que le soleil ne parût.

» Je me trouvai si fatigué du travail qu'il m'avait donné, j'avais tant souffert de son haleine empestée, que la mort me paraissait préférable à cette horreur. Je m'éloignai de l'arbre; et, sans me souvenir de la résignation où j'étais le jour précédent, je courus vers la mer, dans le dessein de m'y précipiter la tête la première...

» Dieu fut touché de mon désespoir. Au moment où j'allais me jeter dans les flots, j'aperçus un navire assez éloigné du rivage. Je criai de toute ma force pour me faire entendre, et je dépliai la toile de mon turban pour qu'on me remarquât. Cela ne fut pas inutile : tout l'équipage m'aperçut, et le capitaine m'envoya la chaloupe. Quand je fus à bord, les marchands et les matelots me demandèrent avec beaucoup d'empressement par quelle aventure je m'étais trouvé dans cette île déserte; et, après que je leur eus raconté tout ce qui m'était arrivé, comme ils ne doutaient pas que je n'eusse besoin de manger, ils s'empressèrent de me régaler de ce qu'ils avaient de meilleur; et le capitaine, remarquant que mon habit était tout en lambeaux, eut la générosité de m'en faire donner un des siens.

» Nous courûmes la mer quelque temps, et nous abordâmes enfin à Salahat, d'où l'on tire le sandal. Nous entrâmes dans le port et nous y mouillâmes. Les marchands commencèrent à faire débarquer leurs marchandises pour les vendre ou les échanger. Pendant ce temps-là, le capitaine m'appela et me dit : « — Frère, j'ai en dépôt des marchandises ayant appartenu à un marchand qui a navigué quelque temps sur mon navire; comme ce marchand est mort, je les fais valoir pour en rendre compte à ses héritiers, lorsque j'en rencontrerai quelqu'un. » Les ballots dont il parlait étaient déjà sur le tillac; il me les montra en me disant : « — Voilà les marchandises en question ; j'espère que vous voudrez bien vous charger d'en faire le commerce, sous la condition du droit dû à la peine que vous prendrez. » — J'y consentis en le remerciant de ce qu'il me fournissait l'occasion de ne pas demeurer oisif.

» L'écrivain du navire enregistrait tous les ballots avec les noms des marchands à qui ils appartenaient. Dès qu'il eut demandé sous quel nom il devait enregistrer ceux dont il venait de me charger : — « Ecrivez, lui répondit le capitaine, sous le nom de Sindbad le marin. » Je ne pus m'entendre nommer sans émotion ; et, examinant le capitaine, je le reconnus pour celui qui, dans mon second voyage, m'avait abandonné dans l'île où je m'étais endormi.

Quant à lui, qui me croyait mort, il ne faut point s'étonner s'il ne me reconnût pas. — Capitaine, lui dis-je, est-ce que le marchand à qui étaient ces ballots s'appelait Sindbad? — Oui, me répondit-il ; il était de Bagdad, et s'était embarqué sur mon vaisseau à Balsora. Un jour que nous descendîmes dans une île pour faire de l'eau, je ne sais par quelle méprise je mis à la voile sans prendre garde qu'il ne s'était pas embarqué avec les autres. Nous ne nous en aperçûmes que quatre heures après. Nous avions le vent en poupe et il ne nous fut pas possible de virer de bord pour aller le reprendre. — Eh bien ! capitaine, lui dis-je, ouvrez les yeux, reconnaissez Sindbad oublié dans l'île déserte. Je m'étais endormi au bord d'un ruisseau, et quand je me réveillai je ne vis plus personne de l'équipage. » A ces mots, le capitaine me regarda avec attention, et, il me reconnut enfin. — « Dieu soit loué ! s'écria-t-il en m'embrassant ; je suis ravi que la fortune ait réparé ma faute. Voilà vos marchandises, que j'ai toujours pris soin de conserver et de faire valoir ; je vous les rends avec le profit que j'en ai tiré. » Je les acceptai en témoignant au capitaine toute la reconnaissance que je lui devais.

» De l'île de Salahat, nous allâmes à une autre où je me fournis de clous de girofle, de cannelle et d'autres épiceries. Quand nous nous en fûmes éloignés, nous vîmes une tortue qui avait vingt coudées en longueur et en largeur ; nous remarquâmes aussi un poisson qui tenait de la vache : il avait du lait ; et, sa peau est d'une si grande dureté qu'on en fait ordinairement des boucliers ; j'en vis un autre qui avait la figure et la couleur d'un chameau. Enfin, après une longue navigation, j'arrivai à Balsora, et de là je revins à Bagdad avec tant de richesses que j'en ignorais la quantité. J'en donnai encore aux pauvres une partie considérable, et j'ajoutai d'autres grandes terres à celles que j'avais déjà acquises. »

Sindbad acheva ainsi l'histoire de son troisième voyage. Il fit donner ensuite cent autres sequins à Hindbad, en l'invitant au repas du lendemain et au récit du quatrième voyage. Hindbad et la compagnie se retirèrent, et le jour suivant, Sindbad prit la parole sur la fin du dîner pour continuer ses aventures.

Quatrième voyage de Sindbad le marin

« Les plaisirs, dit-il, que je pris après mon troisième voyage, n'eurent pas des charmes assez puissants pour me déterminer à ne plus voyager. Je me laissai encore entraîner à la passion de voir des choses nouvelles. Je mis ordre à mes affaires ; et, j'entretins un fonds de marchandises faciles à débiter dans les lieux où j'avais intention d'aller. Je pris la route de la Perse, dont je traversai plusieurs provinces, et j'arrivai à un port de mer où je m'embarquai. Nous mîmes à la voile, et nous avions déjà touché à plusieurs ports de terre ferme et à quelques îles orientales, lorsqu'un jour, nous fûmes surpris par un coup de vent qui obligea le capitaine à faire amener les voiles et à donner les ordres nécessaires pour prévenir le danger dont nous étions menacés. Mais toutes nos précautions furent inutiles : la manœuvre ne réussit pas bien, les voiles furent déchirées en mille pièces, le vaisseau donna sur des récifs et se brisa ; un grand nombre de marchands et de matelots se noyèrent et toute la charge périt.

» J'eus le bonheur, de même que plusieurs autres marchands

t matelots, de me placer sur une planche. Nous fûmes emportés, par un courant, vers une île qui était devant nous. Nous y trouvâmes des fruits et de l'eau de source qui servirent à rétablir nos forces. Nous nous y reposâmes la nuit dans l'endroit même où la mer nous avait jetés, sans avoir pris aucun parti sur ce que nous devions faire.

» Le jour suivant, nous nous éloignâmes du rivage; et, nous avançant dans l'île, nous y aperçûmes des habitations où nous nous rendîmes. A notre arrivée, des noirs vinrent à nous en très grand nombre; ils nous environnèrent, se saisirent de nos personnes, en firent une espèce de partage, et nous conduisirent dans leurs maisons.

» Nous fûmes menés, cinq de mes camarades et moi, dans un même lieu. Aussitôt, on nous fit asseoir et l'on nous servit d'une certaine herbe, en nous invitant par signes à en manger. Mes camarades, sans faire réflexion que ceux qui la servaient n'en mangeaient pas, se jetèrent sur ce mets avec avidité. Pour moi, craignant quelque supercherie, je ne voulus pas en goûter, et je m'en trouvai bien; car, peu de temps après, je m'aperçus que mes compagnons ne savaient plus ce qu'ils disaient.

» On nous servit ensuite du riz préparé avec de l'huile de coco, et mes camarades, qui n'avaient plus leur raison, en mangèrent extraordinairement. J'en mangeai aussi, mais fort peu. Les noirs nous avaient d'abord présenté cette herbe pour nous troubler l'esprit et nous ôter le chagrin que la triste connaissance de notre sort devait nous causer; et, ils nous donnaient du riz pour nous engraisser. Comme ils étaient anthropophages, leur intention était de nous manger quand nous serions devenus gras. C'est ce qui arriva à mes camarades, qui ignorèrent leur destinée parce qu'ils avaient perdu leur bon sens. Puisque j'avais conservé le mien, vous jugez bien qu'au lieu d'engraisser comme les autres, je devins encore plus maigre que j'étais. La crainte de la mort, dont j'étais incessamment menacé, me fit tomber dans une langueur qui me fut fort salutaire; les noirs ayant mangé mes compagnons, en demeurèrent là, et, me voyant sec, décharné, malade, ils remirent ma mort à un autre temps.

» Cependant, j'avais beaucoup de liberté, et l'on ne prenait pas garde à mes actions. Cela me donna l'occasion de m'éloigner un jour des habitations des noirs et de me sauver. Un vieillard qui m'aperçut, — et qui se douta de mon projet, — me cria de toute sa force de revenir; mais, au lieu de lui obéir, je redoublai de vitesse et je fus bientôt hors de sa vue. Il n'y avait alors que ce vieillard dans les habitations; tous les autres noirs s'étaient absentés, et ne devaient revenir que sur la fin du jour. Assuré qu'il ne serait plus temps de courir après moi lorsqu'ils apprendraient ma fuite, je marchai jusqu'à la nuit et, je m'arrêtai pour prendre un peu de repos et manger quelques vivres dont j'avais fait provision. Mais je repris bientôt mon chemin, et continuai de marcher pendant sept jours, en évitant les endroits qui me paraissaient habités. Je vivais de cocos qui me fournissaient en même temps de quoi boire et de quoi manger.

» Le huitième jour, j'arrivai près de la mer, et j'aperçus tout à coup des hommes blancs comme moi, occupés à cueillir du poivre. Je ne fis nulle difficulté de m'approcher d'eux. Dès qu'ils me virent, ils me demandèrent, en arabe, qui j'étais et d'où je venais. Ravi de les entendre parler comme moi, je satisfis leur curiosité, en leur racontant de quelle manière j'avais fait naufrage et comment j'étais venu dans cette île, où j'étais tombé entre les mains des noirs. « Mais ces noirs, me dirent-ils, mangent les hommes. Par quel miracle êtes-vous échappé à leur cruauté? » Je leur fis le même récit que vous venez d'entendre, et ils en furent merveilleusement étonnés.

» Je demeurai avec eux jusqu'à ce qu'ils eussent amassé leur provision de poivre; après quoi ils me firent embarquer sur le vaisseau qui les avait amenés, et nous nous rendîmes dans l'île d'où ils étaient venus. Ils me présentèrent à leur roi, un bon prince, qui écouta avec intérêt le récit de mes aventures, me fit donner des habits, et recommanda qu'on eût soin de moi.

» L'île où je me trouvais était fort peuplée et abondante en toute sorte de choses; on faisait un grand commerce dans la ville où le roi demeurait. Cet agréable asile me consola de mon malheur, et les bontés de ce généreux prince achevèrent de me rendre heureux. En effet, il n'y avait personne qui fût mieux que moi dans son esprit; et par conséquent, il n'y avait personne à sa cour ni dans la ville qui ne cherchât l'occasion de me faire plaisir; j'étais regardé comme un homme né dans le pays, plutôt que comme un étranger.

» Une chose me parut bien extraordinaire : Tout le monde, — le roi lui-même, — montait à cheval sans bride et sans étriers. Cela me fit prendre la liberté de demander un jour pourquoi Sa Majesté ne se servait pas de ces harnais si utiles. Le roi me répondit que je lui parlais d'une chose dont on ignorait l'usage en ses Etats. J'allai aussitôt chez un ouvrier; je fis préparer le bois d'une selle; je la garnis moi-même de bourre et de cuir, et l'ornai d'une broderie d'or. Je m'adressai ensuite à un serrurier, qui me fit un mors de la forme que je lui montrai, et je lui fis faire aussi des étriers.

» Quand ces choses furent terminées, j'allai les présenter au roi et je les essayai sur un de ses chevaux. Ce prince fut si satisfait de cette invention, qu'il m'en témoigna sa joie par de grandes largesses.

» Comme je lui faisais très assidûment ma cour, il me dit un jour : « — Sindbad, je t'aime, et je sais que mes sujets te chérissent à mon exemple; il faut que tu m'accordes ce que je vais te demander. — Sire, lui répondis-je, il n'y a rien que je ne sois prêt à faire pour marquer mon obéissance à Votre Majesté; elle a, sur moi, un pouvoir absolu. — Je veux te marier, répliqua le roi, afin que tu ne songes plus à retourner dans ta patrie. » Comme je n'osais résister à la volonté du prince, il me donna pour femme une dame de sa cour, noble, belle, sage et riche, avec laquelle je vécus quelque temps dans une union parfaite. Néanmoins, je n'étais pas trop satisfait de mon état; mon dessein était de m'échapper à la première occasion et de retourner à Bagdad, dont mon nouvel établissement ne pouvait me faire perdre le souvenir.

» J'étais dans ces sentiments, lorsque la femme d'un de mes voisins tomba malade et mourut. J'allai chez lui pour le consoler, et, le trouvant plongé dans la plus vive affliction : — « Dieu vous conserve, lui dis-je en l'abordant, et vous donne une longue vie ! — Hélas ! me répondit-il, comment voulez-vous que j'obtienne la grâce que vous me souhaitez ? je n'ai plus qu'une heure à vivre. — Oh ! repris-je, ne vous mettez pas dans l'esprit une pensée si funeste. — Je souhaite, répliqua-t-il, que votre vie soit de longue durée ; pour ce qui est de moi, mes affaires sont terminées, et on m'enterre aujourd'hui avec ma femme ; telle est la coutume que nos ancêtres ont établie dans cette île, et qu'ils ont invariablement gardée. Le mari vivant est enterré avec la femme morte, et la femme vivante avec le mari mort. Rien ne peut me sauver : tout le monde subit cette loi.

» Pendant qu'il m'entretenait de cette étrange barbarie, dont la nouvelle m'effraya cruellement, les parents, les amis et les voisins arrivèrent en corps pour assister aux funérailles. On revêtit le cadavre de la femme de ses habits les plus riches, et on le para de tous ses joyaux. On l'enleva, ensuite, dans une bière découverte, et le convoi se mit en marche. Le mari était à la tête du deuil et suivait le corps de sa femme. On prit le chemin d'une haute montagne ; et lorsqu'on y fut arrivé, on leva une grosse pierre qui couvrait l'ouverture d'un puits profond ; on y descendit le cadavre sans rien lui ôter de ses habillements et de ses joyaux. Après cela, le mari embrassa ses parents et ses amis, et se laissa mettre sans résistance dans une bière, avec un pot d'eau et sept petits pains auprès de lui ; puis, on le descendit à son tour. La montagne s'étendait au bord de la mer, et le puits était très profond. La cérémonie achevée, on remit la pierre sur l'ouverture.

» Il n'est pas besoin de vous dire, seigneurs, que je fus un fort triste témoin de ces funérailles. Je ne pus m'empêcher de dire au roi ce que je pensais là-dessus : — « Sire, lui dis-je, je ne saurais assez m'étonner de l'étrange coutume qu'on a dans vos Etats, d'enterrer les vivants avec les morts. J'ai beaucoup voyagé, je n'ai jamais entendu parler d'une loi si cruelle. — Que veux-tu, Sindbad, me répondit le roi, c'est une loi commune, et j'y suis soumis moi-même ; je serai enterré vivant avec la reine mon épouse, si elle meurt la première. — Mais, sire, lui dis-je, oserais-

J'eus le bonheur, de même que plusieurs autres, de me mettre sur une planche. (P. 131.)

je demander à Votre Majesté si les étrangers sont obligés d'observer cette coutume? — Sans doute, repartit le roi, en souriant du motif de ma question : ils n'en sont pas exceptés lorsqu'ils sont mariés dans cette île. »

» Je m'en retournai tristement avec cette réponse. La crainte que ma femme ne mourût la première et qu'on ne m'enterrât tout vivant avec elle, me faisait faire des réflexions très pénibles. Cependant, il fallut prendre patience, et m'en remettre à la volonté de Dieu. Néanmoins, je tremblais à la moindre indisposition que je voyais à ma femme; mais, hélas! j'eus bientôt la frayeur complète : elle tomba sérieusement malade et mourut en peu de jours.

» Jugez de ma douleur! Etre enterré tout vif ne me paraissait pas une fin moins déplorable que celle d'être dévoré par des anthropophages. Il fallait pourtant en passer par là. Le roi, accompagné de toute sa cour, voulut honorer de sa présence le convoi; et, les personnes les plus considérables de la ville me firent l'honneur d'y assister.

» Lorsque tout fut prêt pour la cérémonie, on plaça le corps de ma femme dans une bière avec tous ses joyaux et ses plus magnifiques habits. On se mit en marche. Comme second acteur de cette tragédie, je suivais immédiatement le cercueil, les yeux baignés de larmes et déplorant mon malheureux destin. Avant d'arriver à la montagne, je voulus faire une tentative sur l'esprit des spectateurs. Je m'adressai au roi; puis à tous ceux qui se trouvèrent autour de moi; et, m'inclinant profondément devant eux, je les suppliai d'avoir compassion de moi. — Considérez, disais-je, que je suis étranger, que je ne dois pas être soumis à une loi si rigoureuse. » Mais personne ne fut attendri; au contraire, on se hâta de descendre le corps de ma femme dans le puits, et l'on m'y descendit bientôt après dans une autre bière découverte, avec un vase rempli d'eau et sept pains. Enfin, cette terrible cérémonie achevée, on remit la pierre sur l'ouverture du puits, malgré l'excès de ma douleur et mes cris lamentables.

» A mesure que j'approchais du fond, je découvrais, à la faveur du peu de lumière qui venait d'en haut, la disposition de ce lieu souterrain. C'était une grotte fort vaste, et qui pouvait bien avoir cinquante coudées de profondeur. Je sentis bientôt une odeur insupportable, provenant d'une infinité de cadavres, disposés à droite et à gauche; je crus même entendre quelques-uns des derniers qu'on y avait descendus vivants pousser les derniers soupirs. Néanmoins, lorsque je fus en bas, je sortis de la bière et me jetant par terre, je demeurai longtemps plongé dans les pleurs. Alors, faisant réflexion sur mon triste sort, je me disais : N'est-ce pas par ta faute, pauvre Sindbad, si tu es réduit à mourir d'une mort si étrange? Plût à Dieu que tu eusses péri dans quelqu'un des naufrages dont tu as échappé! Tu n'aurais point à mourir d'un trépas si lent et si terrible. Mais tu te l'es attiré par ta maudite avarice. Ah! malheureux, ne devais-tu pas plutôt demeurer chez toi et jouir tranquillement du fruit de tes travaux? »

Néanmoins, au lieu d'appeler la mort à mon secours, l'amour de la vie me porta à prolonger mes jours. J'allai à tâtons prendre le pain et l'eau qui étaient dans ma bière, et j'en mangeai.

» Quoique l'obscurité fût épaisse, je ne laissai pas de retrouver ma bière, et il me sembla que la grotte était plus spacieuse qu'elle ne m'avait paru d'abord. Je vécus quelques jours de mon pain et de mon eau; mais enfin, n'en ayant plus, je me préparai à mourir...

» Je m'abandonnais au désespoir, lorsque j'entendis lever la pierre. On descendit un cadavre d'homme et une femme vivante. L'homme du caractère le plus doux arrive à prendre des résolutions terribles quand il se voit réduit aux dernières extrémités : Pendant qu'on descendait la femme, je m'approchai de l'endroit où sa bière devait être posée, et quand je m'aperçus que l'on recouvrait l'ouverture du puits, je donnai sur la tête de la malheureuse deux ou trois grands coups d'un gros os dont je m'étais saisi. Je l'assommai, et comme je n'accomplissais cet acte inhumain que pour profiter du pain et de l'eau qui étaient dans la bière, j'eus des provisions pour quelques jours. Au bout de ce temps-là, on descendit encore une femme morte et un homme vivant; je tuai l'homme de la même manière : comme il y eut alors une épidémie dans la ville, je ne manquai pas de vivres en mettant toujours en œuvre la même détestable industrie. Je voulus excuser ces crimes inexcusables en me disant que la mort de mes victimes n'était avancée que de quelques heures.

» Un jour, que j'étais plus accablé que de coutume, j'entendis souffler et marcher. J'avançai du côté d'où partait le bruit, et il me parut entrevoir un être qui prenait la fuite. Je suivis cette espèce d'ombre, qui s'arrêtait par reprises, et j'allai si loin que j'aperçus enfin une lumière ressemblant à une étoile. Je continuai de marcher dans cette direction, et je découvris que cette clarté venait par une ouverture de rocher.

Je m'arrêtai quelque temps pour me remettre de l'émotion violente que cette découverte me causa; puis, m'étant avancé jusqu'à l'ouverture, j'y passai et me trouvai sur le bord de la mer. L'excès de ma joie fut tel que j'eus de la peine à me persuader que ce n'était pas une illusion. Lorsque je fus convaincu que c'était une réalité, je compris que l'être que j'avais entendu souffler, et que j'avais suivi, était un animal sorti de la mer, qui avait coutume d'entrer dans la grotte pour s'y repaître de corps morts.

» J'examinai la montagne et remarquai qu'elle était sans communication avec la ville, parce qu'elle était tellement escarpée que la nature ne l'avait pas rendue praticable. Je rentrai ensuite dans la grotte pour aller prendre du pain, que je revins manger, à la clarté du jour. J'y retournai encore, et j'allai ramasser à tâtons, dans les bières, tous les diamants, les rubis, les perles, les bracelets d'or, et enfin toutes les riches étoffes que je trouvai sous ma main. Je portai tout cela sur le bord de la mer. J'en fis plusieurs ballots que je liai avec des cordes ayant servi à descendre les bières. Je les laissai sur le rivage en attendant une bonne occasion de fuir ce lieu maudit.

» Au bout de deux ou trois jours, j'aperçus un navire qui sortait du port, et qui vint passer assez près de l'endroit où j'étais. Je fis signe avec la toile de mon turban, et je criai de toute ma force. On m'entendit, et l'on détacha la chaloupe pour venir me prendre. Les matelots me demandèrent par quelle disgrâce je me trouvais en ce lieu, et je répondis que je m'étais sauvé d'un naufrage depuis deux jours avec les marchandises qu'ils voyaient. Heureusement pour moi, ces gens se contentèrent de ma réponse, et m'emmenèrent avec mes ballots.

» Quand nous fûmes arrivés à bord, le capitaine eut aussi la bonté de croire au prétendu naufrage dont je me disais la victime. Je lui présentai quelques-unes de mes pierreries, mais il ne voulut pas les accepter.

» Nous nous arrêtâmes successivement dans plusieurs îles où nous fîmes un grand commerce.

» Enfin, j'arrivai heureusement à Bagdad avec des richesses infinies, dont il est inutile de vous faire le détail. Pour rendre grâce à Dieu des faveurs qu'il m'avait faites, je fis de grandes aumônes. »

Sindbad finit en cet endroit le récit de son quatrième voyage, qui causa encore plus d'admiration à ses auditeurs que les trois précédents. Il fit un nouveau présent de cent sequins à Hindbad, qu'il pria, comme les autres, de revenir le jour suivant.

Le lendemain, lorsqu'ils furent tous assemblés, ils se mirent à table, et à la fin du repas Sindbad commença le récit de son cinquième voyage :

Cinquième voyage de Sindbad le Marin

« Les plaisirs, dit-il, eurent encore assez de charmes pour effacer de ma mémoire tous les maux que j'avais soufferts, sans pouvoir m'ôter l'envie de faire de nouveaux voyages. C'est pourquoi j'achetai des marchandises, et je partis pour me rendre au premier port de mer. Là, je me donnai le plaisir de faire construire et équiper un navire à mes frais. Dès qu'il fut achevé, je m'embarquai, et, comme je n'avais pas de quoi faire une charge entière, je reçus plusieurs marchands de différentes nations avec leurs marchandises.

» Nous fîmes voile au premier bon vent et nous prîmes le large. Après une longue navigation, le premier endroit où nous abordâmes fut une île déserte, où nous trouvâmes l'œuf d'un roc d'une grosseur pareille à celui dont vous m'avez entendu parler ; il renfermait un petit roc près d'éclore, dont le bec commençait à paraître.

» Les marchands, qui avaient pris terre avec moi, cassèrent l'œuf, en tirèrent le petit roc par morceaux et le firent rôtir. Je les avais avertis de ne pas toucher à l'œuf ; mais ils ne voulaient pas m'écouter.

» Ils eurent à peine achevé leur repas qu'il parut en l'air deux gros nuages. Le capitaine que j'avais pris à gage, sachant par expérience ce que cela signifiait, s'écria que c'étaient le père et la mère du petit roc ; et il nous pressa de nous rembarquer, pour éviter le malheur qu'il prévoyait. Nous suivîmes son conseil avec empressement, et nous remîmes promptement à la voile. Cependant, les deux rocs approchèrent en poussant des cris effroyables, qu'ils redoublèrent quand ils eurent vu l'état dans lequel on avait mis l'œuf. Dans le dessein de se venger, ils reprirent leur vol et disparurent quelque temps, pendant que nous faisions force de voiles pour nous éloigner et prévenir ce qui devait nous arriver. Ils revinrent, et nous remarquâmes qu'ils tenaient entre leurs griffes chacun un morceau de rocher d'une grosseur énorme. Lorsqu'ils furent juste au-dessus de mon vaisseau, ils s'arrêtèrent, et, se soutenant en l'air, l'un lâcha la pièce de rocher qu'il tenait ; mais, par une adroite manœuvre du timonier, elle tomba dans la mer, qui s'entr'ouvrit de manière que nous en vîmes presque le fond. L'autre oiseau, pour notre malheur, laissa tomber sa roche si juste au milieu d'un vaisseau, qu'elle le rompit et le brisa en mille pièces. Les matelots et les passagers furent tous écrasés du coup ou submergés. Je fus submergé moi-même ; mais j'eus le bonheur de me retenir à une pièce des débris, et m'aidant tantôt d'une main, tantôt de l'autre, j'arrivai enfin à une île dont le rivage était fort escarpé. Je surmontai néanmoins cette difficulté, et me sauvai.

» Je m'assis sur l'herbe pour me remettre un peu de ma fatigue : après quoi je me levai et m'avançai dans l'île pour reconnaître le terrain ; il me sembla que j'étais dans un jardin délicieux : je voyais partout des arbres chargés de fruits et des ruisseaux d'une eau douce et claire qui décrivaient d'agréables détours. Je mangeai de ces fruits, que je trouvai exquis, et je bus de cette eau qui était excellente.

» La nuit venue, je me couchai sur l'herbe dans un endroit assez commode ; mais mon sommeil fut souvent interrompu par la frayeur de me voir seul dans un lieu si désert. Ainsi, j'employai la meilleure partie de la nuit à me tourmenter et à me reproche l'imprudence que j'avais eue d'entreprendre ce dernier voyage. Le jour, par sa lumière, dissipa mon désespoir. Je me levai et marchai entre les arbres, non sans quelque appréhension.

» Lorsque je fus dans l'intérieur de l'île, j'aperçus un vieillard qui me parut fort cassé. Il était assis sur le bord d'un ruisseau. Je m'imaginai d'abord que c'était quelqu'un qui avait fait naufrage comme moi. Je m'approchai de lui, je le saluai, et il me fit seulement une inclination de tête. Je lui demandai ce qu'il faisait là ; mais, au lieu de me répondre, il me fit signe de le charger sur mes épaules et de le passer au-delà du ruisseau pour aller cueillir des fruits.

» Je crus qu'il avait besoin que je lui rendisse ce service ; c'est pourquoi, l'ayant chargé sur mon dos, je passai le ruisseau. — « Descendez, lui dis-je alors, en me baissant pour faciliter sa descente. » Mais, au lieu de se laisser aller à terre, ce vieillard, qui m'avait paru décrépit, passa légèrement autour de mon cou ses deux jambes, dont je vis que la peau ressemblait à celle d'une vache, et se mit à califourchon sur mes épaules, en me serrant si fortement la gorge qu'il semblait vouloir m'étrangler. La frayeur me saisit en ce moment, et je tombai évanoui.

» Malgré mon évanouissement, l'incommode vieillard demeura toujours attaché à mon cou ; il écarta seulement un peu les jambes pour me permettre de revenir à moi. Lorsque j'eus repris mes esprits, il m'appuya fortement contre l'estomac un de ses pieds, et de l'autre, me frappant rudement le côté, il m'obligea de me relever malgré moi. Quand je fus debout, il me fit marcher sous des arbres, me forçant à m'arrêter pour cueillir et manger les fruits que nous rencontrions. Il ne quittait point prise pendant le jour, et, quand je voulais me reposer la nuit, il s'étendait par terre avec moi, toujours attaché à mon cou. Tous les matins, il me poussait pour m'éveiller ; ensuite, il me faisait lever et marcher en me pressant de ses pieds. Représentez-vous, seigneurs, la peine que j'avais de me voir chargé de ce fardeau sans pouvoir m'en défaire.

» Un jour que je trouvai plusieurs calebasses sèches, tombées d'un arbre, j'en pris une assez grosse, et, après l'avoir bien nettoyée, j'exprimai dedans le jus de plusieurs grappes de raisin, fruit que l'île produisait en abondance. Lorsque j'en eus rempli la calebasse, je la posai dans un endroit où j'eus l'adresse de me faire conduire par le vieillard quelques jours après. Là, je pris la calebasse, et je bus d'un excellent vin qui me fit oublier, pour quelques instants, le chagrin dont j'étais accablé. Cela me donna de la vigueur : j'en fus même si réjoui, que je me mis à chanter et à sauter en marchant.

» Le vieillard, qui s'aperçut de l'effet que cette boisson avait produit en moi, me fit signe de lui en donner à boire ; je lui présentai la calebasse ; et comme la liqueur lui parut agréable, il l'avala jusqu'à la dernière goutte. Bientôt la fumée du vin lui montant à la tête, il commença à chanter à sa manière et à se trémousser sur mes épaules. Ses jambes se relâchèrent peu à peu, de sorte que, voyant qu'il ne me serrait plus, je le jetai par terre, où il demeura sans mouvement. Alors je pris une grosse pierre et lui écrasai la tête.

» Je sentis une grande joie de m'être délivré pour jamais de ce maudit vieillard, et je marchai vers le bord de la mer, où je rencontrai des gens d'un navire qui venait de mouiller là pour faire de l'eau. Ils furent extrêmement étonnés de me voir et d'entendre le détail de mon aventure. — « Vous étiez tombé, me dirent-ils, entre les mains du vieillard de la mer, et vous êtes le premier qu'il n'ait pas étranglé. Il a rendu cette île fameuse par le nombre de personnes qu'il a tuées ; les matelots et les marchands n'osaient s'y aventurer qu'en bonne compagnie. »

» Après m'avoir informé de ces choses, ils m'emmenèrent dans leur navire, dont le capitaine se fit un plaisir de me recevoir. Il remit à la voile ; et, après quelques jours de navigation, nous abordâmes au port d'une grande ville, dont les maisons étaient bâties de bonnes pierres.

» Un des marchands du vaisseau, qui m'avait pris en amitié, me conduisit dans un logement destiné à servir de retraite aux marchands étrangers. Il me donna un grand sac ; ensuite, m'ayant recommandé à quelques gens de la ville qui avaient un sac comme moi, il les pria de me mener avec eux ramasser des cocos.

» Nous arrivâmes à une forêt d'arbres hauts et droits, et dont le tronc était si lisse, qu'il n'était pas possible de monter jusqu'aux branches où étaient les fruits. Ces arbres étaient des cocotiers dont nous voulions cueillir le fruit. En entrant dans la forêt, nous vîmes un grand nombre de singes, qui prirent la fuite dès qu'ils nous aperçurent, et qui montèrent jusqu'au haut des arbres avec une agilité surprenante.

» Les marchands, avec qui j'étais, ramassèrent des pierres et les jetèrent au haut des arbres contre les singes. Ceux-ci, instruits de notre dessein, cueillaient les cocos avec ardeur, et nous les jetaient avec des gestes qui marquaient leur colère et leur animosité. Nous ramassions les cocos, et nous jetions de temps en temps des pierres pour exciter les singes. Lorsque nous en eûmes pleins nos sacs, nous nous en retournâmes à la ville, où le marchand, qui m'avait envoyé à la forêt, me donna la valeur du sac de cocos que j'avais apporté. — « Continuez, me dit-il, jusqu'à ce que vous ayez gagné de quoi vous reconduire chez vous. » Je le remerciai du bon conseil qu'il me donnait; et insensiblement, je fis un si grand amas de cocos, que j'en avais pour une somme considérable.

» Le vaisseau, sur lequel j'étais venu, avait fait voile avec des marchands qui l'avaient chargé de cocos. Je fis embarquer tous les cocos qui m'appartenaient; et j'allai prendre congé du marchand à qui j'avais tant d'obligation.

» Nous mîmes à la voile et nous gagnâmes l'île de Comari, qui produit la meilleure espèce de bois d'aloès; je me rendis avec d'autres à la pêche des perles, où je pris des plongeurs à gage pour mon compte. Ils m'en pêchèrent un grand nombre de très parfaite. Je me remis en mer avec joie sur un vaisseau qui arriva heureusement à Balsora; de là, je revins à Bagdad, où je réalisai de très grosses sommes d'argent du poivre, du bois d'aloès et des perles que j'avais apportés. Je distribuai en aumônes la dixième partie de mon gain, de même qu'au retour de mes autres voyages, et je cherchai à me délasser de mes fatigues dans toutes sortes de divertissements. »

Ayant achevé ces paroles, Sindbad fit donner cent sequins à Hindbad, qui se retira avec tous les autres convives. Le lendemain, la même compagnie se trouva chez le riche Sindbad, qui fit le récit de son sixième voyage.

Sixième voyage de Sindbad le marin

« Seigneurs, leur dit-il, vous êtes sans doute en peine de savoir comment, après avoir essuyé tant de périls, je pus encore me résoudre à tenter la fortune. J'en suis étonné moi-même quand j'y fais réflexion; et cependant au bout d'une année de repos, je me préparai à faire un sixième voyage, malgré les prières de mes parents et de mes amis.

» Je passai encore une fois par plusieurs provinces de la Perse et des Indes, et j'arrivai à un port de mer où je m'embarquai, sur un bon navire, dont le capitaine était résolu à faire une longue navigation. Elle fut très longue, à la vérité, mais si malheureuse, que le capitaine et le pilote perdirent leur route. Ils la retrouvèrent; mais nous n'eûmes pas sujet de nous réjouir, et nous fûmes un jour dans un étonnement extrême de voir le capitaine quitter son poste en poussant des cris. Il jeta son turban et s'arracha la barbe, comme un homme à qui le désespoir a tourné l'esprit. Nous lui demandâmes pourquoi il s'affligeait ainsi. — « Je vous annonce, nous répondit-il, que nous sommes dans l'endroit le plus dangereux de la mer. Un courant très rapide emporte le navire, et nous allons tous périr dans un quart d'heure. Priez Dieu qu'il nous délivre de ce danger; nous ne saurions en échapper, s'il n'a pitié de nous. » A ces mots, il ordonna de faire ranger les voiles; mais les cordages se rompirent dans la manœuvre, et le navire fut emporté au pied d'une montagne inaccessible, où il échoua et se brisa, de manière pourtant que nous eûmes encore le temps de débarquer nos vivres et nos plus précieuses marchandises.

» Cela fait, le capitaine nous dit : — « Dieu vient de faire ce qu'il lui a plu. Mais nous pouvons creuser ici chacun notre fosse, car nous sommes dans un lieu si funeste que personne de ceux qui y ont été jetés avant nous ne s'en est retourné chez soi. »

» La montagne au pied de laquelle nous étions formait la côte d'une île fort longue et très vaste. Cette côte était toute couverte de débris de vaisseaux qui y avaient fait naufrage, et par une infinité d'ossements, qui nous faisaient horreur : nous jugeâmes ainsi qu'il s'y était perdu bien du monde. C'est aussi une chose presque incroyable que la quantité de marchandises et de richesses qui se présentaient de toutes parts à nos yeux.

» Tandis que partout ailleurs les rivières sortent de leur lit pour se jeter dans la mer, ici au contraire, une grosse rivière d'eau douce s'éloigne de la mer, et pénètre dans la côte au travers d'une grotte obscure. Ce qu'il y a de plus remarquable dans ce lieu, c'est que les pierres de la montagne sont de cristal, de rubis ou d'autres pierres précieuses. On y voit beaucoup d'ambre gris, que les vagues rejettent sur la grève ; il y croît aussi des arbres dont la plupart sont des aloès.

» Nous demeurâmes sur le rivage, comme des gens ayant perdu l'esprit, et nous attendions la mort de jour en jour. D'abord nous avions partagé nos vivres également : ainsi, chacun vécut plus ou moins longtemps, selon son tempérament, et suivant l'usage qu'il fit de ses provisions.

» Ceux qui moururent les premiers furent enterrés par les autres : pour moi, je rendis les derniers devoirs à tous mes compagnons, et il ne faut pas s'en étonner, car j'avais mieux ménagé mes provisions. Néanmoins, lorsque j'enterrai le dernier, il me restait si peu de vivres, que je creusai moi-même mon tombeau, résolu de me placer dedans, puisque personne ne vivait pour m'enterrer. En m'occupant de ce travail, je ne pus m'empêcher de me représenter que j'étais la cause de ma perte, et de me repentir de m'être engagé dans ce dernier voyage.

En entrant dans la forêt nous vîmes un grand nombre de singes. (P. 144.

» Mais Dieu m'inspira la pensée d'aller jusqu'à la rivière, qui se perdait sous la voûte de la grotte. Là, après l'avoir examinée avec beaucoup d'attention, je dis en moi-même : — « Cette rivière qui se cache ainsi sous la terre doit en sortir par quelque endroit. En construisant un radeau et m'abandonnant au courant de l'eau, j'arriverai à une terre habitée, ou je périrai : si je péris, je n'aurai fait que changer de genre de mort; si je sors, au contraire, de ce lieu fatal, non seulement j'éviterai la triste destinée de mes camarades, mais je trouverai peut-être une nouvelle occasion de m'enrichir. »

» Je n'hésitai pas, après ce raisonnement, à travailler au radeau; je le construisis de bonnes pièces de bois et de gros câbles, car j'en avais à choisir; je les liai ensemble si fortement que j'en fis un petit bâtiment assez solide. Je le chargeai de quelques ballots de rubis, d'émeraudes, d'ambre gris, de cristal de roche et d'étoffes précieuses. Ayant mis toutes ces choses en équilibre et les ayant bien attachées, je m'embarquai sur le radeau avec deux petites rames, et, me laissant aller au cours de la rivière, je m'abandonnai à la volonté de Dieu.

» Sitôt que je fus sous la voûte, je ne vis plus de lumière, et le fil de l'eau m'entraîna sans que je pusse remarquer où il m'emportait. Je voguai quelques jours dans cette obscurité, sans apercevoir un rayon de lumière, et je trouvai une fois la voûte si basse, qu'elle faillit me blesser la tête. Pendant ce temps, je ne mangeais des vivres qui me restaient que ce qu'il en fallait pour soutenir ma vie. Cependant, j'achevai de consumer mes provisions; et alors, sans que je pusse m'en défendre, un doux sommeil vint saisir mes sens. Je ne puis vous dire si je dormis longtemps; mais, en me réveillant, je me vis avec surprise dans une vaste campagne, au bord d'une rivière où mon radeau était attaché, et au milieu d'un grand nombre de noirs. Je me levai dès que je les aperçus, et je les saluai. Ils me parlèrent, mais je n'entendis pas leur langage.

» En ce moment, je me sentis si transporté de joie, que je ne savais si je devais me croire éveillé. Étant persuadé que je ne dormais pas, je récitai ces vers arabes : « Invoque la Toute-

Puissance, elle viendra à ton secours. Il n'est pas besoin que tu t'embarrasses d'autre chose. Ferme l'œil, et, pendant que tu dormiras, Dieu changera ta fortune de mal en bien. »

» Un des noirs, qui comprenait l'arabe, m'ayant entendu parler ainsi, s'avança et prit la parole : — « Mon frère, me dit-il, ne soyez pas surpris de nous voir. Nous habitons la campagne que vous voyez, et nous sommes venus arroser aujourd'hui nos champs de l'eau de ce fleuve qui sort de la montagne voisine. Nous avons remarqué que l'eau emportait quelque chose ; nous sommes vite accourus pour voir ce que c'était, et nous avons trouvé que c'était ce radeau. Nous l'avons arrêté et attaché en attendant votre réveil. Nous vous supplions de nous raconter votre histoire, qui doit être fort extraordinaire. » Je leur répondis en demandant à manger, les assurant qu'après cela je satisferais leur curiosité.

» Ils me présentèrent plusieurs sortes de mets, et quand j'eus contenté ma faim, je leur fis un récit fidèle de tout ce qui m'était arrivé, ce qu'ils parurent écouter avec admiration. Dès que j'eus fini mon discours : — « Voilà, me dirent-ils, par la bouche de l'interprète qui leur avait expliqué ce que je venais de dire, voilà une histoire des plus surprenantes. Il faut que vous veniez vous-même en informer le roi. » Je leur répondis que j'étais prêt à faire ce qu'ils voudraient.

» Les noirs envoyèrent aussitôt chercher un cheval. Ils me firent monter dessus, et, pendant qu'une partie marcha devant moi pour me montrer le chemin, les autres, qui étaient les plus robustes, chargèrent sur leurs épaules le radeau, et commencèrent à me suivre.

» Nous marchâmes jusqu'à la ville de Serendib, car c'était dans cette île que je me trouvais. Les noirs me présentèrent à leur roi. Je m'approchai de son trône et je me prosternai à ses pieds. Ce prince me fit relever ; il me fit prendre place auprès de lui en me demandant comment je m'appelais. Je lui répondis que je me nommais Sindbad, surnommé le marin, à cause de plusieurs voyages que j'avais faits par mer, et j'ajoutai que j'étais citoyen de la ville de Bagdad. — « Mais, reprit-il, comment vous trouvez-vous dans mes Etats, et par où y êtes-vous venu? »

» Je fis au roi le même récit que vous venez d'entendre, et il en fut si surpris et si charmé, qu'il commanda qu'on écrivît mon aventure en lettres d'or pour être conservée dans les archives du royaume. On apporta ensuite le radeau et l'on ouvrit les ballots en sa présence : Il admira surtout les rubis et les émeraudes, car il n'en avait point dans son trésor qui en approchassent.

» Remarquant qu'il considérait mes pierreries avec plaisir, je pris la liberté de lui dire : — « Sire, ma personne n'est pas seulement au service de Votre Majesté, la charge du radeau est aussi à elle, et je la supplie d'en disposer comme d'un bien qui lui appartient. » — « Sindbad, me dit-il en souriant, je me garderai bien d'en avoir la moindre envie ni de vous ôter rien de ce que Dieu vous a donné. Loin de diminuer vos richesses, je ne veux point que vous sortiez de mes Etats sans emporter avec vous des marques de ma libéralité. » Je ne répondis à ces paroles qu'en faisant des vœux pour la prospérité du prince, et qu'en louant sa bonté et sa générosité. Il chargea un de ses officiers d'avoir soin de moi et me fit donner des gens pour me servir.

» J'allais tous les jours, à certaines heures, faire ma cour au roi, et j'employais le reste du temps à voir la ville et ce qu'il y avait de plus digne de ma curiosité.

» Je fis aussi, par dévotion, un voyage à la montagne, à l'endroit même où Adam fut relégué après avoir été banni du paradis terrestre, et j'eus la curiosité de monter jusqu'au sommet.

» Lorsque je fus de retour dans la ville, je suppliai le roi de me permettre de retourner dans mon pays, ce qu'il m'accorda d'une manière très honorable. Il m'obligea à recevoir un riche présent, et, lorsque j'allai prendre congé de lui, il me chargea d'un autre présent bien plus considérable; et en même temps d'une lettre pour le commandeur des croyants, notre souverain seigneur, en me disant : — « Je vous prie de présenter de ma part ce présent et cette lettre au calife Haroun-Al-Raschid, et de l'assurer de mon amitié. » Je pris le présent et la lettre avec respect, en promettant à Sa Majesté d'exécuter ponctuellement les ordres dont elle me faisait l'honneur de me charger.

» La lettre du roi de Serendib était écrite sur la peau d'un certain animal fort précieux à cause de sa rareté. Les caractères de cette lettre étaient d'azur, et voici ce qu'elle contenait en langue indienne :

« *Le roi des Indes, devant qui marchent mille éléphants, qui de-*
» *meure dans un palais dont le toit brille de l'éclat de cent mille*
» *rubis, et qui possède en son trésor vingt mille couronnes enrichies*
» *de diamants, au calife Haroun-Al-Raschid :*

» Quoique le présent que nous vous envoyons soit peu considé-
» rable, ne laissez pas néanmoins de le recevoir en frère et en
» ami, en considération de l'amitié que nous conservons pour
» vous dans notre cœur, et dont nous sommes bien aise de vous
» donner un témoignage. Nous vous demandons la même part
» dans la vôtre, attendu que nous croyons la mériter, étant de
» rang égal à celui que vous tenez. Nous vous en conjurons en
» qualité de frère. Adieu. »

» Le présent consistait : premièrement, en un vase d'un seul rubis, creusé et travaillé en coupe d'un demi-pied de hauteur et d'un doigt d'épaisseur, rempli de perles très rondes et toutes du poids d'une demi-drachme ; secondement, en une peau de serpent qui avait des écailles grandes comme une pièce ordinaire de monnaie d'or, et dont la propriété était de préserver de maladie les personnes qui couchaient dessus ; troisièmement, en cinquante mille drachmes de bois d'aloès le plus exquis, avec trente grains de camphre de la grosseur d'une pistache.

» Le navire mit à la voile, et, après une longue et très heureuse navigation, nous abordâmes à Balsora et de là à Bagdad. La première chose que je fis, à mon arrivée, fut de m'acquitter de la commission dont j'étais chargé.

» Je pris la lettre du roi de Serendib, et j'allai me présenter à la porte du commandeur des croyants, suivi des personnes de ma famille, qui portaient les présents dont j'étais chargé. Je dis le sujet qui m'amenait, et aussitôt l'on me conduisit devant le trône du calife à qui je présentai la lettre et le présent. Lorsqu'il eut lu ce que lui mandait le roi de Serendib, il me demanda s'il était vrai que ce roi fût aussi puissant et aussi riche qu'il l'indiquait dans sa lettre : — « Commandeur des croyants, lui répondis-je, je puis assurer Votre Majesté qu'il n'exagère pas ses richesses et sa grandeur; j'en suis témoin. Rien n'est plus capable de causer de l'admiration que la magnificence de son palais. Lorsque ce prince veut paraître en public, on lui dresse un trône sur un éléphant, où il s'assied, et il marche au milieu de deux files composées de ses ministres, et de ses favoris. Devant lui, sur le même éléphant, un officier tient une lance à la main, et derrière le trône un autre est debout qui porte une colonne d'or. Il est précédé d'une garde de mille hommes habillés de drap d'or et de soie, montés sur des éléphants richement carapaçonnés. »

» Pendant que le roi est en marche, l'officier qui est devant lui, sur le même éléphant, crie de temps en temps à haute voix : — « Voici le grand monarque, le puissant et redoutable sultan des Indes, dont le palais est couvert de cent mille rubis, et qui possède vingt mille couronnes de diamants. »

» Le roi de Serendib est si juste qu'il n'y a pas de juges dans sa capitale, non plus que dans le reste de ses Etats; ses peuples n'en ont pas besoin : ils savent et ils observent d'eux-mêmes exactement la justice et ne s'écartent jamais de leur devoir. Le calife fut fort satisfait de mon discours. Il me congédia, et me renvoya avec un riche présent. »

Sindbad acheva de parler en cet endroit, et ses auditeurs se retirèrent; mais Hindbad reçut auparavant cent sequins. Ils revinrent le jour suivant chez Sindbad, qui leur raconta son septième et dernier voyage dans ces termes :

Septième voyage de Sindbad le marin

« Au retour de mon sixième voyage, j'abandonnai absolument la pensée d'en faire jamais d'autres. Outre que j'étais dans un âge qui ne demandait que du repos, je m'étais bien promis de ne plus m'exposer aux périls que j'avais courus tant de fois. Ainsi je ne songeais qu'à passer doucement ma vie. Un jour que je recevais quelques amis, un de mes serviteurs vint m'avertir qu'un officier du calife me demandait. Je sortis de table et allai au-devant de lui. — « Le calife, me dit-il, m'a chargé de vous dire qu'il voulait vous parler. » Je suivis au palais l'officier, qui me présenta à ce prince. — « Sindbad, me dit-il, il faut que vous me rendiez un service en portant mes présents et ma réponse au roi de Serendib. Il est juste que je lui rende la civilité qu'il m'a faite. »

« — Commandeur des croyants, lui dis-je, je suis prêt à exécuter tout ce que me commandera Votre Majesté; mais je la supplie très humblement de songer que je suis rebuté des fatigues incroyables que j'ai souffertes; j'ai même fait vœu de ne jamais sortir de Bagdad. » De là, je pris l'occasion de lui faire un long détail de toutes mes aventures, qu'il eut la patience d'écouter jusqu'à la fin.

« — J'avoue, dit-il, que voilà des évènements bien extraordinaires; mais il ne faut pas qu'ils vous empêchent de faire, pour l'amour de moi, le voyage que je vous propose. Il ne s'agit que d'aller à l'île de Serendib vous acquitter de la commission que je vous donne, car vous voyez bien qu'il ne serait pas de ma dignité d'être redevable au roi de cette île. » Comme je vis que le calife exigeait cela de moi absolument, je lui fis connaître que j'étais prêt à lui obéir. Il en eut beaucoup de joie, et me fit donner mille sequins pour les frais de mon voyage.

» Je me préparai en peu de jours à mon départ, et sitôt qu'on m'eut délivré les présents du calife avec une lettre de sa main, je partis et je pris la route de Balsora, où je m'embarquai. Ma navigation fut très heureuse : j'arrivai à l'île de Serendib. Là, j'exposai aux ministres la commission dont j'étais chargé, et les priai de me faire donner audience. On me conduisit au palais avec honneur; j'y saluai le roi en me prosternant, selon la coutume.

»' Ce prince me reconnut, et me témoigna une joie toute particulière de me revoir. — « Ah! Sindbad, me dit-il, soyez le bienvenu ! Je vous jure que j'ai songé à vous très souvent depuis votre départ. Je bénis ce jour, puisque nous vous voyons encore une fois. » Je lui fis mon compliment, et, après l'avoir remercié de la bonté qu'il avait pour moi, je lui présentai la lettre et le présent du calife, qu'il reçut avec toutes les marques d'une grande satisfaction.

La lettre du calife était conçue en ces termes :

« *Salut, au nom du souverain guide du droit chemin, au puissant*
» *et heureux sultan, de la part d'Abdallah Haroun-Al-Raschid, que*
» *Dieu a placé dans le lieu d'honneur après ses ancêtres, d'heureuse*
» *mémoire!*

» Nous avons reçu votre lettre avec joie, et nous vous en-
» voyons celle-ci, émanée du consul de notre Porte, le jardin des
» esprits supérieurs. Nous espérons qu'en jetant les yeux dessus,
» vous connaîtrez notre bonne intention, et que vous l'aurez pour
» agréable. Adieu. »

» Le roi de Serendib eut un grand plaisir de voir que le calife répondait à son amitié. Peu de temps après cette audience, je sollicitai mon congé, que je n'eus pas peu de peine à obtenir; et le roi, en me congédiant, me fit un présent très considérable. Je me rembarquai aussitôt dans le dessein de m'en retourner à Bagdad; mais je n'eus pas le bonheur d'y arriver comme j'espérais.

» Trois ou quatre jours après notre départ, nous fûmes attaqués par des corsaires qui s'emparèrent de notre vaisseau. Quelques personnes de l'équipage voulurent résister, mais il leur en coûta la vie; pour moi et pour tous ceux qui eurent la prudence de ne pas s'opposer au dessein des corsaires, nous fûmes faits esclaves.

» Après que les corsaires nous eurent dépouillés, et qu'ils nous eurent donné de mauvais habits au lieu des nôtres, ils nous emmenèrent dans une grande île fort éloignée où ils nous vendirent.

» Je tombai entre les mains d'un riche marchand, qui ne m'eut pas plutôt acheté qu'il me mena chez lui, où il me fit bien manger et habiller proprement en esclave. Quelques jours après, il me demanda si je ne savais pas quelque métier. Je lui répondis que j'étais un marchand de profession, et que les corsaires qui m'avaient vendu m'avaient enlevé tout ce que j'avais. « Mais, dites-moi, reprit-il, si vous ne pourriez pas tirer de l'arc? » Je lui répondis que c'était un des exercices de ma jeunesse, et que je ne l'avais pas oublié.

» Alors, il me donna un arc et des flèches, et il me mena dans une forêt éloignée de la ville, et dont l'étendue était très vaste. Nous y entrâmes fort avant; et, lorsqu'il jugea à propos de s'arrêter, il me fit descendre. Ensuite, me montrant un grand arbre: — « Montez sur cet arbre, me dit-il, et tirez sur les éléphants que vous verrez passer; car il y en a une quantité prodigieuse dans cette forêt. S'il en tombe quelqu'un, venez m'en donner avis. » Après m'avoir dit cela, il me laissa des vivres, reprit le chemin de la ville, et je demeurai sur l'arbre à l'affût pendant toute la nuit.

» Je n'aperçus aucun éléphant pendant tout ce temps-là; mais le lendemain, dès que le soleil fut levé, j'en vis paraître un grand nombre. Je tirai dessus plusieurs flèches, et enfin, il en tomba un par terre. Les autres se retirèrent aussitôt, et me laissèrent la liberté d'aller avertir mon patron de la chasse que je venais de faire. En faveur de cette nouvelle, il me régala d'un bon repas, loua mon adresse et me fit beaucoup d'amitié. Puis, nous allâmes ensemble à la forêt, où nous creusâmes une fosse dans laquelle nous enterrâmes l'éléphant. Mon patron se proposait de revenir, lorsque l'animal serait pourri, et d'en enlever les dents pour en faire commerce.

» Je continuai cette chasse pendant deux mois, et il ne se passait pas de jour que je ne tuasse un éléphant. Un matin, que j'attendais l'arrivée de ces animaux, je m'aperçus, avec étonnement, qu'au lieu de passer devant moi, en traversant la forêt comme à l'ordinaire, ils s'arrêtèrent et vinrent à moi en si grand nombre, que la terre en était couverte et tremblait sous leurs pas. Ils s'approchèrent de l'arbre où j'étais monté, et l'environnèrent, la trompe étendue et les yeux attachés sur moi. A ce spectacle étonnant, je restai immobile et saisi d'une telle frayeur, que mon arc et mes flèches me tombèrent des mains.

» Je n'étais pas agité d'une crainte vaine. Après que les éléphants m'eurent regardé quelque temps, un des plus gros embrassa l'arbre par le bas avec sa trompe, et fit un si puissant effort qu'il le déracina. Je tombai avec l'arbre; mais l'animal me prit avec sa trompe et me chargea sur son dos, où je m'assis plus mort que vif avec le carquois attaché à mes épaules. Il se mit ensuite à la tête de tous les autres, qui le suivaient en troupe, et me porta jusqu'à un endroit où, m'ayant posé à terre, il se retira avec tous ceux qui l'accompagnaient. Concevez, s'il est possible, l'état où je me trouvais; je croyais être l'objet d'un affreux cauchemar. Enfin, ne voyant plus d'éléphants, je me levai et remarquai que j'étais sur une colline assez vaste, toute couverte d'ossements et de dents d'éléphants. Je vous avoue que cet objet me fit faire une infinité de réflexions. J'admirai l'instinct de ces animaux. Je ne doutai point que ce ne fût là leur cimetière, et qu'ils ne m'y eussent apporté exprès pour me l'indiquer, afin que je cessasse de les persécuter, puisque je ne le faisais que dans le but d'avoir leurs dents. Je ne m'arrêtai pas sur la colline; je tournai mes pas vers la ville, et, après avoir marché un jour et une nuit, j'arrivai chez mon patron. Je ne rencontrai aucun éléphant sur ma route, ce qui me persuada qu'ils s'étaient éloignés pour laisser la liberté d'aller sans obstacle à la colline.

» Dès que mon patron m'aperçut : — « Ah! pauvre Sindbad, me dit-il, j'étais dans une grande peine de savoir ce que tu étais devenu. J'ai été à la forêt; j'y ai trouvé un arbre nouvellement déraciné, un arc et des flèches par terre; et, je désespérais de te revoir jamais. Raconte-moi, je te prie, ce qui t'est arrivé. » Je satisfis sa curiosité, et le lendemain, étant allés tous deux à la colline, il reconnut avec une extrême joie la vérité de ce que je lui avais dit. Nous chargeâmes l'éléphant sur lequel nous étions venus de tout ce qu'il pouvait porter de dents, et lorsque nous fûmes de retour : — « Mon frère, me dit-il, car je ne veux plus vous traiter en esclave, après le service que vous venez de me rendre par une découverte qui va m'enrichir, Dieu vous comble de toute sorte de biens et de prospérités! Je déclare devant lui que je vais vous donner la liberté. Je vous avais dissimulé ce que vous allez entendre.

» Les éléphants de notre forêt nous font périr, chaque année, une infinité d'esclaves que nous envoyons chercher de l'ivoire.

Quelques conseils que nous leur donnions, ils perdent tôt ou tard la vie par les ruses de ces animaux. Dieu vous a délivré de leur furie, et n'a fait cette grâce qu'à vous seul. Vous me procurez un avantage incroyable : nous n'avons pu avoir d'ivoire jusqu'à présent qu'en exposant la vie de nos esclaves; et voilà toute notre ville enrichie par votre découverte. Ne croyez pas que je prétende vous avoir assez récompensé par la liberté que vous venez de recevoir; je veux ajouter à ce don des biens considérables. Je pourrais engager toute notre ville à faire votre fortune, mais c'est une gloire que je veux avoir moi seul. »

» A ce discours obligeant, je répondis : — « La liberté que vous m'accordez suffit pour vous acquitter envers moi; et, pour toute récompense du service que j'ai eu le bonheur de vous rendre à vous et à votre ville, je ne vous demande que la permission de retourner dans mon pays. — « Eh bien! répliqua-t-il, la mousson nous amènera bientôt des navires qui viendront charger de l'ivoire. Je vous renverrai alors et vous donnerai de quoi vous conduire chez vous. » Je demeurai chez lui en attendant la mousson, et pendant ce temps-là, nous fîmes tant de voyages à la colline, que nous remplîmes ses magasins d'ivoire.

» Les navires arrivèrent enfin, et mon maître, ayant choisi lui-même celui sur lequel je devais m'embarquer, le chargea d'ivoire à demi, pour mon compte. Il n'oublia pas aussi d'y faire mettre des provisions en abondance; de plus, il m'obligea à accepter des objets de grand prix et des curiosités du pays. Après que je l'eus remercié de tous les bienfaits que j'avais reçus de lui, je m'embarquai. Nous mîmes à la voile; et comme l'aventure qui m'avait procuré la liberté était fort extraordinaire, j'en avais toujours l'esprit occupé.

» Nous nous arrêtâmes en quelques îles pour y prendre des rafraîchissements. Notre vaisseau étant parti d'un port de terre ferme des Indes, nous y allâmes aborder, et là, pour éviter les dangers de la mer jusqu'à Balsora, je fis débarquer l'ivoire qui m'appartenait, résolu de continuer mon voyage par terre. Je tirai de mon ivoire une grosse somme d'argent; j'en achetai plusieurs choses rares pour en faire des présents; et, quand mon équipage

On me conduisit au palais avec honneur. (P. 154.)

fut prêt, je me joignis à une grosse caravane de marchands. Je demeurai longtemps en chemin; mais je souffrais avec patience, en faisant réflexion que je n'avais plus à craindre ni les tempêtes, ni les corsaires, ni les serpents, ni tous les autres périls que j'avais courus.

» Toutes ces fatigues finirent enfin ; j'arrivai heureusement à Bagdad. J'allai d'abord me présenter au calife et lui rendre compte de mon ambassade. Ce prince me dit que la longueur de mon voyage lui avait causé de l'inquiétude; mais que pourtant, il avait toujours espéré que Dieu ne m'abandonnerait pas. Quand je lui appris l'aventure des éléphants, il aurait refusé d'y ajouter foi, si ma sincérité ne lui eût pas été connue. Il trouva cette histoire et les autres que je lui racontai si curieuses, qu'il chargea un de ses secrétaires de les écrire en caractères d'or, pour être conservées dans son trésor. Je me retirai très satisfait de l'honneur et des présents qu'il me fit; puis je me donnai tout entier à ma famille. »

Ce fut ainsi que Sindbad acheva le récit de son septième et dernier voyage; et s'adressant ensuite à Hindbad : — « Eh bien! mon ami, ajouta-t-il, avez-vous jamais entendu dire que quelqu'un ait souffert autant que moi? N'est-il pas juste qu'après tant de travaux, je jouisse d'une vie agréable et tranquille? — « Il faut avouer, seigneur, dit Hindbad, en lui baisant la main, que vous avez essuyé d'effroyables périls. Mes peines ne sont pas comparables aux vôtres; si elles m'affligent, je m'en console par le petit profit que j'en tire. Vous méritez non seulement une vie tranquille, vous êtes digne encore de tous les biens que vous possédez, puisque vous en faites si bon usage et que vous êtes si généreux. »

Sindbad lui fit donner encore cent sequins, le reçut au nombre de ses amis, lui dit de quitter sa profession de porteur et de continuer de venir manger chez lui; il ajouta qu'il aurait lieu de se souvenir toute sa vie de Sindbad le marin.

HISTOIRE

DU DORMEUR ÉVEILLÉ

Sous le règne du calife Haroun-Al-Raschid, il y avait à Bagdad un marchand fort riche, dont la femme était déjà vieille. Ils avaient un fils unique, nommé Abou-Hassan, âgé d'environ trente ans, qui avait été élevé dans une grande privation de toutes choses.

Le marchand mourut : Abou-Hassan se mit en possession des grandes richesses que son père avait amassées pendant sa vie avec beaucoup d'épargne. Le fils en usa aussi tout autrement. Comme son père ne lui avait donné d'argent, pendant sa jeunesse, que ce qui suffisait tout juste à son entretien, il résolut de se signaler en faisant des dépenses proportionnées aux grands biens dont la fortune venait de le favoriser. A cet effet, il partagea son bien en deux parts : l'une fut employée en acquisitions de terres et de maisons, dont il se fit un revenu suffisant pour vivre à son aise, avec promesse de ne point toucher aux sommes qui en reviendraient. L'autre moitié fut destinée à réparer le temps qu'il croyait avoir perdu sous la dure contrainte où son père l'avait retenu jusqu'à sa mort. Mais il se fit une loi indispensable, qu'il se promit de garder inviolablement, de ne rien dépenser, pour ses plaisirs, au-delà de cette somme.

Dans ce dessein, Abou-Hassan se fit en peu de jours une société de gens à peu près de son âge et de sa condition, et il ne songea plus qu'à leur faire passer le temps très agréablement. Il ne se contenta pas de les bien traiter dans des festins splendides, où les mets les plus délicats et les vins les plus exquis étaient servis en abondance ; il y joignit encore la musique en y appelant les meilleurs artistes connus. La jeune bande, de son côté, le verre à la main, mêlait quelquefois ses chansons à celles des musiciens, et tous ensemble, ils semblaient s'accorder avec tous les instruments de musique dont ils étaient accompagnés. Tous ces divertissements, renouvelés chaque jour, jetèrent Abou-Hassan dans des dépenses si prodigieuses, qu'il ne put continuer une si grande profusion au-delà d'une année. Dès qu'il eut cessé d'avoir table ouverte, ses amis disparurent; il ne les rencontrait pas même en quelque endroit qu'il allât. En effet, ils le fuyaient dès qu'ils l'apercevaient; et, si par hasard il en joignait un, et qu'il voulût l'arrêter, il s'excusait sous différents prétextes.

Abou-Hassan fut plus sensible à l'abandon étrange de ses amis, qu'à la perte de tout l'argent qu'il avait si maladroitement dépensé avec eux. Triste, rêveur, il entra dans l'appartement de sa mère, et il s'assit sur le bout du sofa, assez éloigné d'elle.

« — Qu'avez-vous donc, mon fils? lui demanda sa mère; pourquoi êtes-vous si abattu et si différent de vous-même? Quand vous auriez perdu tout ce que vous avez au monde, vous ne seriez pas autrement. Je sais la dépense effroyable que vous avez faite, et, je crois qu'il ne vous reste pas grand argent. Vous étiez maître de votre fortune, et si je ne me suis point opposée à votre conduite déréglée, c'est que je savais la sage précaution que vous aviez prise de conserver la moitié de votre bien. Après cela, je ne vois pas ce qui peut vous plonger dans cette profonde mélancolie. »

Abou-Hassan, à ces paroles, fondit en larmes, et au milieu de ses pleurs et de ses soupirs : — « Ma mère, s'écria-t-il, vous savez de quelle manière j'en ai usé avec mes amis depuis un an : je leur ai procuré toute la bonne chère que j'ai pu imaginer, jusqu'à épuiser mes ressources; et aujourd'hui que je n'ai plus de quoi continuer, je m'aperçois qu'ils m'ont tous abandonné. Quand je dis que je n'ai plus de quoi continuer, j'entends parler de l'argent que j'avais consacré à cet usage. Pour ce qui est de mon revenu, je rends grâce à Dieu de m'avoir inspiré de le réserver, et je sais le bon usage que je ferai de ce qui me reste si heureusement. Mais auparavant, je veux éprouver jusqu'à quel point mes prétendus amis pousseront leur ingratitude. Je veux les voir l'un après l'autre, et les solliciter de faire entre eux une somme qui serve à me relever de l'état malheureux où je me suis réduit pour leur faire plaisir. Mais je ne veux faire ces démarches que pour voir si je trouverai en eux quelque sentiment de reconnaissance.

» — Mon fils, reprit la mère d'Abou-Hassan, je ne prétends pas vous dissuader d'exécuter votre dessein ; mais je puis vous dire par avance que votre espérance est mal fondée. Je vois bien que vous ne connaissez pas encore les gens, qu'on appelle vulgairement du nom d'amis parmi les personnes de votre sorte ; mais vous allez les connaître. Dieu veuille que ce soit de la manière que je le souhaite, c'est-à-dire pour votre bien ! — Ma mère, repartit Abou-Hassan, je suis bien persuadé de la vérité de ce que vous me dites ; mais je serai plus certain du fait quand je me serai bien pénétré de leur lâcheté. »

Abou-Hassan partit à l'heure même, et il prit si bien son temps, qu'il trouva tous ses amis chez eux. Il leur représenta le grand besoin où il était, et les pria de lui ouvrir leur bourse pour le secourir. Il n'oublia pas de leur faire connaître que c'était en grande partie à leur considération qu'il s'était ruiné, afin de les piquer davantage de générosité.

Aucun de ses compagnons de plaisirs ne fut touché des vives couleurs dont l'affligé Abou-Hassan se servit pour tâcher de les persuader. Il eut même la mortification de voir que plusieurs le repoussèrent durement. Il revint chez lui, le cœur pénétré de douleur et d'indignation. — « Ah ! ma mère, s'écria-t-il en rentrant dans son appartement, vous me l'aviez bien dit ; au lieu d'amis, je n'ai trouvé que des perfides et des ingrats. C'en est fait, je vous promets de ne les revoir jamais. »

Abou-Hassan prit les précautions les plus convenables pour éviter les occasions de retomber dans ses prodigalités ridicules. Ensuite, il tira le coffre-fort, contenant l'argent de son revenu, du lieu où il l'avait mis en réserve, et il résolut de n'en distraire, pour la dépense de chaque jour, qu'une somme réglée et suffisante pour recevoir honnêtement une seule personne à souper. Il fit encore serment que cette personne ne serait pas de Bagdad, mais un étranger qui y serait arrivé le même jour, et qu'il le renverrait le lendemain matin, après lui avoir donné l'hospitalité une nuit seulement.

Selon ce projet, Abou-Hassan avait soin lui-même, chaque matin, de faire la provision nécessaire pour ce repas. Vers la fin du jour, il allait s'asseoir au bout du pont de Bagdad, et, dès qu'il voyait un étranger, il l'abordait civilement, et l'invitait à lui faire l'honneur de venir souper et loger chez lui pour la première nuit de son arrivée; après l'avoir informé de la condition qu'il avait mise à sa politesse, il l'emmenait à son logis.

Le repas dont Abou-Hassan gratifiait son hôte n'était pas somptueux, mais il y avait suffisamment de quoi se satisfaire. Le bon vin surtout n'y manquait pas; et, au lieu d'entretenir son hôte d'affaires d'Etat, de famille ou de négoce, il affectait de ne parler que de choses indifférentes, agréables et réjouissantes. Il était naturellement plaisant, de belle humeur et fort divertissant, et, il savait inspirer la joie aux plus mélancoliques.

En renvoyant son hôte, le lendemain matin, Abou-Hassan lui disait : — « Quand je vous invitai hier à venir prendre un repas chez moi, je vous informai de la loi que je me suis imposée; ainsi, ne trouvez pas mauvais si je vous congédie si promptement; j'ai mes raisons pour en user ainsi : Dieu vous conduise! »

Un jour qu'il était assis, comme de coutume, au bout du pont, le calife Haroun-Al-Raschid vint à paraître, mais déguisé de manière qu'il ne pouvait pas le reconnaître.

Quoique ce monarque eût des ministres et des officiers de justice, d'une grande exactitude à bien s'acquitter de leur devoir, il voulait néanmoins prendre connaissance de toutes choses par lui-même. Dans ce dessein, il allait souvent, déguisé de différentes manières, par la ville de Bagdad. Ce jour-là, il parut déguisé en marchand de Moussoul, qui venait de débarquer de l'autre côté du pont, suivi d'un esclave grand et beau.

Comme le calife avait, dans son déguisement, un air grave et respectable, Abou-Hassan, qui le croyait marchand de Moussoul, se leva de l'endroit où il était assis, et après l'avoir salué d'un air gracieux : — « Seigneur, lui dit-il, je vous supplie de venir me faire l'honneur de souper avec moi, et de passer cette nuit dans ma maison, pour tâcher de vous remettre de la fatigue de votre voyage. » Et, afin de l'obliger davantage à ne lui pas refuser la grâce qu'il lui demandait, il lui expliqua en peu de mots la conduite qu'il s'était tracée.

Le calife trouva quelque chose de si singulier dans la bizarrerie d'Abou-Hassan, que l'envie lui prit de le connaître à fond. Sans sortir du caractère de marchand, il lui dit qu'il ne pouvait mieux répondre à une si grande honnêteté, qu'en acceptant l'offre obligeante qu'il venait de lui faire ; et, qu'il était prêt à le suivre.

Abou-Hassan, qui ne savait pas que l'hôte que le hasard venait de lui présenter était infiniment au-dessus de lui, en agit avec le calife comme avec son égal. Il le conduisit dans sa maison, et le fit entrer dans une chambre meublée fort proprement, où il lui fit prendre place sur le sofa, à l'endroit le plus honorable. Le souper était prêt, et le couvert était mis. La mère d'Abou-Hassan, qui entendait fort bien la cuisine, servit trois plats : l'un au milieu, garni d'un bon chapon, flanqué de quatre gros poulets, et les deux autres à côté, qui servaient d'entrées, pourvus l'un d'une oie grasse, et l'autre de pigeonneaux. Il n'y avait rien de plus, mais ces viandes étaient bien choisies et d'un goût délicieux.

Abou-Hassan se mit à table vis-à-vis de son hôte, et le calife et lui commencèrent à manger de bon appétit, en prenant chacun de ce qui était de son goût, sans parler et même sans boire, selon la coutume du pays. Quand ils eurent achevé de manger, la mère d'Abou-Hassan desservit et apporta le dessert, qui consistait en diverses sortes de fruits de la saison, et plusieurs sortes d'amandes sèches. Sur la fin du jour, on alluma les bougies, après quoi Abou-Hassan fit mettre les bouteilles et les tasses auprès de lui, et prit soin que sa mère fît souper l'esclave du calife.

Quand le prétendu marchand de Moussoul et Abou-Hassan se furent remis à table, Abou-Hassan, avant de toucher au fruit, prit une tasse, se versa à boire le premier ; et, en la tenant à la main : — « Seigneur, dit-il au calife, qui était, selon lui, un marchand de Moussoul, je vous invite à suivre mon exemple. Je ne sais ce que vous en pensez : pour moi, il me semble qu'un homme qui hait le vin et qui veut faire le sage, ne l'est pas. Laissons-là ces sortes de gens, avec leur humeur sombre et chagrine, et cherchons la joie. »

— « Cela me plaît, dit le calife en se saisissant de la tasse qui lui était destinée, et voilà ce qu'on appelle un brave homme. Je vous aime de cette humeur et avec cette gaieté ; j'attends que vous m'en versiez autant. »

Abou-Hassan n'eut pas plus tôt bu, qu'en remplissant la tasse que le calife lui présentait : « Goûtez, seigneur, dit-il, vous le trouverez bon. »

Pendant que le calife buvait : — « Il ne faut que vous regarder, repartit Abou-Hassan, pour s'apercevoir du premier coup d'œil que vous êtes de ces gens qui savent vivre. Enfin, seigneur, je suis au comble de la joie d'avoir fait la rencontre aujourd'hui d'un homme de votre mérite. »

Ces saillies d'Abou-Hassan divertissaient fort le calife, qui avait naturellement l'esprit très enjoué, et qui se faisait un plaisir de l'exciter à boire, afin de le mieux connaître. Pour entrer en conversation, il lui demanda comment il s'appelait et de quelle manière il passait la vie.— « Seigneur, répondit-il, mon nom est Abou-Hassan. J'ai perdu mon père, qui était marchand. En mourant il me laissa une succession plus que suffisante pour vivre sans ambition. Comme sa conduite à mon égard avait été fort sévère, et que, jusqu'à sa mort, j'avais passé la meilleure partie de ma jeunesse dans une grande contrainte, je voulus tâcher de réparer le bon temps que je croyais avoir perdu. Je partageai tout mon bien en deux parts : l'une en fonds et l'autre en argent comptant. Je destinai l'argent comptant pour les dépenses que je méditais, et je pris une ferme résolution de ne point toucher à mes revenus. Je fis une société de gens de ma connaissance et à peu près de mon âge ; et, je les traitai splendidement chaque jour. Mais à la fin de l'année, je ne trouvai plus rien au fond de ma cassette, et en même temps, tous mes amis de table disparurent. Je les vis, l'un après l'autre; je leur représentai l'état malheureux où je me trouvais, mais aucun ne m'offrit de quoi me soulager. Je renonçai donc à leur amitié, et, en me réduisant à ne plus dépenser que mon revenu, je résolus de n'avoir plus de société qu'avec le premier étranger que je rencontrerais chaque jour, à son arrivée à Bagdad, avec cette condition de ne le recevoir que ce seul jour-là. Je vous ai informé du reste, et je remercie ma bonne fortune de m'avoir présenté aujourd'hui un étranger de votre mérite. »

Le calife, fort satisfait de cette explication, dit à Abou-Hassan : « — Je ne puis assez vous louer du parti que vous avez pris. Je vous estime encore d'avoir été fidèle à vous-même. Enfin, je vous avoue que j'envie votre bonheur. Vous êtes heureux d'avoir chaque jour la compagnie d'un honnête homme avec qui vous pouvez vous entretenir agréablement, et à qui vous donnez lieu de publier partout la réception que vous lui faites. Mais ni vous ni moi nous ne nous apercevons que c'est parler trop longtemps sans boire : buvez, et versez m'en ensuite. » Le calife et Abou-Hassan continuèrent encore longtemps à s'entretenir de choses agréables.

La nuit était déjà fort avancée, et le calife, en feignant d'être fatigué du chemin qu'il avait fait, dit à Abou-Hassan qu'il avait besoin de repos. « — Je ne veux pas aussi, ajouta-t-il, que vous perdiez rien du vôtre pour l'amour de moi. Avant que nous nous séparions (car peut-être serai-je sorti demain de chez vous avant que vous soyez éveillé), je suis bien aise de vous exprimer combien je suis sensible à votre hospitalité. La seule chose qui me fait de la peine, c'est que je ne sais par quel endroit vous en témoigner ma reconnaissance. Je vous supplie de me le faire connaître, et vous verrez que je ne suis pas un ingrat. Il ne se peut pas faire qu'un homme comme vous n'ait quelque affaire, quelque besoin, et ne souhaite enfin quelque chose qui lui ferait plaisir. Ouvrez votre cœur et parlez-moi franchement. Tout marchand que je suis, je ne laisse pas d'être en état d'obliger par moi-même ou par l'entremise de mes amis. »

A ces offres du calife, qu'Abou-Hassan ne prenait toujours que pour un marchand : — « Mon bon seigneur, dit-il, je suis per-

Un des plus gros embrassa l'arbre avec sa trompe et fit un si puissant effort qu'il le déracina. (P. 156.)

suadé que ce n'est point par compliment que vous me faites des avances si généreuses; mais, foi d'honnête homme, je puis vous assurer que je n'ai ni chagrin, ni affaire, ni désir, et que je ne demande rien à personne. Je n'ai pas la moindre ambition, comme je vous l'ai déjà dit, et je suis très content de mon sort. Ainsi je n'ai qu'à vous remercier de la complaisance que vous avez eue de prendre un méchant repas chez moi. Je vous dirai néanmoins qu'une seule chose me fait de la peine, sans pourtant qu'elle aille jusqu'à troubler mon repos. Vous saurez que dans chaque quartier de Bagdad il y a une mosquée, avec un iman pour faire la prière aux heures ordinaires. L'iman est un grand vieillard d'un visage austère, s'il y en eut jamais au monde. Pour conseil, il s'est associé quatre autres barbons, mes voisins, gens à peu près de sa sorte, qui s'assemblent chez lui régulièrement chaque jour; et, dans leur conciliabule, il n'y a médisance, calomnie et malice qu'ils ne mettent en usage contre moi et contre tout le quartier pour en troubler la tranquillité et y faire régner la dissension. Ils veulent enfin se rendre les maîtres, et que chacun se gouverne selon leur caprice, eux qui ne savent pas se gouverner eux-mêmes. Pour dire la vérité, je souffre de voir qu'ils se mêlent de toute autre chose que de leur Coran, et qu'ils ne laissent pas vivre le monde en paix.

» — Eh bien! reprit le calife, vous voudriez apparemment trouver un moyen pour arrêter le cours de ce désordre? — Vous l'avez dit, repartit Abou-Hassan, et la seule chose que je demanderais à Dieu pour cela, ce serait d'être calife seulement pour un jour. — Que feriez-vous si cela arrivait? demanda le calife. — Je ferais une chose d'un grand exemple, répondit Abou-Hassan, et qui donnerait de la satisfaction à tous les honnêtes gens. Je ferais donner cent coups de bâton sur la plante des pieds à chacun des quatre vieillards, et quatre cents à l'iman, pour leur apprendre qu'il ne leur appartient pas de troubler et de chagriner ainsi leurs voisins. »

Le calife trouva la pensée d'Abou-Hassan fort plaisante : — « Votre souhait me plaît d'autant plus, dit le calife, que je vois qu'il part d'un cœur droit et d'un homme qui ne peut souffrir que la malice des méchants demeure impunie. J'aurais un grand plaisir d'en voir l'effet; je suis persuadé que le calife se dépouillerait volontiers de sa puissance, pour vingt-quatre heures, entre vos mains, s'il était informé de votre bonne intention et du bon usage que vous en feriez. Quoique marchand étranger, je ne laisse pas néanmoins d'avoir du crédit pour y contribuer pour quelque chose.

» — Je vois bien, repartit Abou-Hassan, que vous vous moquez de ma folle imagination, et le calife s'en moquerait aussi s'il avait connaissance d'une telle extravagance. Ce que cela pourrait peut-être produire, c'est qu'il se ferait informer de la conduite de l'iman et de ses conseillers, et qu'il les ferait châtier.

» — Je ne me moque pas de vous, répliqua le calife, et je vous assure que le commandeur des croyants ne s'en moquerait pas non plus. Mais laissons là ce discours; il n'est pas loin de minuit, et il est temps de nous coucher.

» — Brisons donc là notre entretien, dit Abou-Hassan; je ne veux pas porter d'obstacle à votre repos. Mais comme il reste encore du vin dans la bouteille, il faut, s'il vous plaît, que nous la vidions; après cela, nous nous coucherons. La seule chose que je vous recommande, c'est qu'en sortant demain matin, au cas où je ne sois pas éveillé, vous ne laissiez pas la porte ouverte, mais que vous preniez la peine de la fermer. »

Pendant qu'Abou-Hassan parlait, le calife s'était saisi de la bouteille et des deux tasses. Il se versa du vin le premier, en faisant connaître à Abou-Hassan que c'était pour le remercier. Quand il eut bu, il jeta adroitement dans la tasse d'Abou-Hassan une pincée d'une poudre qu'il avait sur lui, et versa par-dessus le reste de la bouteille. En la présentant à Abou-Hassan : — « Vous avez, dit-il, pris la peine de me verser à boire toute la soirée, c'est bien la moindre chose que je doive faire que de vous en épargner la peine pour la dernière fois; je vous prie de prendre cette tasse de ma main, et de boire pour l'amour de moi. »

Abou-Hassan prit la tasse, et il la vida presque tout d'un trait. Mais à peine eut-il mis la tasse sur la table, que la poudre fit son effet. Il fut saisi d'un assoupissement si profond, que le calife ne put s'empêcher de rire. L'esclave, par qui il s'était fait suivre, était revenu dès qu'il avait eu soupé. — « Charge cet homme sur tes épaules, lui dit le calife; mais prends garde de bien remarquer l'endroit où est cette maison, afin que tu le rapportes quand je te le commanderai. »

Le calife, suivi de l'esclave, sortit de la maison, mais sans fer-

Le calife, suivi de l'esclave, sortit de la maison.

mer la porte, comme Abou-Hassan l'en avait prié, et il le fit exprès. Dès qu'il fut arrivé au palais, il rentra par une porte secrète, et il se fit suivre par l'esclave jusqu'à son appartement, où tous les officiers de sa chambre l'attendaient. — « Déshabillez cet homme, leur dit-il, et couchez-le dans mon lit; je vous dirai ensuite mes intentions. »

Les officiers déshabillèrent Abou-Hassan, le revêtirent de

l'habillement de nuit du calife et le couchèrent selon son ordre. Personne n'était encore couché dans le palais; le calife fit venir tous ses autres officiers et toutes les dames, et quand ils furent tous en sa présence : — « Je veux, leur dit-il, que tous ceux qui ont coutume de se trouver à mon lever ne manquent pas de se rendre demain matin auprès de cet homme que voilà couché dans mon lit, et que chacun fasse auprès de lui, lorsqu'il s'éveillera, les mêmes fonctions qui s'observent ordinairement auprès de moi. En un mot, je demande qu'on ne songe pas plus à ma personne tout le temps qu'on sera près de lui, que s'il était véritablement ce que je suis. »

Les officiers ne répondirent que par une profonde inclination, et dès lors chacun de son côté se prépara à contribuer de tout son pouvoir à se bien acquitter de son personnage.

En rentrant dans son palais, le calife avait envoyé appeler le grand-vizir Giafar, et le premier ministre venait d'arriver. Le calife lui dit : — « Giafar, je t'ai fait venir pour t'avertir de ne pas t'étonner quand tu verras demain, en entrant à mon audience, l'homme que voilà couché dans mon lit, assis sur mon trône, avec mon habit de cérémonie. Ecoute et exécute ponctuellement tout ce qu'il te commandera, comme si je te le commandais. Il ne manquera pas de faire des libéralités et de te charger de la distribution : fais tout ce qu'il te commandera. Souviens-toi d'avertir aussi mes émirs, mes huissiers et tous les autres officiers de mon palais de lui rendre demain, à l'audience publique, les mêmes honneurs qu'à ma personne. Va, retire-toi, et donne-moi la satisfaction que je te demande. »

Après que le grand-vizir se fut retiré, le calife passa dans un autre appartement, et en se couchant il donna à Mesrour, chef des esclaves, l'ordre de venir l'éveiller à l'heure accoutumée et avant qu'on éveillât Abou-Hassan, parce qu'il voulait y être présent.

Mesrour ne manqua pas d'éveiller le calife ainsi qu'il le lui avait commandé. Dès que le calife fut entré dans la chambre où Abou-Hassan dormait, il se plaça dans un petit cabinet, d'où il pouvait voir tout ce qui se passait sans être vu. Toutes les personnes qui devaient se trouver au lever d'Abou-Hassan entrèrent en même temps et se postèrent chacune à sa place accoutumée, selon son rang, et dans un grand silence, comme si c'eût été le calife qui eût dû se lever.

Comme le jour avait déjà commencé à paraître, et qu'il était temps de se lever pour faire la prière d'avant le lever du soleil, l'officier qui était le plus près du chevet du lit approcha du nez d'Abou-Hassan une petite éponge trempée dans du vinaigre.

Abou-Hassan éternua aussitôt en tournant la tête sans ouvrir les yeux, et, autant que le peu de jour qu'il faisait le lui permettait, il se vit au milieu d'une grande chambre, superbement meublée, ornée de grands vases d'or massif, de portières, et d'un tapis de pied or et soie ; et environné de personnes, dont plusieurs avaient différentes sortes d'instruments de musique. En jetant les yeux sur la couverture du lit, il vit qu'elle était de brocart d'or à fond rouge, rehaussée de perles et de diamants ; près du lit, un habit de même étoffe et de même parure, et à côté de lui sur un coussin, un bonnet de calife.

Abou-Hassan fut dans un étonnement et dans une confusion inexprimables. Il regardait tous ces objets éclatants, comme dans un songe : — « Bon, disait-il en lui-même, me voilà calife ; mais, il ne faut pas que je me trompe ; c'est un songe, effet du souhait dont je m'entretenais tantôt avec mon hôte » ; et il refermait les yeux comme pour dormir.

En même temps un esclave s'approcha : — « Commandeur des croyants, lui dit-il respectueusement, que Votre Majesté ne s'endorme pas, il est temps qu'elle se lève pour faire la prière ; l'aurore commence à paraître. »

A ces paroles qui furent d'une grande surprise pour Abou-Hassan : « — Suis-je éveillé, ou si je dors ? disait-il encore en lui-même. Mais je dors, continuait-il en tenant toujours les yeux fermés, je ne dois pas en douter. »

Un moment après : — « Commandeur des croyants, reprit l'esclave, qui vit qu'il ne répondait rien, Votre Majesté aura pour agréable que je lui répète qu'il est temps qu'elle se lève, à moins qu'elle ne veuille laisser passer le moment de faire sa prière.

» — Je me trompais, dit aussitôt Abou-Hassan, je ne dors pas, je suis éveillé. » Il ouvrit encore les yeux, et, comme il était grand jour, il vit distinctement tout ce qu'il n'avait aperçu que confusément. Il se leva sur son séant avec un air riant, comme un homme plein de joie de se voir dans un état si fort au-dessus de sa condition; et le calife qui l'observait sans être vu, pénétra dans sa pensée avec un grand plaisir.

Alors les personnes du palais se prosternèrent la face contre terre devant Abou-Hassan, et celles qui tenaient des instruments de musique lui donnèrent le bonjour par un concert, dont il fut enchanté. Il revint néanmoins à sa première idée : — « Que veut dire tout ceci? disait-il en lui-même. Où suis-je? Qu'est-ce que ce palais? Que signifient ces officiers, ces musiciens qui m'enchantent? Est-il possible que je ne puisse distinguer si je rêve ou si je suis dans mon bon sens? »

Dans ce moment, Mesrour entra, se prosterna profondément devant Abou-Hassan, et lui dit : — « Commandeur des croyants, Votre Majesté me permettra de lui représenter qu'elle n'a pas coutume de se lever si tard, à moins qu'elle ne soit indisposée, elle n'a plus que le temps de monter sur son trône pour tenir son conseil. »

Au discours de Mesrour, Abou-Hassan fut persuadé qu'il ne dormait pas, et que l'état où il se trouvait n'était pas un songe. Il ne se trouva pas moins embarrassé que confus dans l'incertitude du parti qu'il prendrait. Enfin, il regarda Mesrour, et d'un ton sérieux : — « A qui donc parlez-vous? demanda-t-il, et quel est celui que vous appelez commandeur des croyants? »

« — Votre Majesté, répondit Mesrour, me parle ainsi aujourd'hui, apparemment pour m'éprouver; n'est-elle pas le commandeur des croyants, le monarque du monde? Mesrour, votre chétif esclave, ne l'a pas oublié : il aime mieux croire qu'un songe fâcheux a troublé son repos cette nuit. »

Abou-Hassan fit un si grand éclat de rire à ces paroles de Mesrour, qu'il se laissa aller à la renverse sur le chevet du lit.

Après avoir ri longtemps en cette posture, il se remit sur son séant, et en s'adressant à un petit esclave noir, comme Mesrour : « — Ecoute, lui dit-il, dis-moi qui je suis. — Seigneur, Votre

Majesté est le commandeur des croyants et le vicaire en terre du maître des deux mondes. — Tu es un petit menteur, face de couleur de poix! » reprit Abou-Hassan.

Abou-Hassan appela ensuite un des officiers qui était plus près de lui que les autres. — « Approchez-vous, dit-il en lui présentant la main ; tenez, mordez-moi le bout du doigt, que je sente si je dors ou si je veille.

L'officier s'approcha d'Abou-Hassan avec tout le sérieux possible, et en serrant légèrement entre ses dents le bout du doigt qui lui était avancé, il lui fit sentir un peu de douleur.

« — Je ne dors pas, dit aussitôt Abou-Hassan, je ne dors pas, certainement. Par quel miracle suis-je donc devenu calife en une nuit? Voilà la chose du monde la plus merveilleuse et la plus surprenante! » Et s'adressant au même officier : — « Ne me cachez pas la vérité, dit-il, je vous en conjure par la protection de Dieu, en qui vous avez confiance, aussi bien que moi. Est-il vrai que je sois le commandeur des croyants? — Il est si vrai, répondit l'officier, que Votre Majesté est le commandeur des croyants, que nous avons sujet de nous étonner qu'elle veuille faire accroire qu'elle ne l'est pas. — Vous êtes un menteur, reprit Abou-Hassan; je sais bien ce que je suis. »

Comme le chef des esclaves s'aperçut qu'Abou-Hassan voulait se lever, il lui présenta sa main et l'aida à se mettre hors du lit. Dès qu'il fut sur ses pieds, tous les officiers lui firent en même temps un salut, par une acclamation en ces termes : — « Commandeur des croyants, que Dieu donne le bonjour à Votre Majesté! »

« — Ah! ciel, quelle merveille! s'écria alors Abou-Hassan : j'étais hier au soir Abou-Hassan, et ce matin je suis le commandeur des croyants! Je ne comprends rien à un changement si prompt et si surprenant. » Les officiers destinés à ce ministère l'habillèrent promptement, et quand ils eurent achevé, comme les autres officiers s'étaient rangés en deux files jusqu'à la porte par où il devait entrer dans la chambre du conseil, Mesrour marcha devant et Abou-Hassan le suivit. La portière fut tirée et la porte ouverte par un huissier. Mesrour entra dans la chambre du conseil et marcha encore avant lui jusqu'au pied du trône, où il s'arrêta pour l'aider à monter.

Abou-Hassan s'avança majestueusement vers le trône où il s'assit; et, en se tournant à droite et à gauche, il vit les officiers et les gardes rangés dans un bel ordre et en bonne contenance.

Le calife, cependant, qui était sorti du cabinet où il était caché, passa dans un autre, d'où il pouvait voir et entendre tout ce qui se passait. Ce qui lui plut d'abord fut de voir qu'Abou-Hassan le représentait sur son trône presque avec autant de gravité que lui-même.

Dès qu'Abou-Hassan eut pris place, le grand-vizir, Giafar, se prosterna devant lui : — « Commandeur des croyants, dit-il, que Dieu comble Votre Majesté de ses faveurs. »

Abou-Hassan, après tout ce qui lui était arrivé depuis qu'il était éveillé et ce qu'il venait d'entendre, ne douta plus qu'il ne fût calife. Aussi, sans examiner comment ou par quelle aventure un changement de fortune si peu attendu s'était produit, il prit sur-le-champ le parti d'en exercer le pouvoir. Aussi demanda-t-il au grand-vizir, en le regardant avec gravité, s'il avait quelque chose à lui dire.

« — Commandeur des croyants, reprit le grand-vizir, les émirs, les vizirs et les autres officiers n'attendent que la permission de Votre Majesté pour venir lui rendre leurs respects accoutumés. » Abou-Hassan dit aussitôt qu'on leur ouvrit, et le grand-vizir, en se retournant et en s'adressant au chef des huissiers, qui n'attendait que l'ordre : — « Chef des huissiers, le commandeur des croyants commande que vous fassiez votre devoir. »

La porte fut ouverte : et les principaux officiers de la cour, tous en habits de cérémonie, entrèrent dans un bel ordre, s'avancèrent jusqu'au pied du trône et rendirent leurs respects à Abou-Hassan, chacun à son rang, le genou en terre et le front contre le tapis; ils le saluèrent, en lui donnant le titre de commandeur des croyants, et ils prirent chacun leur place, à mesure qu'ils s'étaient acquittés de ce devoir.

Quand la cérémonie fut achevée, et qu'ils se furent tous placés, il se fit un grand silence.

Alors le grand-vizir, toujours debout devant le trône, commença à faire son rapport de plusieurs affaires, selon l'ordre des papiers qu'il tenait à la main. Les affaires, à la vérité, étaient ordinaires et de peu d'importance : Abou-Hassan ne demeura pas court; il ne parut pas même embarrassé et prononça juste sur toutes, selon que le bon sens lui inspirait, soit qu'il s'agît d'accorder ou de rejeter ce que l'on demandait.

Avant que le grand-vizir eût achevé son rapport, Abou-Hassan aperçut le juge de police, qu'il connaissait de vue, assis à son rang : — « Attendez un moment, dit-il au grand-vizir en l'interrompant, j'ai un ordre qui presse à donner au juge de police. »

Le juge de police s'approcha gravement du trône, au pied duquel il se prosterna la face contre terre. — « Juge de police, lui dit Abou-Hassan, après qu'il se fut relevé, allez sur l'heure et sans perdre de temps dans tel quartier et dans telle rue : il y a dans cette rue une mosquée, où vous trouverez l'iman et quatre vieillards à barbe blanche : saisissez-vous de leurs personnes et faites donner à chacun des quatre vieillards cent coups de nerf de bœuf, et quatre cents à l'iman. Après cela, vous reviendrez me rendre compte de l'exécution de mes ordres. »

Le juge de police se prosterna une seconde fois devant le trône, et après s'être relevé il s'en alla.

Cet ordre, donné avec tant de fermeté, fit au calife un plaisir d'autant plus sensible, qu'il connut par là qu'Abou-Hassan ne perdait pas le temps de profiter de l'occasion de châtier l'iman et les quatre vieillards de son quartier.

Le grand-vizir, cependant, continua à faire son rapport, et il était près de finir lorsque le juge de police se présenta pour rendre compte de sa mission : — « Commandeur des croyants, dit-il à Abou-Hassan, j'ai trouvé l'iman et les quatre vieillards dans la mosquée que Votre Majesté m'a indiquée; et, pour preuve que je me suis acquitté fidèlement de l'ordre que j'avais reçu de Votre Majesté, en voici le procès-verbal, signé de plusieurs témoins des principaux du quartier. » En même temps, il tira un papier de son sein, et le présenta au calife prétendu.

Abou-Hassan prit le procès-verbal, le lut tout entier, même

jusqu'aux noms des témoins, tous gens qui lui étaient connus ; et, quand il eut achevé : — « Cela est bien, dit-il au juge de police en souriant, je suis content, et vous m'avez fait plaisir : reprenez votre place. »

Abou-Hassan s'adressa ensuite au grand-vizir. — « Faites-vous donner par le grand trésorier, lui dit-il, une bourse de mille pièces de monnaie d'or, et allez au quartier où j'ai envoyé le juge de police, la porter à la mère d'un certain Abou-Hassan. C'est un homme connu dans tout le quartier sous ce nom : il n'y a personne qui ne vous enseigne sa maison. Partez et revenez promptement. »

Le grand-vizir Giafar, après s'être prosterné devant le trône, sortit et s'en alla chez le grand trésorier, qui lui délivra la bourse. Il la fit prendre par un des esclaves qui le suivaient, et s'en alla la porter à la mère d'Abou-Hassan, et il lui dit que le calife lui envoyait ce présent, sans s'expliquer davantage. Elle le reçut avec d'autant plus de surprise qu'elle ne pouvait imaginer ce qui pouvait avoir obligé le calife à lui faire une si grande libéralité, et qu'elle ignorait ce qui se passait au palais.

Pendant l'absence du grand-vizir, le juge de police fit le rapport de plusieurs affaires : ce rapport dura jusqu'au retour du grand-vizir. Dès qu'il fut rentré dans la chambre du conseil, et qu'il eut assuré Abou-Hassan qu'il s'était acquitté de l'ordre qu'il lui avait donné, Mesrour revint et indiqua par un signe, aux vizirs, aux émirs, et à tous les officiers que le conseil était fini et que chacun pouvait se retirer ; ce qu'ils firent après avoir pris congé, dans le même ordre que quand ils étaient entrés. Il ne resta auprès d'Abou-Hassan que les officiers de la garde du calife et le grand-vizir.

Abou-Hassan descendit du trône, de la même manière qu'il y était monté, c'est-à-dire aidé par Mesrour et par un autre officier, qui l'accompagnèrent jusqu'à l'appartement d'où il était sorti. Il y entra précédé du grand-vizir.

Pendant qu'Abou-Hassan était dans cet appartement, le calife s'était déjà placé dans un autre endroit pour continuer de l'observer sans être vu.

Mesrour, en marchant devant lui pour lui montrer le chemin, le conduisit dans l'appartement intérieur, où le couvert était mis. La porte qui y donnait communication fut ouverte, et plusieurs esclaves coururent avertir des musiciennes que le faux calife approchait. Aussitôt elles commencèrent un concert de voix et d'instruments les plus mélodieux, avec tant de charmes pour Abou-Hassan qu'il se trouva transporté de joie et de plaisir. — « Si c'est un songe, se disait-il à lui-même, le songe est de longue durée. Mais ce n'est pas un songe; je raisonne, je vois, je marche, j'entends. Les honneurs et les respects que l'on m'a rendus et que l'on me rend, les ordres que j'ai donnés et qui ont été exécutés, en sont des preuves suffisantes. »

Enfin, Abou-Hassan tint pour certain qu'il était le calife et le commandeur des croyants, et il en fut pleinement convaincu lorsqu'il se vit dans un salon magnifique : l'or, mêlé avec les couleurs les plus vives y brillait de toutes parts. Sept troupes de musiciennes entouraient ce salon, et sept lustres d'or à sept branches pendaient de divers endroits du plafond, où l'or et l'azur, ingénieusement mêlés, faisaient un effet merveilleux. Au milieu, était une table couverte de sept grands plats d'or massif qui embaumaient le salon de l'odeur des épiceries et de l'ambre dont les viandes étaient assaisonnées. Sept jeunes dames debout, vêtues d'habits de différentes couleurs, environnaient cette table.

Si jamais mortel fut charmé, ce fut Abou-Hassan lorsqu'il entra dans ce magnifique salon. A chaque pas qu'il y faisait, il ne pouvait s'empêcher de s'arrêter pour contempler à loisir toutes les merveilles qui se présentaient à sa vue. Il se tournait à tout moment de côté et d'autre, à la grande satisfaction du calife, qui l'observait très attentivement. Enfin, il s'avança jusqu'au milieu, et il se mit à table. Aussitôt, les sept dames qui étaient à l'entour agitèrent l'air toutes ensemble avec leurs éventails pour rafraîchir le nouveau calife.

Quand les dames virent qu'Abou-Hassan ne mangeait plus :
« — Le commandeur des croyants, dit l'une d'elles en s'adressant aux esclaves qui étaient présents pour servir, veut passer au salon du dessert : qu'on apporte à laver. » Elles se levèrent toutes

en même temps ; elles prirent des mains des esclaves, l'une un bassin d'or, l'autre une aiguière du même métal, et la troisième une serviette ; elles se présentèrent le genou en terre devant Abou-Hassan, qui était encore assis, et lui donnèrent à laver. Quand il eut fait, il se leva, et à l'instant un esclave tira la portière et ouvrit la porte d'un autre salon où il devait passer.

Mesrour marcha encore devant lui, et l'introduisit dans un salon, orné de diverses peintures des plus excellents maîtres, et tout autrement enrichi de vases de l'un et l'autre métal, de tapis de pied et d'autres meubles plus précieux. Il y avait dans ce salon sept troupes de musiciennes, autres que celles qui étaient dans le premier salon, et qui commencèrent un nouveau concert dès qu'Abou-Hassan parut. Le salon était orné de sept autres grands lustres, et la table, au milieu, se trouva couverte de sept grands bassins d'or remplis, en pyramides, de toutes sortes de fruits de la saison.

Quand Abou-Hassan eut mangé de tous les fruits qui étaient dans les bassins, il se leva, et aussitôt Mesrour, qui ne l'abandonnait pas, marcha encore devant lui et l'introduisit dans un troisième salon, orné, meublé et enrichi aussi magnifiquement que les deux premiers.

Abou-Hassan y trouva sept autres chœurs de musique, autour d'une table couverte de sept bassins d'or remplis de confitures de différentes couleurs et de plusieurs façons. Après avoir jeté les yeux de tous côtés, avec une nouvelle admiration, il s'avança jusqu'à la table, au bruit harmonieux des sept chœurs de musique, qui cessa dès qu'il s'y fut placé.

Le jour commençait à finir, lorsqu'Abou-Hassan fut conduit dans le quatrième salon, orné, comme les autres, des meubles les plus magnifiques et les plus précieux. Il y avait aussi sept grands lustres d'or qui se trouvèrent remplis de bougies allumées, et tout le salon éclairé par une quantité prodigieuse de lumières qui faisaient un effet merveilleux. Abou-Hassan trouva encore sept nouveaux chœurs de musiciens. Mais ce qu'Abou-Hassan y aperçut, qu'il n'avait point vu dans les autres salons, c'était un buffet chargé de sept flacons d'argent pleins d'un vin des plus exquis,

Abou-Hassan s'avança majestueusement vers le trône.
(page 178)

et de sept verres en cristal de roche, d'un très beau travail, auprès de chaque flacon.

Jusque-là, Abou-Hassan n'avait bu que de l'eau, selon la coutume qui s'observe à Bagdad. Il s'avança jusqu'à la table et se fit verser à boire par chacune des sept dames qui le servaient. Alors, une d'elles alla au buffet, prit un verre qu'elle remplit de vin, après y avoir jeté une pincée de la poudre dont le calife s'était servi le jour précédent, et vint le lui présenter. — « Commandeur des croyants, lui dit-elle, je supplie Votre Majesté, par l'intérêt que j'apporte à la conservation de sa santé, de prendre encore ce verre de vin, et de me faire la grâce, avant de le boire, d'entendre une chanson que je n'ai encore chantée à qui que ce soit.

» — Je vous accorde cette grâce avec plaisir, lui dit Abou-Hassan en prenant le verre qu'elle lui présentait, et je vous écoute. » La dame prit un luth, et elle chanta la chanson en accordant sa voix, au son de cet instrument, avec tant de justesse, de grâce et d'expression, qu'elle tint Abou-Hassan comme en extase depuis le commencement jusqu'à la fin.

Quand la dame eut achevé, Abou-Hassan vida le verre tout d'un trait; et puis, tournant la tête comme pour parler, il en fut empêché par la poudre, qui fit son effet subitement. Ses yeux se fermèrent, et, laissant tomber sa tête jusque sur la table, il s'endormit aussi profondément que le jour précédent, environ à la même heure, quand le calife lui eut fait prendre de la même poudre. Le calife, qui avait été spectateur de cette dernière scène aussi bien que de toutes les autres, parut dans le salon tout joyeux d'avoir si bien réussi dans ce qu'il avait imaginé. Il commanda qu'on dépouillât Abou-Hassan de l'habit de calife dont on l'avait revêtu le matin, et qu'on lui remit celui dont il était habillé, vingt-quatre heures plus tôt, quand l'esclave qui l'accompagnait l'avait apporté dans son palais. Il fit appeler ensuite le même esclave, et quand il se fut présenté : — « Reprends cet homme, dit-il, et reporte-le chez lui sur son sofa, sans faire de bruit, et, en le retirant de même, laisse la porte ouverte.

L'esclave prit Abou-Hassan, l'emporta par la porte secrète du palais, le remit chez lui comme calife le lui avait ordonné, et revint en diligence lui rendre compte de ce qu'il avait fait. — « Abou-Hassan, dit alors le commandeur des croyants, avait souhaité d'être calife pendant un jour seulement, pour châtier l'iman de la mosquée de son quartier et les quatre vieillards dont la conduite ne lui plaisait pas : je lui ai procuré le moyen de se satisfaire, et il doit être content. »

Abou-Hassan, remis sur son sofa par l'esclave, dormit jusqu'au lendemain fort tard, et il ne s'éveilla que quand la poudre eut fait tout son effet. Alors, en ouvrant les yeux, il fut fort surpris de se voir chez lui.

Appelant les officiers du palais, il criait de toute sa force. Sa mère, qui l'entendit de son appartement, accourut au bruit, et entrant dans sa chambre : — « Qu'avez-vous donc, mon fils? lui demanda-t-elle. Que vous est-il arrivé? »

A ces paroles, Abou-Hassan leva la tête, et en regardant sa mère fièrement et avec mépris : — « Bonne femme, lui demanda-t-il à son tour, quel est donc celui que tu appelles ton fils?

» — C'est vous-même, répondit la mère avec beaucoup de douceur. N'êtes-vous pas Abou-Hassan, mon fils? Ce serait la chose du monde la plus singulière que vous l'eussiez oublié en si peu de temps.

» — Moi, ton fils! vieille exécrable! reprit Abou-Hassan : tu ne sais ce que tu dis. Je ne suis pas l'Abou-Hassan que tu dis; mais le commandeur des croyants.

» — Taisez-vous, mon fils, repartit la mère; vous n'êtes pas sage. On vous prendrait pour un fou si l'on vous entendait.

» — Tu es une vieille folle toi-même, répliqua Abou-Hassan, et je ne suis pas fou, comme tu le dis. Je te répète que je suis le commandeur des croyants et le vicaire en terre du maître des deux mondes.

» — Ah! mon fils, quel malin génie vous obsède, pour vous faire tenir un semblable discours? Que la bénédiction de Dieu soit sur vous, et vous délivre de la malignité de Satan! Vous êtes mon fils Abou-Hassan, et je suis votre mère. Ne voyez-vous pas que cette chambre est la vôtre, et que vous ne l'avez pas abandonnée depuis que vous êtes au monde? »

» — Je crois que vous avez raison, » dit-il à sa mère, quelques moments après, en revenant comme d'un profond sommeil; il me semble que je suis Abou-Hassan, que vous êtes ma mère, et que je suis dans ma chambre. Encore une fois, ajouta-t-il en jetant les yeux sur lui et sur tout ce qui se présentait à sa vue, je suis Abou-Hassan, je n'en doute plus, et je m'étais mis cette rêverie dans la tête. »

La mère crut, de bonne foi, que son fils était guéri du trouble qui agitait son esprit, quand tout à coup, il se mit sur son séant en la regardant de travers : — « Vieille sorcière, dit-il, tu ne sais ce que tu dis ; je ne suis pas ton fils, et tu n'es pas ma mère. Tu te trompes toi-même, et tu veux m'en faire accroire. Je te dis que je suis le commandeur des croyants.

» — De grâce, mon fils, recommandez-vous à Dieu, et abstenez-vous de tenir ce langage, de crainte qu'il ne vous arrive quelque malheur. Parlons plutôt d'autres choses, et laissez-moi vous raconter ce qui arriva hier dans notre quartier à l'iman de notre mosquée et à quatre scheikhs de nos voisins. Le juge de police les fit prendre, et, après leur avoir fait donner en sa présence à chacun je ne sais combien de coups de nerf de bœuf, il fit publier par un crieur que c'était là le châtiment de ceux qui se mêlaient des affaires qui ne les regardaient pas et qui se faisaient une occupation de jeter le trouble dans les familles de leurs voisins. Ensuite, il les fit promener par tous les quartiers de la ville avec le même cri, et leur fit défense de remettre jamais le pied dans notre quartier. »

La mère d'Abou-Hassan, qui ne pouvait s'imaginer que son fils eût eu quelque part à cette aventure, avait exprès changé de discours, comme un moyen capable d'effacer l'impression fantastique où elle le voyait.

Mais il en arriva tout autrement, et ce récit ne servit qu'à la graver plus profondément dans son imagination.

Aussi, dès qu'Abou-Hassan eut entendu ce récit : — « Je ne suis plus ton fils, ni Abou-Hassan, reprit-il. C'est par mes ordres que l'iman et les quatre scheikhs ont été châtiés. Je suis donc véritablement le commandeur des croyants, te dis-je, et cesse de me dire que c'est un rêve. »

La mère ne douta plus qu'il n'eût perdu l'esprit : — « Mon fils, lui dit-elle, je prie Dieu qu'il ait pitié de vous et qu'il vous fasse miséricorde. Demandez-lui qu'il vous pardonne et vous fasse la grâce de parler comme un homme raisonnable. Que dirait-on de vous si l'on vous entendait parler ainsi? »

De si belles remontrances, loin d'adoucir l'esprit d'Abou-Hassan, ne servirent qu'à l'aigrir davantage. Il s'emporta contre sa mère avec plus de violence. — « Vieille, lui dit-il, je t'ai déjà avertie de te taire. Si tu continues davantage, je te traiterai de manière que tu t'en ressentiras longtemps. Je suis le calife, et tu dois le croire quand je le dis. »

Alors la bonne dame, qui vit qu'Abou-Hassan s'égarait de plus en plus de son bon sens, s'abandonna aux larmes en poussant des exclamations qui marquaient sa profonde douleur.

Abou-Hassan, au lieu de se laisser toucher par les larmes de sa mère, s'oublia jusqu'à perdre envers elle le respect que la nature lui inspirait. Il se leva brusquement, et en venant à elle, la main levée, comme un furieux : — « Maudite vieille, dit-il dans son extravagance ; dis-moi tout à l'heure qui je suis?

» — Mon fils, répondit la mère en le regardant tendrement, je ne vous crois pas abandonné de Dieu jusqu'au point de ne pas me connaître, et vous avez grand tort de vous arroger un titre qui n'appartient qu'au calife Haroun-Al-Raschid, pendant que ce monarque nous comble de biens. En effet, il faut que vous sachiez que le grand-vizir Giafar prit la peine de venir hier me trouver, et qu'en me mettant entre les mains une bourse de mille pièces d'or, il me dit de prier Dieu pour le commandeur des croyants, qui me faisait ce présent. »

A ces paroles, Abou-Hassan ne se posséda plus. — « Vieille sorcière, s'écria-t-il, seras-tu convaincue, quand je te dirai que c'est moi qui t'ai envoyé ces milles pièces d'or par mon grand-vizir Giafar, qui n'a fait qu'exécuter l'ordre que je lui avais donné? Cependant, au lieu de me croire, tu ne cherches qu'à me faire perdre l'esprit par tes contradictions, et en me soutenant que je suis ton fils. » En achevant ces paroles, il fut assez dénaturé pour la maltraiter impitoyablement.

La pauvre mère, en se sentant frapper, se mit à crier de toute sa force au secours.

La fureur d'Abou-Hassan commençait un peu à se ralentir quand les voisins arrivèrent. Le premier qui se présenta se mit aussitôt entre sa mère et lui : — « Que faites-vous donc, Abou-Hassan? lui dit-il. Avez-vous perdu la crainte de Dieu et la raison? Jamais un fils bien né a-t-il osé lever la main sur sa mère? et n'avez-vous pas de honte de maltraiter ainsi la vôtre, qui vous aime si tendrement? »

Abou-Hassan, encore tout plein de sa fureur, regarda celui qui lui parlait, sans lui répondre, et jetant en même temps ses yeux égarés sur chacun des autres voisins qui l'accompagnaient : — « Quel est donc cet Abou-Hassan dont vous parlez? leur demanda-t-il. Est-ce moi que vous appelez de ce nom? »

A cette question, les voisins ne doutèrent plus de l'aliénation de son esprit, et, pour empêcher qu'il ne se portât à de nouveaux excès, ils se saisirent de sa personne, et ils lui lièrent les mains et les pieds; ils ne jugèrent cependant pas à propos de le laisser seul avec sa mère. Deux personnes de la compagnie allèrent en diligence à l'hôpital des fous avertir le concierge de ce qui se passait. Il vint aussitôt, accompagné de bon nombre de ses gens chargés de chaînes, de menottes et d'un nerf de bœuf.

A leur arrivée, Abou-Hassan, qui ne s'attendait à rien moins qu'à un appareil si affreux, fit de grands effort pour se débarrasser; mais le concierge le mit bientôt à la raison par deux ou trois coups bien appliqués sur les épaules. Ce traitement fut si sensible à Abou-Hassan qu'il se contînt, et que le concierge et ses gens firent de lui ce qu'ils voulurent. Ils le chargèrent de chaînes, et le conduisirent à l'hôpital des fous.

On l'y enferma; on l'attacha dans une cage de fer; pendant plus de trois semaines, on le frappa rudement chaque jour, en lui répétant chaque fois ces mots : — « Reviens en ton bon sens, et dis si tu es encore le commandeur des croyants. — Je n'ai pas besoin de vos conseils, répondait Abou-Hassan; je ne suis pas fou;

mais, si j'avais à le devenir, rien ne serait plus capable de me jeter dans une si grande disgrâce que les coups dont vous m'assommez. »

Cependant, la mère d'Abou-Hassan venait voir son fils régulièrement chaque jour, et elle ne pouvait retenir ses larmes en voyant diminuer de jour en jour ses forces, et en l'entendant se plaindre des douleurs qu'il souffrait. En effet, il avait les épaules et les côtes meurtries, et il ne savait de quel côté se tourner pour trouver du repos. Sa mère voulait lui parler pour le consoler et pour voir s'il était toujours dans la même situation d'esprit sur sa prétendue dignité de calife. Mais toutes les fois qu'elle ouvrait la bouche sur ce sujet, il la rebutait avec tant de furie qu'elle était contrainte de le laisser et de s'en retourner inconsolable de le voir dans une si grande opiniâtreté.

Les souvenirs sensibles qu'Abou-Hassan avait conservé dans son esprit de s'être revêtu de l'habillement du calife, d'en avoir rempli effectivement les fonctions, d'avoir usé de son autorité, d'avoir été obéi et traité véritablement en calife, et qui l'avaient persuadé, à son réveil, qu'il l'était toujours, commencèrent à s'effacer de son esprit.

« — Si j'étais calife, se disait-il, pourquoi me serais-je trouvé chez moi en m'éveillant? Pourquoi ne me serais-je pas vu environné des esclaves, et d'une foule d'officiers? J'ai commandé, il est vrai, au juge de police de châtier l'iman et les quatre vieillards de son conseil, j'ai ordonné au grand-vizir Giafar de porter mille pièces d'or à ma mère, et mes ordres ont été exécutés. Cela m'arrête, et je n'y comprends rien. Mais combien de choses y a-t-il que je ne comprends pas et que je ne comprendrai jamais! Je m'en remets donc entre les mains de Dieu, qui sait et qui connaît tout. »

Abou-Hassan était encore occupé de ces pensées quand sa mère arriva. Elle le vit si exténué et si défait, qu'elle en versa des larmes. Au milieu de ses sanglots, elle le salua, et Abou-Hassan, contre sa coutume depuis qu'il était dans cet hôpital, lui rendit son salut. — « Eh bien! mon fils, lui dit-elle en essuyant ses larmes, comment vous trouvez-vous? En quel état est votre esprit?

Avez-vous renoncé à toutes vos fantaisies et aux propos que le démon vous avait suggérés?

» — Ma mère, répondit Abou-Hassan d'un air fort tranquille, je reconnais mon égarement, mais je vous prie de me pardonner le crime exécrable dont je suis coupable envers vous. Je fais la même prière à nos voisins à cause du scandale que je leur ai donné. J'ai été abusé par un songe si extraordinaire, que je puis mettre en fait que tout autre que moi, à qui il serait arrivé, n'en aurait pas été moins frappé.

» Quoi qu'il en soit, je le tiens et le veux tenir constamment pour une illusion. Je suis même convaincu que je ne suis pas ce fantôme de calife, mais Abou-Hassan. Oui, je suis le fils d'une mère que j'ai toujours honorée jusqu'à ce jour fatal dont le souvenir me couvre de confusion, que j'honore et que j'honorerai toute ma vie comme je le dois. »

A ces paroles si sages et si sensées. — « Mon fils, s'écria-t-elle, je me sens ravie de satisfaction à vous entendre parler si raisonnablement. Il faut que je vous déclare ma pensée sur votre aventure, et que je vous fasse remarquer une chose à laquelle vous n'avez peut-être pas pris garde. L'étranger que vous aviez amené un soir pour souper avec vous s'en alla sans fermer la porte de votre chambre, comme vous le lui aviez recommandé, et je crois que c'est ce qui a donné occasion au démon d'y entrer et de vous jeter dans l'affreuse illusion où vous êtes. Ainsi, mon fils, vous devez bien remercier Dieu de vous en avoir délivré.

» — Vous avez trouvé la source de mon mal, répondit Abou-Hassan; et c'est justement cette nuit-là que j'eus ce songe. J'avais expressément averti le marchand de fermer la porte, et je sais qu'il n'en a rien fait. Je suis persuadé avec vous que le démon a trouvé la porte ouverte, qu'il est entré et qu'il m'a mis toutes ces fantaisies dans la tête. Au nom de Dieu, ma mère, puisque me voilà parfaitement revenu du trouble où j'étais, je vous supplie de me faire sortir au plus tôt de cet enfer, et de me délivrer de la main du bourreau, qui abrégera mes jours si j'y demeure davantage. »

La mère, parfaitement consolée de voir que Abou-Hassan, était revenu entièrement de sa folle imagination, alla sur-le-champ trouver le concierge, et, dès qu'elle l'eut assuré qu'il était parfaitement rétabli dans son bon sens, il vint, l'examina, et le mit en liberté en sa présence.

Abou-Hassan retourna chez lui, où il demeura plusieurs jours, afin de rétablir sa santé. Mais, dès qu'il eut repris ses forces, il commença à s'ennuyer de passer les soirées sans compagnie. C'est pourquoi, il ne tarda pas à reprendre le même train de vie qu'auparavant, et de faire, chaque jour, une provision suffisante pour traiter un nouvel hôte le soir.

Le jour où il recommença à aller, vers le coucher du soleil, au bout du pont de Bagdad, pour y arrêter le premier étranger qui se présenterait, était le premier du mois, et le jour même où le calife se divertissait à aller déguisé, hors de quelqu'une des portes, pour observer ce qui se passait.

Il n'y avait pas longtemps qu'Abou-Hassan était arrivé, et qu'il s'était assis sur un banc pratiqué contre le parapet, lorsqu'il aperçut le calife venir à lui, déguisé en marchand de Moussoul, comme la première fois, et suivi du même esclave. Persuadé que tout le mal qu'il avait souffert ne venait que de ce que ce prétendu marchand, avait laissé la porte ouverte, en sortant de sa chambre, il frémit en le voyant. — « Que Dieu veuille me préserver! dit-il en lui-même : voilà, si je ne me trompe, le magicien qui m'a enchanté. » Il tourna aussitôt la tête du côté de la rivière, en s'appuyant sur le parapet, afin de ne le pas voir, jusqu'à ce qu'il fût passé.

Le calife, qui voulait continuer la plaisanterie, avait eu grand soin de se faire informer de tout ce qu'Abou-Hassan avait dit et fait le lendemain à son réveil, après l'avoir fait reporter chez lui, et de tout ce qui lui était arrivé. Il ressentit un nouveau plaisir de tout ce qu'il en apprit; mais, comme ce monarque était généreux et plein de justice, il jugea à propos, dans le but de l'attirer auprès de sa personne et de le récompenser de ce qu'il avait souffert, de se déguiser encore en marchand de Moussoul, afin de mieux exécuter le plan qu'il avait formé. Il aperçut donc Abou-Hassan, et à son action, il comprit qu'il était mécontent de lui, et que son dessein était de l'éviter. Cela fit qu'il côtoya le parapet où était Abou-Hassan le plus près qu'il put. Quand il fut près de lui, il pencha la tête et le regarda en face. « — C'est donc vous, mon frère Abou-Hassan? lui dit-il. Je vous salue; permettez-moi, je vous prie, de vous embrasser.

» — Et moi, répondit brusquement Abou-Hassan, sans regarder le faux marchand de Moussoul, je ne vous salue pas : je n'ai besoin ni de votre salut ni de vos embrassades; passez votre chemin.

» — Eh quoi! reprit le calife, ne me reconnaissez-vous pas? Ne vous souvient-il pas de la soirée que nous passâmes ensemble, il y a un mois, chez vous? — Non, repartit Abou-Hassan, je ne vous connais pas et je ne sais de quoi vous voulez me parler. Allez, encore une fois, et passez votre chemin. »

Le calife ne se déconcerta pas. « — Je ne puis croire, reprit-il, que vous ne me reconnaissiez pas; il n'y a pas si longtemps que nous nous sommes vus. Vous devez vous souvenir, cependant, que je vous ai marqué ma reconnaissance par mes bons souhaits, et que je vous ai offert mon crédit, qui n'est pas à mépriser.

» — J'ignore, repartit Abou-Hassan, quel peut être votre crédit, et je n'ai pas le moindre désir de le mettre à l'épreuve; mais je sais bien que vos souhaits n'ont abouti qu'à me faire devenir fou. Au nom de Dieu, vous dis-je encore une fois, passez votre chemin.

» — Ah! mon frère Abou-Hassan, répliqua le calife, je ne prétends pas me séparer de vous de cette manière; il faut que vous exerciez une seconde fois l'hospitalité envers moi, et que j'aie l'honneur de boire encore avec vous. »

« — Faut-il vous le répéter tant de fois? Dieu vous conduise! vous m'avez causé assez de mal, je ne veux pas m'y exposer davantage.

» — Mon bon ami Abou-Hassan, reprit le calife, vous me traitez avec trop de dureté. Je vous supplie de ne pas me tenir un discours si offensant, et d'être bien persuadé de mon amitié. Faites-moi donc la grâce de me raconter ce qui vous est arrivé, afin que je puisse réparer le mal que vous dites que je vous ai causé. » Abou-Hassan se rendit aux instances du calife, et après

Il aperçut le calife qui venait à lui déguisé en marchand de Moussoul. (P. 191.)

l'avoir fait asseoir auprès de lui : « — Ce que je vais vous raconter, lui dit-il, vous fera connaître si c'est à tort que je me plains de vous. »

Hassan fit le récit de toutes les aventures qui lui étaient arrivées depuis son réveil dans le palais jusqu'à son second réveil dans sa chambre, et il les lui raconta toutes comme un véritable songe qui lui était arrivé. « — Mais, continua-t-il, ce qui vous surprendra, et à quoi sans doute vous ne vous attendez pas, c'est que toutes ces choses ne me sont arrivées que par votre faute. Vous vous souvenez bien de la prière que je vous avais faite de fermer la porte de ma chambre en sortant de chez moi après le souper. Vous ne l'avez pas fait; le démon est entré et m'a rempli la tête de ce songe, qui, tout agréable qu'il m'avait paru, m'a causé cependant tous les maux dont je me plains. Vous êtes donc cause, par votre négligence, de tous les maux que j'ai souffert et de l'action horrible qui a failli faire en moi un parricide. Vous êtes cause encore du scandale que j'ai donné à mes voisins quand, accourus aux cris de ma pauvre mère, ils me surprirent acharné à la vouloir frapper. »

Abou-Hassan racontait au calife ses sujets de plainte avec beaucoup de chaleur et de véhémence. Le calife qui savait mieux que lui tout ce qui s'était passé, ne put entendre ce récit, fait avec tant de naïveté, sans faire un grand éclat de rire.

Abou-Hassan, qui croyait son récit digne de compassion, se scandalisa fort. « — Vous moquez-vous de moi, dit-il? ou croyez-vous que je me moque de vous, quand je parle très sérieusement? Voulez-vous des preuves réelles de ce que j'avance? » En disant ces paroles, il se baissa; et, en se découvrant les épaules, il fit voir au calife les cicatrices causées par les coups de nerf de bœuf qu'il avait reçus.

Le calife ne put regarder ces blessures sans horreur. Il eut compassion du pauvre Abou-Hassan, et regretta que la raillerie eût été poussée si loin. Rentrant aussitôt en lui-même, il embrassa Abou-Hassan de tout son cœur : — « Levez-vous, je vous en supplie, mon cher frère, lui dit-il; venez, et allons chez vous; je veux encore avoir l'avantage de me réjouir ce soir avec vous;

demain, s'il plaît à Dieu, vous verrez que tout ira le mieux du monde. »

Abou-Hassan, malgré sa résolution de résister aux instances du calife : « — Je le veux bien, dit-il au faux marchand ; mais à une condition que vous vous engagerez de tenir avec serment : c'est de me faire la grâce de fermer la porte de ma chambre en sortant de chez moi, afin que le démon ne vienne pas me troubler la cervelle, comme il a fait la première fois. » Le faux marchand promit tout. Ils se levèrent tous deux, et ils prirent le chemin de la ville. « — Prenez confiance en moi, dit le calife, pour engager davantage Abou-Hassan, je ne vous manquerai pas de parole, je vous le promets en homme d'honneur. »

Abou-Hassan et le calife, suivi de son esclave, en s'entretenant ainsi, approchaient insensiblement du rendez-vous. Le jour commençait à finir lorsqu'ils arrivèrent à la maison d'Abou-Hassan. Aussitôt, il appela sa mère, et se fit apporter de la lumière. Il pria le calife de prendre place sur le sofa, et il se plaça près de lui. En peu de temps le souper fut servi ; ils mangèrent sans cérémonie : et quand ils eurent achevé, la mère d'Abou-Hassan vint desservir, mit le fruit sur la table, et le vin avec les tasses près de son fils. Ensuite elle se retira, et ne parut pas davantage.

Abou-Hassan commença à se verser du vin le premier et en versa ensuite au calife ; ils burent en s'entretenant de choses indifférentes. Quand le calife vit qu'Abou-Hassan commençait à s'échauffer, il jeta adroitement dans sa tasse une pincée de la poudre dont il s'était déjà servi, lui versa une rasade, et l'engagea à boire.

Abou-Hassan n'eut pas plus tôt bu la rasade qu'un profond assoupissement s'empara de ses sens, comme les deux autres fois, et le calife fut encore le maître de disposer de lui à sa volonté. Il dit aussitôt à l'esclave qu'il avait amené de prendre Abou-Hassan et de l'apporter au palais. L'esclave l'enleva, et le calife, qui n'avait pas dessein de renvoyer Abou-Hassan comme la première fois, ferma la porte de la chambre en sortant.

L'esclave suivit avec sa charge, et, quand le calife fut arrivé au palais, il fit coucher Abou-Hassan sur un sofa dans le quatrième salon d'où il l'avait fait reporter chez lui, assoupi et endormi, il y avait un mois. Avant de le laisser seul, il commanda qu'on lui mît le même habit dont il avait été revêtu par son ordre pour lui faire faire le personnage du calife, ce qui eut lieu en sa présence. Ensuite, il commanda à chacun d'aller se coucher, et ordonna au chef et aux autres officiers de la chambre qui s'étaient trouvés dans ce salon, lorsqu'il avait bu le dernier verre de vin qui lui avait causé l'assoupissement, de se trouver sans faute le lendemain, à la pointe du jour, à son réveil, et il enjoignit à chacun de bien faire son personnage.

Le calife alla se coucher, après avoir fait avertir Mesrour de venir l'éveiller avant qu'on entrât dans le salon, afin qu'il eût le temps de se placer dans le cabinet où il s'était déjà caché.

Le lendemain, il se fit habiller promptement et se rendit au salon où Abou-Hassan dormait encore. Il trouva les officiers du palais, ceux de la chambre, qui attendaient son arrivée. Il leur dit en peu de mots quelle était son intention; puis, il se cacha dans le cabinet fermé de jalousies. Mesrour et tous les autres officiers entrèrent, ensuite, se ranger autour du sofa sur lequel Abou-Hassan était couché.

Les choses ainsi disposées, et la poudre ayant produit tout son effet, Abou-Hassan s'éveilla sans ouvrir les yeux. Dans ce moment, les sept chœurs mêlèrent leurs voix au son des hautbois, des flûtes douces et des autres instruments, et firent entendre un concert très agréable.

La surprise d'Abou-Hassan fut extrême quand il entendit une musique si harmonieuse; il ouvrit les yeux, et cette surprise redoubla lorsqu'il aperçut les personnes qui l'environnaient et qu'il crut reconnaître. Le salon où il se trouvait lui parut le même; il remarqua la même illumination, le même ameublement et les mêmes ornements.

Le concert cessa, afin de permettre au calife d'être attentif à la contenance de son nouvel hôte et à tout ce qu'il pourrait dire dans sa surprise : « — Hélas! s'écria Abou-Hassan, en se mordant les doigts, me voilà retombé dans le même songe et dans la même illusion qu'il y a un mois! Je n'ai qu'à m'attendre encore une fois aux coups de nerf de bœuf, à l'hôpital des fous et à la cage de fer. Dieu tout-puissant, ajouta-t-il, je me remets entre les mains de votre divine Providence. C'est un malhonnête homme, que j'ai reçu chez moi, qui est la cause de cette illusion et des peines que j'en pourrai souffrir. Le traître m'avait promis qu'il fermerait la porte de ma chambre en sortant de chez moi; mais il ne l'a pas fait, et le diable est entré, qui me bouleverse la cervelle par ce maudit songe de commandeur des croyants et par tant d'autres fantômes dont il me fascine les yeux. »

Abou-Hassan ferma les yeux, demeura recueilli en lui-même, l'esprit fort embarrassé; un moment après, il les ouvrit, et en jetant ses regards sur tous les objets qui se présentaient à sa vue :

« — Grand Dieu! s'écria-t-il, je me remets entre les mains de votre divine Providence; préservez-moi de la tentation de Satan. » Puis, en refermant les yeux : « — Je sais, continua-t-il, ce que je ferai : je vais dormir jusqu'à ce que Satan me quitte et s'en retourne par où il est venu, quand je devrais attendre jusqu'à minuit. »

On ne lui donna pas le temps de se rendormir, comme il venait de se le proposer. Une des dames qu'il avait vues la première fois s'approcha de lui : « — Commandeur des croyants, dit-elle respectueusement, je supplie Votre Majesté de me pardonner si je prends la liberté de l'avertir de ne pas se rendormir, mais de se lever, parce que le jour commence à paraître. — Retire-toi, Satan! dit Abou-Hassan en entendant cette voix. » Puis la regardant : « — Est-ce moi, lui dit-il, que vous appelez commandeur des croyants? Vous me prenez pour un autre, certainement.

« — C'est à Votre Majesté, reprit-elle, que je donne ce titre, qui lui appartient comme au souverain de tout ce qu'il y a au monde de musulmans, dont je suis très humblement esclave, et à qui j'ai l'honneur de parler. Votre Majesté veut se divertir, sans doute, ajouta-t-elle, en faisant semblant de s'être oubliée elle-même, à moins que ce ne soit un reste de quelque songe fâcheux. Mais, si elle veut bien ouvrir les yeux, les nuages qui peuvent lui troubler l'imagination se dissiperont, et elle verra qu'elle est dans son palais, environnée de ses officiers et de ses esclaves, prêts à lui rendre leurs services ordinaires. »

Abou-Hassan se mit sur son séant, ouvrit les yeux, et reconnut les personnes qu'il avait déjà vues. Elles s'approchèrent toutes ensemble, et lui dirent : « — Commandeur des croyants et vicaire du prophète en terre, Votre Majesté aura pour agréable que nous l'avertissions encore qu'il est temps qu'elle se lève : voilà le jour qui paraît.

» — Vous êtes des fâcheux et des importuns, reprit Abou-Hassan en se frottant les yeux ; je suis Abou-Hassan, je le sais bien, et vous ne me persuaderez pas le contraire.

» — Nous ne connaissons pas Abou-Hassan, reprit un officier; nous ne voulons pas même le connaître : nous connaissons Votre Majesté pour le commandeur des croyants, et elle ne nous persuadera jamais qu'elle ne le soit pas. »

Abou-Hassan jetait les yeux de tous côtés, et se trouvait comme enchanté de se voir dans ce salon qui ne lui était pas inconnu ; mais il attribuait tout cela à un songe, pareil à celui qu'il avait eu, et dont il craignait les suites fâcheuses. « — Dieu me fasse miséricorde ! s'écria-t-il, je me remets entre ses mains. Je ne puis douter que le diable ne m'obsède et ne trouble mon imagination de toutes ces visions. » Le calife, qui le voyait et qui venait d'entendre toutes ses exclamations, se mit à rire de bon cœur.

Dans l'incertitude où était Abou-Hassan de son état, il appela un des officiers qui étaient près de lui. « — Approchez-vous, dit-il, et mordez-moi le bout de l'oreille, que je juge si je dors ou si je veille. » L'officier s'approcha, lui prit le bout de l'oreille entre les dents, et le serra si fort qu'Abou-Hassan fit un cri effroyable.

A ce cri, tous les instruments de musique jouèrent en même temps ; tous les assistants se mirent à danser et à chanter autour d'Abou-Hassan avec un si grand bruit, qu'il entra dans une espèce de surexcitation qui lui fit faire mille folies. Il se mit à chanter comme les autres, déchira le bel habit de calife dont on l'avait revêtu, jeta par terre le bonnet qu'il avait sur la tête, se leva brusquement et se mit à danser avec tant de contorsions bouffonnes, que le calife ne put se contenir et sortit de l'endroit où il était. Alors, en avançant la tête, et en riant toujours : « — Abou-Hassan, Abou-Hassan, s'écria-t-il, veux-tu donc me faire mourir à force de rire ? »

A la voix du calife, tout le monde se tut et le bruit cessa. Abou-Hassan s'arrêta comme les autres, et tournant la tête, il reconnut le calife, et en même temps le marchand de Moussoul. Loin de se déconcerter, il comprit dans ce moment qu'il était bien éveillé, et que tout ce qui lui était arrivé était très réel et non pas un songe. Il entra dans la plaisanterie et dans l'intention du calife : « — Ah! ah! s'écria-t-il en le regardant avec assurance, vous voilà donc, marchand de Moussoul! Quoi! vous vous plaignez, vous qui êtes cause des mauvais traitements que j'ai fait subir à ma mère et de ceux que j'ai reçus pendant si longtemps! vous qui avez si fort maltraité l'iman de la mosquée de mon quartier, et les quatre scheiks, mes voisins! vous qui m'avez causé tant de peines d'esprit et tant de traverses! Enfin, n'est-ce pas vous qui êtes l'agresseur, et ne suis-je pas l'offensé?

» — Tu as raison, Abou-Hassan, répondit le calife en continuant de rire ; pour te consoler et te dédommager de toutes tes peines, je suis prêt, et j'en prends Dieu à témoin, à te faire, à ton choix, telle réparation que tu voudras m'imposer. »

En achevant ces paroles, le calife entra dans le salon. Il se fit apporter un de ses plus beaux habits, et commanda d'en revêtir Abou-Hassan. Quand il fut habillé « — Tu es mon frère, lui dit le calife en l'embrassant; demande-moi tout ce qui peut te faire plaisir, je te l'accorderai.

» — Commandeur des croyants, reprit Abou-Hassan, je supplie Votre Majesté de me faire la grâce de m'apprendre ce qu'elle a fait pour me démonter ainsi le cerveau, et quel a été son dessein. Cela m'importe plus que toute autre chose, pour remettre entièrement mon esprit dans son état ordinaire. »

Le calife voulut bien donner cette satisfaction à Abou-Hassan, et il prit la peine de lui raconter tout ce qui s'était passé. — « Tu m'as raconté toi-même, dit-il en terminant, ce qui t'est arrivé le lendemain et les jours suivants. Je ne m'étais pas imaginé que tu dusses en souffrir; mais, je ferai toutes choses pour te donner lieu d'oublier tes maux. Vois donc ce que je puis pour te faire plaisir.

» — Commandeur des croyants, reprit Abou-Hassan, quelque grands que soient les maux que j'ai soufferts, ils sont effacés de ma mémoire du moment où j'apprends qu'ils me sont venus de la part de mon souverain seigneur et maître. A l'égard de la générosité dont Votre Majesté s'offre de me faire sentir les effets avec tant de bonté, je ne doute nullement de sa parole irrévocable. Mais, comme l'intérêt n'a jamais eu d'empire sur moi, puisqu'elle me donne cette liberté, la seule grâce que j'ose lui demander c'est de me donner assez d'accès auprès de sa personne pour avoir le bonheur d'être toute ma vie l'admirateur de sa grandeur. »

Ce dernier désintéressement d'Abou-Hassan acheva de lui mériter toute l'estime du calife. « — Je te sais bon gré de ta demande, lui dit le calife; je te l'accorde avec l'entrée libre dans mon palais. » En même temps, il lui assigna un logement; et il lui fit donner par son trésorier une bourse de mille pièces d'or. Abou-Hassan remercia le calife, qui le quitta pour aller tenir conseil.

Le jeune homme profita de ce temps-là pour aller au plus tôt informer sa mère de tout ce qui se passait et lui apprendre sa bonne fortune. Il lui fit connaître que tout ce qui était arrivé n'était pas un songe, qu'il avait été calife, et qu'il en avait réellement rempli les fonctions et reçu les honneurs.

La nouvelle de l'histoire d'Abou-Hassan ne tarda guère à se répandre dans toute la ville de Bagdad; et passa dans les provinces les plus éloignées.

La faveur dont il était l'objet le rendit extrêmement assidu auprès du calife. Comme il était naturellement de bonne humeur, le calife ne pouvait guère se passer de lui, et il ne faisait aucune partie de plaisir sans l'y appeler. Pour se l'attacher davantage, le calife le combla de libéralités, et pourvut abondamment à tous ses besoins pour le reste de ses jours.

HISTOIRE D'ALI COGIA,

ARCHAND DE BAGDAD

Il y avait à Bagdad, au temps du calife Haroun-Al-Raschid, un marchand, nommé Ali Cogia, qui n'était ni riche ni pauvre, et qui demeurait dans sa maison paternelle, sans femme et sans enfants. Pendant qu'il vivait content de ce que son négoce lui produisait, il eut, trois jours de suite, un songe dans lequel un vieillard vénérable lui apparut avec un regard sévère, et le réprimandait de ce qu'il ne s'était pas encore acquitté du pèlerinage de la Mecque.

Ce songe troubla Ali Cogia et le mit dans un grand embarras. Il n'ignorait pas l'obligation où il était de faire ce pèlerinage; mais comme il était chargé de la direction d'une maison, il avait toujours cru que c'était un motif assez puissant pour s'en dispenser, en tâchant d'y suppléer par des bonnes œuvres. Mais, depuis le songe, sa conscience le pressait si vivement, que la crainte de quelque malheur le fit résoudre à ne pas différer plus longtemps à s'en acquitter.

Pour se mettre en état d'y satisfaire, Ali Cogia commença par la vente de ses meubles; il vendit ensuite sa boutique et la plus grande partie des marchandises, en réservant celles qui pouvaient être de vente à la Mecque; et, quant à la maison, il trouva une personne à qui il la loua. Les choses ainsi disposées, il se trouva prêt à partir, à l'époque où la caravane de Bagdad se mettait en chemin pour la Mecque. La seule chose qui lui restait à faire était de mettre en sûreté une somme de mille pièces d'or qui l'eût embarrassé dans le pèlerinage, après avoir mis à part l'argent qu'il jugea à propos d'emporter avec lui pour ses besoins.

Ali Cogia choisit un vase d'une capacité convenable, il y mit les mille pièces d'or, et il acheva de le remplir d'olives. Après avoir bien bouché le vase, il le porta chez un marchand de ses amis, et lui dit : « — Mon frère, vous n'ignorez pas que je pars comme pèlerin de la Mecque avec la caravane ; je vous demande en grâce de vouloir bien vous charger de ce vase d'olives et de me le conserver jusqu'à mon retour. » Le marchand lui répondit obligeamment : « — Tenez, voilà la clef de mon magasin, portez-y vous-même votre vase et mettez-le où il vous plaira ; je vous promets que vous l'y retrouverez. »

Le jour du départ arrivé, Ali Cogia, avec un chameau chargé de marchandises, et qui lui servit de monture dans le chemin, se joignit à la caravane ; il arriva heureusement à la Mecque. Il y visita, avec tous les autres pèlerins, le temple si célèbre et si fréquenté chaque année par toutes les nations musulmanes, en observant très religieusement les cérémonies prescrites. Quand il se fut acquitté de ses devoirs, il exposa ses marchandises pour les vendre ou pour les échanger.

Deux marchands, qui virent les marchandises d'Ali Cogia, les trouvèrent si belles qu'ils s'arrêtèrent pour les admirer, quoi qu'ils n'en eussent pas besoin. Quand ils eurent satisfait leur curiosité, l'un dit à l'autre : « Si ce marchand savait le gain qu'il ferait au Caire, il y porterait ses marchandises, plutôt que de les vendre ici. »

Ali Cogia entendit ces paroles, et comme on lui avait parlé mille fois des beautés de l'Egypte, il résolut de profiter de l'occasion et d'en faire le voyage. Aussi, au lieu de retourner à Bagdad, il prit le chemin de l'Egypte en se joignant à la caravane du Caire. Quand il fut arrivé au Caire, il n'eut pas lieu de se repentir du parti qu'il avait pris ; car, en très peu de jours, il eut vendu ses marchandises avec un avantage beaucoup plus grand qu'il n'avait espéré. Il en acheta d'autres dans le dessein de passer à Damas ; et, en attendant l'organisation d'une caravane qui devait partir dans six semaines, il alla admirer les Pyramides, et

Tenez, voilà la clef de mon magasin : portez-y vous-même votre vase. (P. 202.)

remonta le Nil jusqu'à une certaine distance, où il vit les cités les plus célèbres, situées sur l'une et l'autre rive.

Dans le voyage de Damas, comme le chemin de la caravane était de passer par Jérusalem, notre marchand profita de l'occasion de visiter le temple, regardé par tous les musulmans comme le plus saint après celui de la Mecque.

Ali Cogia trouva la ville de Damas si délicieuse, par l'abondance de ses eaux, et par ses jardins enchantés, que tout ce qu'il avait lu dans les histoires lui parut bien au-dessous de la vérité, et il y fit un long séjour. Cependant, il n'oubliait pas qu'il était de Bagdad; il partit enfin, et il arriva à Alep, où il resta encore quelque temps; de là, après avoir passé l'Euphrate, il prit le chemin de Moussoul, dans l'intention d'abréger son retour en descendant le Tigre.

Mais, quand Ali Cogia fut arrivé à Moussoul, des marchands de la Perse, avec lesquels il avait contracté une grande amitié, n'eurent pas de peine à lui persuader de ne pas abandonner leur compagnie jusqu'à Schiraz, d'où il lui serait aisé de retourner à Bagdad avec un gain considérable. Ils le menèrent par les villes de Sultanié, de Reeht de Coam, de Cascham, d'Ispahan, et de là à Schiraz, d'où il eut encore la complaisance de les accompagner aux Indes et de revenir à Schiraz avec eux.

De la sorte, il y avait bientôt sept ans qu'Ali Cogia était parti de Bagdad, quand il résolut d'en reprendre le chemin. Et jusqu'alors, l'ami auquel il avait confié le vase d'olives avant son départ, pour le lui garder, n'avait songé ni à lui ni au vase. Pendant qu'il était en route avec une caravane partie de Schiraz, un soir que ce marchand, son ami, soupait en famille, on vint à parler d'olives, et sa femme témoigna quelque désir d'en manger, en disant qu'il y avait longtemps qu'on n'en avait vu dans la maison.

« A propos d'olives, dit le mari, vous me faites souvenir qu'Ali Cogia m'en laissa un vase en allant à la Mecque, il y a sept ans, et qu'il le mit lui-même dans mon magasin pour le reprendre à son retour; mais où est maintenant Ali Cogia? Il est vrai que quelqu'un m'a dit qu'il avait passé en Egypte; il faut donc qu'il y soit mort, puisqu'il n'est pas revenu depuis tant d'années; nous pouvons désormais manger les olives, si elles sont encore bonnes. Qu'on me donne un plat et de la lumière, j'en irai prendre, et nous en goûterons.

» — Mon mari, reprit la femme, gardez-vous bien au nom de Dieu, de commettre une action si mauvaise ; vous savez que rien n'est plus sacré qu'un dépôt. Il y a sept ans, dites-vous, qu'Ali Cogia est allé à la Mecque ; mais on vous a dit qu'il était allé en Egypte, et savez-vous si d'Egypte, il n'est pas allé plus loin ? Il suffit que vous n'ayez pas de nouvelles de sa mort ; il peut revenir demain, après-demain. Quelle infamie ne serait-ce pas pour nous, s'il revenait et que vous ne lui rendissiez pas son vase tel qu'il vous l'a confié ! Je vous déclare que je n'ai pas envie de ces olives et que je n'en mangerai pas. De plus, croyez-vous qu'après tant de temps les olives soient encore bonnes ? Elles sont pourries et gâtées ; et si Ali Cogia revient, — comme un pressentiment me le dit, — et qu'il s'aperçoive que vous y avez touché, quel opinion aura-t-il de votre amitié et de votre fidélité ? Abandonnez votre projet, je vous en conjure. »

La femme lisait l'obstination sur le visage du mari qui n'écouta pas de si bons conseils ; il se leva et il alla à son magasin avec de la lumière et un plat : « — Souvenez-vous au moins, lui dit alors sa femme, que je ne prends aucune part à ce que vous allez faire, et vous ne m'en attribuerez pas la faute s'il vous arrive de vous en repentir. »

Le marchand persista dans son dessein. Il se rendit dans le magasin, prit le vase, le découvrit, et vit les olives toutes pourries. Pour s'assurer si le dessous était aussi gâté que le dessus, il en versa dans le plat, et quelques pièces d'or y tombèrent avec bruit. A la vue de ces pièces, le marchand, naturellement avide, regarda dans le vase ; il s'aperçut qu'il avait versé presque toutes les olives dans le plat, et que le reste était de l'or en belle monnaie. Il remit dans le vase ce qu'il avait versé d'olives ; il le recouvrit et il revint.

« — Ma femme, dit-il en rentrant, vous aviez raison, les olives sont pourries, et j'ai rebouché le vase de manière qu'Ali Cogia ne s'apercevra pas que j'y ai touché, si jamais il revient. — Vous eussiez mieux fait de me croire, reprit la femme, et de ne pas y toucher; Dieu veuille qu'il n'en arrive pas de mal ! »

Le marchand aussi peu touché de ces paroles que de la remontrance qu'elle lui avait faite, passa la nuit à songer au moyen de s'approprier l'or d'Ali Cogia et à faire en sorte qu'il lui demeurât, au cas où le marchand revint et redemandât le vase. Le lendemain, de grand matin, il va acheter des olives de l'année; il retire les vieilles du vase d'Ali Cogia; il prend l'or, le met en sûreté; et, après avoir rempli le vase des olives qu'il venait d'acheter, il le recouvre du même couvercle, et le remet à la même place.

Environ un mois après que le marchand eut commis cette mauvaise action, qui devait lui coûter cher, Ali Cogia arriva de son long voyage. Comme il avait loué sa maison avant son départ, il mit pied à terre dans un khan, où il prit un logement, en attendant que le locataire se fût pourvu ailleurs.

Le lendemain, Ali Cogia alla trouver le marchand, son ami, qui le reçut en l'embrassant et en lui témoignant la joie qu'il avait de son retour.

Après les compliments habituels dans une semblable rencontre, Ali Cogia pria le marchand de vouloir bien lui rendre le vase d'olives qu'il avait confié à sa garde, et de l'excuser de la liberté qu'il avait prise de l'en embarrasser.

« — Ali Cogia, mon cher ami, reprit le marchand, vous avez tort de me faire des excuses, je n'ai été nullement embarrassé de votre vase; et, dans une pareille occasion, j'en eusse usé avec vous de la même manière; tenez, voilà la clef de mon magasin, allez le prendre : vous le trouverez où vous l'avez mis. »

Ali Cogia alla au magasin, il en apporta son vase, et, après avoir bien remercié le marchand, il retourna au khan où il avait pris logement; il découvrit le vase; et, en y mettant la main à la hauteur où les mille pièces d'or devaient être, il fut dans une grande surprise de ne les y pas trouver. Il crut se tromper; et, pour être immédiatement fixé, il prit une partie des plats de sa cuisine de voyage, et versa tout le vase d'olives sans y trouver une seule pièce d'or. Il demeura immobile d'étonnement; et, en élevant les mains et les yeux au ciel : « — Est-il possible, s'écriat-il, qu'un homme que je regardais comme mon ami m'ait fait une infidélité si insigne? »

Ali Cogia, alarmé d'une perte si considérable, revint chez le marchand. « — Mon ami, lui dit-il, ne soyez pas surpris de ce que je revienne sur mes pas. J'avoue que j'ai reconnu le vase d'olives que j'ai repris dans votre magasin ; mais, j'y avais mis mille pièces d'or que je n'y retrouve pas ; peut-être en avez-vous eu besoin pour votre négoce : si cela est, elles sont à votre service ; je vous prie seulement de me tirer de peine et de m'en donner une reconnaissance ; vous me les rendrez quand vous le pourrez. »

Le marchand, qui s'était attendu à voir Ali Cogia, avait médité ce qu'il devait répondre : « — Ali Cogia, mon ami, lui dit-il, quand vous m'avez apporté votre vase d'olives, y ai-je touché ? ne vous ai-je pas donné la clef de mon magasin ? ne l'y avez-vous pas porté vous-même, et ne l'avez-vous pas retrouvé à la même place, dans le même état et couvert de la même manière ? Si vous y avez mis de l'or, vous devez l'y avoir retrouvé. Vous m'avez dit qu'il y avait des olives, je l'ai cru. Voilà tout ce que j'en sais ; vous m'en croirez, si vous voulez ; mais je n'y ai pas touché. »

Ali Cogia prit les voies de la douceur : « — Je n'aime, dit-il, que la paix, et je serais fâché d'en venir à des extrémités qui ne vous feraient pas honneur. Songez que des marchands comme nous doivent laisser de côté tout intérêt pour conserver leur bonne réputation ; encore une fois, je serais au désespoir si votre opiniâtreté m'obligeait à m'adresser à la justice. »

« — Ali Cogia, reprit le marchand, vous convenez que vous avez mis chez moi un vase d'olives en dépôt : vous l'avez repris, vous l'avez emporté, et vous venez me demander mille pièces d'or! M'avez-vous seulement dit qu'elles fussent dans le vase? J'ignore même qu'il y ait des olives, vous ne me les avez pas montrées ; je m'étonne que vous ne me demandiez pas des perles ou des diamants plutôt que de l'or. Croyez-moi, retirez-vous, et ne faites pas rassembler le monde devant ma boutique. »

Quelques personnes s'y étaient déjà arrêtés et ces dernières paroles du marchand, prononcées du ton d'un homme qui sortait hors de la modération, firent que les marchands du voisinage vinrent prendre connaissance de la dispute et tâchèrent de les mettre d'accord. Quand Ali Cogia eut exposé ses griefs, les plus notables demandèrent au marchand ce qu'il avait à répondre.

Le marchand avoua qu'il avait gardé le vase d'Ali Cogia, mais il nia qu'il y eût touché, et il fit serment qu'il ne savait qu'il y eût des olives que parce qu'Ali Cogia le lui avait dit; il les prenait tous à témoin de l'affront et de l'insulte qu'on venait lui faire jusque chez lui.

« Vous vous attirez vous-même cet affront, dit Ali Cogia en prenant le marchand par le bras; mais puisque vous en usez si méchamment, je vous cite à la loi de Dieu. Voyons si vous aurez le courage de dire la même chose devant le cadi. »

A cette sommation, à laquelle tout bon musulman doit obéir, le marchand n'eut pas la hardiesse de faire résistance. « — Allons, dit-il, c'est ce que je demande; nous verrons qui a tort de vous ou de moi. »

Ali Cogia mena le marchand devant le tribunal du cadi, où il l'accusa de lui avoir volé un dépôt de mille pièces d'or. Le cadi lui demanda s'il avait des témoins. Il répondit que c'était une précaution qu'il n'avait pas prise, parce qu'il avait cru que celui à qui il confiait son dépôt était son ami, et que jusqu'alors il l'avait reconnu pour un honnête homme.

Le marchand ne dit rien autre chose pour sa défense que ce qu'il avait déjà dit à Ali Cogia en présence de ses voisins, et il déclara qu'il était prêt à affirmer par serment non seulement qu'il était faux qu'il eût pris les mille pièces d'or, mais même qu'il n'en avait aucune connaissance. Le cadi exigea de lui le serment, après quoi il le renvoya absous.

Ali Cogia, désolé de se voir condamné à une perte si considérable, protesta contre le jugement, en déclarant au cadi qu'il en porterait sa plainte au calife Haroun-Al-Raschid; mais le cadi regarda sa proposition comme l'effet du ressentiment ordinaire à tous ceux qui perdent leur procès, et il crut avoir fait son devoir en renvoyant absous un accusé contre lequel on ne lui avait pas produit de témoins.

Pendant que le marchand retournait chez lui avec la joie d'avoir les mille pièces d'or d'Ali Cogia, à si bon marché, celui-ci alla préparer un placet, et dès le lendemain, après s'être informé du moment où le calife devait retourner de la mosquée après la prière de midi, il se mit dans une rue sur le chemin, et quand il passa, il éleva le bras en tenant le placet à la main : un officier qui marchait devant le calife vint le prendre pour le lui donner.

Comme Ali Cogia savait que la coutume du calife Haroun-Al-Raschid, en rentrant dans son palais, était de lire lui-même les placets qu'on lui présentait de la sorte, il suivit le cortège, entra dans la cour du palais, et attendit que l'officier qui avait pris le placet sortît de l'appartement du calife. En sortant, l'officier lui dit que le calife avait lu son placet, lui marqua l'heure à laquelle il lui donnerait audience le lendemain, et, après avoir appris de lui la demeure du marchand, il lui envoya signifier de s'y trouver aussi le lendemain à la même heure.

Le soir du même jour, le calife, avec le grand-vizir Giafar et Mesrour, le chef des esclaves, l'un et l'autre déguisés comme lui, alla, selon sa coutume, faire sa tournée dans la ville.

En passant dans une rue, le calife entendit du bruit; il pressa le pas, et il arriva à une porte qui donnait entrée dans une cour, ou dix ou douze enfants, jouaient au clair de la lune, ce dont il s'aperçut en regardant par une fente.

Le calife, curieux de savoir à quel jeu jouaient ces enfants, s'assit sur un banc de pierre; et, comme il continuait de regarder, il entendit qu'un des enfants, le plus éveillé de tous, dit aux autres « —Jouons au cadi ; je suis le cadi, amenez-moi Ali Cogia et le marchand qui lui a volé mille pièces d'or. »

A ces paroles de l'enfant, le calife se souvint du placet qui lui avait été présenté le jour même, et cela lui fit redoubler d'attention.

Comme l'affaire d'Ali Cogia et du marchand faisait grand bruit dans la ville de Bagdad jusque parmi les enfants, les autres espiègles acceptèrent la proposition avec joie, et ils convinrent du personnage que chacun devait jouer. Personne ne refusa à celui qui s'était offert de faire le cadi, d'en représenter le rôle.

Quand il eut pris séance, avec la gravité d'un cadi, un autre, comme officier compétent du tribunal, lui présenta deux autres enfants dont il appela l'un Ali Cogia et l'autre le marchand.

Alors le prétendu cadi prit la parole : « — Ali Cogia, dit-il, que demandez-vous au marchand que voilà? »

Le prétendu Cogia, après une profonde révérence, informa le prétendu cadi du fait, et, en achevant, il conclut en le suppliant qu'il lui plût d'interposer l'autorité de son jugement pour empêcher qu'il ne fît une perte si considérable.

Le prétendu cadi, après avoir écouté Ali Cogia, se tourna du côté du marchand, et il lui demanda pourquoi il ne rendait pas son or à Ali Cogia.

Le marchand supposé apporta les mêmes raisons que le véritable avait alléguées devant le cadi de Bagdad, et il demanda de même à affirmer par serment que ce qu'il disait était la vérité.

« — N'allons pas si vite, reprit le petit cadi; avant d'en arriver là, je suis bien aise de voir le vase d'olive. « — Ali Cogia, ajouta-t-il en s'adressant au marchand, avez-vous apporté le vase? » Celui-ci ayant répondu qu'il ne l'avait pas apporté : « — Allez le chercher, reprit-il et apportez-le-moi. »

Le prétendu Ali Cogia disparaît un moment, et en revenant, il feint de poser un vase devant le cadi, en disant que c'était le même qu'il avait mis chez l'accusé, et qu'il avait retiré de chez lui. Pour ne rien omettre de la formalité, le cadi demanda au marchand s'il reconnaissait le vase; et, comme le marchand témoigna qu'il ne pouvait le nier, il commanda qu'on le découvrît. Le prétendu Ali Cogia fit semblant d'ôter le couvercle, et le cadi, en faisant semblant de regarder dans le vase : « — Voilà de belles olives, dit-il; il faut que j'en goûte! » Il fit semblant d'en prendre une et d'en goûter, et il ajouta : « — Elles sont excellentes. »

« — Mais, continua le prétendu cadi, il me semble que des olives gardées pendant sept ans ne devraient pas être si bonnes. Qu'on fasse venir des marchands d'olives, et qu'ils les goûtent. » Deux enfants lui furent présentés en qualité de marchand d'olives. « — Etes-vous marchands d'olives? » leur demanda l'enfant.

Comme ils répondirent que c'était leur profession : « — Dites-moi, reprit-il, savez-vous combien de temps des olives, préparées par des gens qui s'y entendent, peuvent se conserver bonnes à manger?

» — Seigneur, répondirent les prétendus marchands, elles ne valent plus rien à la troisième année ; elles n'ont plus ni saveur, ni couleur, elles ne sont bonnes qu'à jeter.

» — Si cela est, reprit le prétendu cadi, voyez ce vase, et dites-moi combien il y a de temps qu'on y a mis les olives? »

Les marchands firent semblant d'examiner les olives et d'en goûter, et témoignèrent au cadi qu'elles étaient récentes et bonnes. « — Vous vous trompez, reprit le cadi ; voici Ali Cogia qui dit qu'il les a mises dans le vase, il y a sept ans.

» — Seigneur, repartirent les marchands appelés comme experts, ce que nous pouvons assurer, c'est que les olives sont de cette année, et nous maintenons que de tous les marchands de Bagdad, il n'y en a pas un seul qui ne rende le même témoignage que nous.

Le marchand, accusé par Ali Cogia, voulut ouvrir la bouche contre le témoignage des marchands experts. Mais le cadi ne lui en donna pas le temps : « — Tais-toi, dit-il, tu es un voleur ; qu'on le pende ! » De la sorte, les enfants mirent fin à leur jeu avec grande joie, en frappant des mains et en se jetant sur le prétendu criminel comme pour le mener pendre.

On ne peut exprimer combien le calife Haroun-Al-Raschid admira la sagesse et l'esprit de l'enfant qui venait de rendre un jugement si sage. En cessant de regarder par la fente, il demanda à son grand-vizir, s'il avait entendu le jugement que l'enfant venait de rendre, et ce qu'il en pensait : « — Commandeur des croyants, répondit le grand-vizir Giafar, on ne peut être plus surpris que je le suis d'une si grande sagesse dans un âge si peu avancé.

» — Mais, reprit le calife, sais-tu que j'ai à prononcer demain sur la même affaire, et que le véritable Ali Cogia m'en a présenté la requête aujourd'hui?

» — Je l'apprends de Votre Majesté, répondit le grand-vizir. —

Le rapport des experts fut que les olives étaient bonnes et de l'année. (P. 216.)

Crois-tu, reprit le calife, que je puisse rendre un autre jugement que celui que nous venons d'entendre? — Si l'affaire est la même, repartit le grand-vizir, il ne me paraît pas que Votre Majesté puisse prononcer autrement. — Remarque donc bien cette maison, lui dit le calife, et amène-moi demain l'enfant, afin qu'il juge la même affaire en ma présence. Mande aussi au cadi qui a renvoyé absous le voleur de s'y trouver, afin qu'il apprenne son devoir de l'exemple d'un enfant. Je veux également que tu prennes le soin de faire avertir Ali Cogia d'apporter son vase d'olives, et que deux marchands d'olives se trouvent à mon audience. » Le calife lui donna cet ordre en continuant sa tournée.

Le lendemain, le grand-vizir Giafar vint à la maison où le calife avait été témoin du jeu des enfants, et il demanda à parler au propriétaire; à défaut de celui-ci, qui était sorti, il parla à la maîtresse et lui demanda si elle avait des enfants; elle répondit qu'elle en avait trois, et elle les fit venir devant lui. « — Mes enfants, leur dit le grand-vizir, qui de vous faisait le cadi hier au soir lorsque vous jouiez ensemble? » L'aîné, répondit que c'était lui; et, comme il ignorait pourquoi on lui faisait cette demande, il changea de couleur. « — Mon fils, lui dit le grand-vizir, venez avec moi, le commandeur des croyants veut vous voir. »

La mère fut dans une grande alarme quand elle vit que le grand-vizir voulait emmener son fils. « — Seigneur, est-ce pour enlever mon fils? demanda-t-elle, que le commandeur des croyants le réclame. » Le grand-vizir la rassura; il lui promit que son fils lui serait renvoyé avant une heure; il ajouta qu'elle apprendrait à son retour le sujet pour lequel il était appelé, et qu'elle serait contente. « — Si cela est ainsi, reprit la mère, permettez qu'auparavant je lui fasse prendre un habit plus propre, qui le rende plus digne de paraître devant le commandeur des croyants. »

Le grand-vizir emmena l'enfant, et le présenta au calife à l'heure qu'il avait indiquée à Ali Cogia et au marchand.

Le calife, qui vit l'enfant un peu interdit, et qui voulut le préparer à son rôle, lui dit : « — Venez, mon fils, approchez : est-ce vous qui jugiez hier soir l'affaire d'Ali Cogia et du marchand qui lui a volé son or? Je vous ai vu et je vous ai entendu, je suis bien content de vous. » L'enfant ne se décontenança pas ; il répondit modestement que c'était lui. « — Mon fils, reprit le calife, je veux vous montrer aujourd'hui le véritable Ali Cogia et le véritable marchand ; venez vous asseoir près de moi. »

Alors le calife prit l'enfant par la main ; et, quand il l'eut fait asseoir auprès de lui, il demanda où étaient les parties. On les fit avancer ; on lui nomma les adversaires pendant qu'ils se prosternaient. Quand ils se furent relevés, le calife leur dit : « — Plaidez chacun votre cause ; l'enfant que voici vous écoutera et vous rendra justice ; et, s'il manque en quelque chose, j'y suppléerai. »

Ali Cogia et le marchand parlèrent l'un après l'autre, et quand le marchand demanda à faire serment, l'enfant dit qu'auparavant il était à propos de voir le vase d'olives.

A ces paroles, Ali Cogia présenta le vase et le découvrit. Le calife regarda les olives, et il en prit une dont il goûta. Le vase fut donné à examiner aux marchands experts, et leur rapport fut que les olives étaient de l'année. L'enfant leur dit qu'Ali Cogia assurait qu'elles y avaient été mises, il y avait sept ans, à quoi ils firent la même réponse que les enfants avaient faite la veille.

Ici, quoique le marchand accusé vit bien que les deux marchands experts venaient de prononcer sa condamnation, il ne laissa pas néanmoins de vouloir alléguer quelque chose pour se justifier ; mais l'enfant se garda bien de l'envoyer pendre. Il regarda le calife « — Commandeur des croyants, dit-il, ceci n'est pas un jeu ; c'est à Votre Majesté de condamner à mort sérieusement, et non pas à moi, qui ne le fis hier que pour rire. »

Le calife, instruit de la mauvaise foi du marchand, l'abandonna aux ministres de la justice pour le faire pendre, ce qui fut exécuté après qu'il eut déclaré où il avait mis les pièces d'or, qui furent rendues à Ali Cogia. Ce monarque, plein d'équité, après avoir averti le cadi qui avait rendu le premier jugement, et qui était présent, d'apprendre à être plus judicieux, embrassa l'enfant, et le renvoya avec une bourse de cent pièces d'or qu'il lui fit donner pour marque de sa libéralité.

HISTOIRE D'ALI BABA

ET DE QUARANTE VOLEURS EXTERMINÉS PAR UNE ESCLAVE

Dans une ville de Perse, il y avait deux frères dont l'un se nommait Cassim et l'autre Ali Baba. Comme leur père ne leur avait laissé que peu de biens, qui avaient été également partagés, il semble que leur fortune devait être égale ; le hasard, néanmoins, en disposa autrement.

Cassim épousa une femme, qui devint héritière d'une boutique bien garnie, d'un magasin rempli de bonnes marchandises, et de terres qui le rendirent un des marchands les plus riches de la ville.

Ali Baba, au contraire, qui avait épousé une femme aussi pauvre que lui, était logé misérablement ; il n'avait d'autre industrie, pour gagner sa vie et celle de ses enfants, que d'aller couper du bois dans une forêt voisine, et de venir le vendre à la ville, chargé sur trois ânes, qui formaient tout son avoir.

Ali Baba était un jour dans la forêt, et il avait coupé à peu près assez de bois pour faire la charge de ses ânes, lorsqu'il aperçut un gros nuage de poussière qui avançait droit du côté où il était. Il regarda attentivement, et il distingua bientôt une troupe nombreuse de gens à cheval qui venaient d'un bon train.

Quoiqu'on ne parlât pas de voleurs dans le pays, Ali Baba, néanmoins, eut la pensée que ces cavaliers pouvaient en être ; et, sans considérer ce que deviendraient ses ânes, il songea à sauver sa personne. Il monta sur un gros arbre dont les branches, à peu de hauteur, se séparaient en rond très près les unes des autres. Il se posta au milieu avec d'autant plus d'assurance qu'il pouvait voir sans être vu; l'arbre s'élevait au pied d'un rocher isolé de tous côtés, et si escarpé qu'on ne pouvait monter au haut par aucun endroit.

Les cavaliers, grands, vigoureux, tous bien montés et bien armés, arrivèrent près du rocher et mirent pied à terre; et Ali Baba, qui en compta quarante, à leur mine, et à leur équipement, ne douta pas qu'ils ne fussent des voleurs. Il ne se trompait pas : c'étaient, en effet, des voleurs qui allaient exercer leur brigandage bien loin et avaient là leur rendez-vous : ce qu'il leur vit faire le confirma dans cette opinion.

Chaque cavalier débrida son cheval, l'attacha, lui passa au cou un sac plein d'orge qu'il avait apporté sur la croupe, et ils se chargèrent chacun de leur valise. La plupart des valises parurent si pesantes à Ali Baba, qu'il jugea qu'elles étaient pleines d'or et d'argent.

Le plus remarquable, chargé comme les autres de sa valise, et qu'Ali Baba prit pour le capitaine des voleurs, s'approcha du rocher, fort près du gros arbre où il s'était réfugié; et, après s'être fait un chemin au travers des arbrisseaux, il prononça si distinctement ces paroles : « — Sésame, ouvre-toi, » qu'Ali Baba les entendit. Dès que le capitaine des voleurs les eut prononcées, une porte s'ouvrit, et, après qu'il eut fait passer tous ses gens devant lui, il entra à son tour, et la porte se ferma.

Les voleurs demeurèrent longtemps dans le rocher, et Ali Baba, qui craignit que quelqu'un d'eux ne sortît s'il quittait son poste pour se sauver, fut contraint de rester sur l'arbre et d'attendre avec patience. Il fut tenté, néanmoins, de descendre pour se saisir de deux chevaux, en monter un, mener l'autre par la bride, et gagner la ville en chassant ses trois ânes devant lui; mais l'incertitude du résultat fit qu'il prit le parti le plus sûr.

La porte se rouvrit enfin; les quarante voleurs sortirent, et le capitaine, qui était entré le dernier, sortit le premier; après les avoir vus défiler devant lui, Ali Baba entendit qu'il fit refermer la porte en prononçant ces paroles : « — Sésame, referme-toi. » Chacun retourna à son cheval, le brida, rattacha sa valise, et se remit en selle. Quand le capitaine vit qu'ils étaient tous prêts, il se plaça à la tête, et il reprit, avec eux, le chemin par lequel ils étaient venus.

Ali Baba ne descendit pas immédiatement de l'arbre ; il se dit en lui-même : « — Ils peuvent avoir oublié quelque chose et être obligés de revenir ; je me trouverais en danger si cela arrivait. » Il les suivit de l'œil jusqu'à ce qu'il les eût perdus de vue, et pour plus de sûreté, il ne descendit que longtemps après. Comme il avait retenu les paroles par lesquelles le capitaine des voleurs avait fait ouvrir et refermer la porte, il eut la curiosité d'essayer si, en les prononçant, elles produiraient le même effet. Il passa au travers des arbrisseaux, et il aperçut la porte. Il s'avança, et il dit : « — Sésame, ouvre-toi, » et dans l'instant la porte s'ouvrit toute grande.

Ali Baba s'était attendu à voir un lieu de ténèbres et d'obscurité ; mais il fut surpris de voir un endroit bien éclairé, vaste et spacieux, creusé en voûte fort élevée, de main d'hommes, et recevant la lumière du haut du rocher par une ouverture. Il vit de grandes provisions de bouche, des piles de ballots de riches marchandises, des étoffes de soie et de brocart, des tapis de grand prix, et surtout de l'or et de l'argent monnayés par tas et dans des sacs, ou grandes bourses de cuir, placées les unes sur les autres. A voir toutes ces choses, il lui parut qu'il y avait non pas de longues années, mais des siècles que cette grotte servait de retraite à des voleurs qui s'étaient succédé les uns aux autres.

Ali Baba ne balança pas sur le parti qu'il devait prendre ; il entra dans la grotte, dont la porte se referma aussitôt derrière lui ; mais cela ne l'inquiéta pas, il savait le secret pour la faire ouvrir. Il ne s'attacha pas à l'argent, mais à l'or monnayé, et particulièrement à celui qui était dans des sacs ; il en enleva à plusieurs fois en quantité suffisante pour faire la charge de ses trois ânes. Il rassembla ces animaux qui étaient dispersés, et, quand il les eut fait approcher du rocher, il les chargea ; et, pour cacher ses sacs, il plaça du bois par-dessus. Quand il eut achevé, il se présenta devant la porte, et il n'eut pas plutôt prononcé ces paroles : « — Sésame, referme-toi, » qu'elle se ferma, car elle s'était fermée d'elle-même chaque fois qu'il y était entré, et était demeurée ouverte chaque fois qu'il en était sorti.

Ali Baba reprit le chemin de la ville; en arrivant chez lui, il fit entrer ses ânes dans une petite cour et referma la porte avec grand soin. Il enleva le peu de bois qui recouvrait les sacs, et il les porta dans sa maison, les posant et les arrangeant devant sa femme, assise sur un sofa.

La femme d'Ali mania les sacs; et, quand elle s'aperçut qu'ils étaient pleins d'or, elle soupçonna son mari de les avoir volés; de sorte qu'elle ne put s'empêcher de lui dire : « — Ali Baba, seriez-vous assez malheureux pour..... » Ali Baba l'interrompit : « — Paix, ma femme, dit-il, ne vous alarmez pas, je ne suis pas un voleur. Vous cesserez d'avoir cette mauvaise opinion de moi quand je vous aurai raconté ma bonne fortune. » Il vida les sacs, qui produisirent un gros tas d'or, dont la femme fut éblouie; et, quand il eut terminé, il lui fit le récit de son aventure; en achevant, il lui recommanda sur toutes choses de garder le secret.

La femme, guérie de son épouvante, se réjouit avec son mari, et elle voulut compter, pièce par pièce, tout l'or qui était devant elle. « — Ma femme, lui dit Ali Baba, que prétendez-vous faire? Je vais creuser une fosse et enfouir cet or; nous n'avons pas de temps à perdre. — Il est bon, reprit la femme, que nous sachions au moins à peu près la quantité. Je vais chercher une petite mesure dans le voisinage, et je mesurerai pendant que vous creuserez la fosse. — Ma femme, repartit Ali Baba, ce que vous voulez faire n'est bon à rien; vous vous en abstiendriez si vous vouliez me croire. Faites néanmoins ce qu'il vous plaira; mais souvenez-vous de garder le secret. »

La femme d'Ali Baba sort, et elle va chez Cassim, son beau-frère, qui ne demeurait pas loin. Cassim n'était pas chez lui; à son défaut, elle s'adresse à sa femme, qu'elle pria de lui prêter une mesure pour quelques instants. La belle-sœur lui demanda si elle la voulait grande ou petite, et la femme d'Ali Baba lui en demanda une petite. « — Très volontiers, dit la belle-sœur, attendez un moment, je vais vous l'apporter. »

La belle-sœur va chercher la mesure; mais comme elle connaissait la pauvreté d'Ali Baba, curieuse de savoir quelle sorte de grain sa femme voulait mesurer, elle s'avisa d'appliquer adroitement du suif au-dessous. Elle revint, et, en la présentant à sa belle-sœur, elle s'excusa de l'avoir fait attendre, prétendant avoir eu de la peine à la trouver.

La femme d'Ali Baba revint chez elle; elle posa la mesure sur le tas d'or, l'emplit et la vida un peu plus loin jusqu'à ce qu'elle eut achevé; elle fut contente du bon nombre de mesures qu'elle trouva, et elle en fit part à son mari qui venait d'achever de creuser la fosse.

Pendant qu'Ali Baba enfouit l'or, sa femme, pour marquer son exactitude à sa belle-sœur, lui reporte la mesure, mais sans prendre garde qu'une pièce d'or s'était attachée dessous. « — Belle-sœur, dit-elle en la rendant, vous voyez que je n'ai pas gardé longtemps votre mesure; je vous remercie. »

La femme d'Ali Baba n'eut pas tourné le dos, que la femme de Cassim regarda la mesure en dessous, et elle fut dans un étonnement inexprimable d'y voir une pièce d'or attachée. L'envie s'empara aussitôt de son cœur. « — Quoi! dit-elle, Ali Baba a de l'or par mesure! et où le misérable a-t-il pris cet or? » Cassim, son mari, était à sa boutique, d'où il ne devait revenir que le soir. Tout le temps qu'il se fit attendre fut pour elle un siècle, dans l'impatience où elle était de lui apprendre une grande nouvelle dont il ne devait pas être moins surpris qu'elle.

A l'arrivée de Cassim, sa femme, lui dit : « — Vous croyez être riche; vous vous trompez : Ali Baba l'est infiniment plus que vous; il ne compte pas son or, comme vous, il le mesure. » Cassim demanda l'explication de cette énigme, et elle lui en donna la signification en lui apprenant de quel moyen elle s'était servi pour faire cette découverte; elle lui montra la pièce de monnaie qu'elle avait trouvée attachée sous la mesure, pièce si ancienne que l'effigie leur était inconnue.

Loin d'être sensible au bonheur qui pouvait être arrivé à son frère, Cassim en conçut une jalousie mortelle. Il passa presque toute la nuit sans dormir. Le lendemain, il alla chez lui avant le jour : il ne le traita pas de frère, il avait oublié ce nom depuis qu'il avait épousé la riche veuve. « — Ali Baba, dit-il en l'abordant, vous êtes bien réservé dans vos affaires : vous faites le pauvre, le misérable, et vous mesurez l'or ! — Mon frère, reprit Ali Baba, je ne sais de quoi vous voulez me parler; expliquez-vous. — Ne faites pas l'ignorant, » reprit Cassim; et, en lui montrant la pièce d'or que sa femme lui avait mise entre les mains : « — Combien avez-vous de pièces, ajouta-t-il, semblables à celle-ci que ma femme a trouvée attachée au-dessous de la mesure. »

Ali Baba comprit que Cassim et sa femme savaient déjà ce qu'il avait un si grand intérêt à tenir caché. Mais la faute était faite; elle ne pouvait se réparer. Sans donner à son frère la moindre marque d'étonnement ni de chagrin, il lui raconta par quel hasard il avait découvert la retraite des voleurs, et il lui offrit, s'il voulait garder le secret, de lui faire part du trésor.

« — Je le prétends bien ainsi, reprit Cassim d'un air arrogant; mais, ajouta-t-il, je veux savoir aussi exactement où est ce trésor, les marques, et le moyen d'y entrer moi-même s'il m'en prenait envie; autrement je vais vous dénoncer. »

Ali Baba, plutôt par un bon naturel qu'intimidé par ces menaces insolentes, l'instruisit de ce qu'il souhaitait savoir, et lui dit les paroles dont il fallait qu'il se servît, tant pour entrer dans la grotte que pour en sortir.

Cassim n'en demanda pas davantage. Il quitta son frère, résolu de le prévenir, et plein d'espérance de s'emparer seul du trésor. Il partit, le lendemain de grand matin, avec dix mulets chargés de grands coffres qu'il se proposait de remplir, en se réservant d'en mener un plus grand nombre dans un second voyage. Il prit le chemin qu'Ali Baba lui avait indiqué; il arriva près du rocher, et reconnut l'arbre sur lequel Ali Baba s'était caché. Il chercha la porte, la trouva, et, pour la faire ouvrir, il prononça les paroles : « — Sésame, ouvre-toi. » La porte s'ouvrit, il entra, et aussitôt elle se referma. En examinant la grotte, il fut dans une grande admiration de voir beaucoup plus de richesses qu'il ne l'avait compris par le récit d'Ali Baba; et, son admiration augmenta à mesure qu'il examina chaque chose en particulier.

Avare comme il l'était, il eût passé la journée à se repaître les yeux de la vue de tant d'or, s'il n'eût songé qu'il était venu pour l'enlever. Il prit autant de sacs qu'il en put porter ; et, en venant à la porte pour la faire ouvrir, l'esprit rempli de tout autre idée que de ce qui lui importait davantage, il oublia le mot nécessaire. Au lieu de « Sésame, » il dit : « Orge, ouvre-toi, » et il fut bien étonné de voir que la porte, loin de s'ouvrir, demeura fermée. Il nomma plusieurs autres noms de grains, et la porte ne s'ouvrit pas.

Cassim ne s'attendait pas à cet évènement. Dans le grand danger où il se vit, la frayeur embrouilla sa mémoire, et bientôt le mot de Sézame en demeura exclu, comme si jamais il n'en avait entendu parler. Il jeta par terre les sacs dont il était chargé ; il se promena à grands pas dans la grotte, tantôt d'un côté, tantôt de l'autre, et toutes les richesses dont il se vit environné ne le touchaient plus.

Laissons Cassim déplorant son sort ; il ne mérite pas de compassion.

Les voleurs revinrent à leur grotte vers midi ; et, quand ils furent à peu de distance et qu'ils virent autour du rocher les mulets de Cassim, chargés de coffres, ils avancèrent à toute bride et firent prendre la fuite aux dix mulets, que leur maître avait négligé d'attacher, et qui paissaient librement, de manière qu'ils se dispersèrent çà et là dans la forêt.

Les voleurs ne se donnèrent pas la peine de courir après les mulets ; il leur importait davantage de découvrir celui à qui ils appartenaient. Pendant que, pour le chercher, quelques-uns tournent autour du rocher, le capitaine, avec les autres, met pied à terre et va droit à la porte, le sabre à la main, il prononce les paroles, et la porte s'ouvre.

Cassim, qui du milieu de la grotte entendit le bruit des chevaux, ne douta pas de sa perte prochaine. Résolu au moins de faire un effort pour échapper des mains des voleurs, il s'était tenu prêt à se jeter dehors dès que la porte s'ouvrirait. Il ne la vit pas plus tôt ouverte, après avoir entendu prononcer le mot de Sésame, échappé de sa mémoire, qu'il s'élança en sortant si brusquement, qu'il renversa le capitaine. Mais il n'échappa pas aux autres qui avaient aussi le sabre en main, et qui lui ôtèrent la vie sur-le-champ.

Le premier soin des voleurs, après cette exécution, fut d'entrer dans la grotte : ils trouvèrent les sacs que Cassim avait commencé d'enlever, et ils les remirent à leur place sans s'apercevoir de l'absence de ceux qu'Ali Baba avait emportés. En délibérant ensemble sur cet évènement, ils comprirent bien comment Cassim avait pu sortir de la grotte; mais qu'il y eût pu entrer, c'est ce qu'ils ne pouvaient s'imaginer. Il leur vint à la pensée qu'il pouvait être descendu par le haut de la grotte; mais l'ouverture était si élevée, et le haut du rocher était si inaccessible par dehors, qu'ils tombèrent d'accord que cela était impossible. Qu'il fût entré par la porte, c'est ce qu'ils ne pouvaient se persuader.

De quelque manière que la chose fût arrivée, comme ils voulaient que leurs richesses communes demeurassent en sûreté, ils convinrent de faire quatre quartiers du cadavre de Cassim et de les mettre près de la porte, en dedans de la grotte, pour épouvanter quiconque aurait la hardiesse de faire une pareille entreprise. Cette résolution prise, ils l'exécutèrent, et, quand ils n'eurent plus rien qui les arrêtât, ils laissèrent le lieu de leur retraite bien fermé, remontèrent à cheval, et allèrent battre la campagne sur les routes fréquentées par les caravanes.

La femme de Cassim, cependant, fut dans une grande inquiétude, quand elle vit qu'il était nuit close et que son mari n'était pas revenu. Elle alla chez Ali Baba tout alarmée, et elle lui dit : « — Beau-frère, vous n'ignorez pas que Cassim, votre frère, est allé à la forêt. Il n'est pas encore revenu, et voilà la nuit avancée; je crains que quelque malheur ne lui soit arrivé. »

Ali Baba s'était douté de ce voyage, et ce fut pour cela qu'il s'était abstenu d'aller à la forêt ce jour-là, afin de ne pas donner d'ombrage à son frère. Sans lui faire aucun reproche, il lui dit qu'elle ne devait pas encore s'alarmer et que Cassim avait, sans doute, jugé à propos de ne rentrer dans la ville que bien avant dans la nuit.

La femme de Cassim le crut d'autant plus facilement qu'elle

considéra combien il était important que la chose fût secrète. Elle retourna chez elle, et elle attendit patiemment jusqu'à minuit. Mais après cela, ses alarmes redoublèrent avec d'autant plus d'intensité, qu'elle ne pouvait faire éclater sa douleur ni la soulager par des cris. Alors, elle se repentit de la folle curiosité qu'elle avait eue de pénétrer dans les affaires de son beau-frère et de sa belle-sœur. Elle passa la nuit dans les pleurs, et dès la pointe du jour, elle courut chez eux.

Ali Baba n'attendit pas que sa belle-sœur le priât d'aller voir ce que Cassim était devenu. Il partit sur-le-champ, avec ses trois ânes, après lui avoir recommandé de modérer son affliction, et il alla à la forêt. En approchant du rocher, n'ayant vu dans tout le chemin ni son frère, ni les dix mulets, il fut étonné du sang qu'il aperçut à l'entrée de la grotte. Il se présenta devant la porte, et prononça les paroles : elle s'ouvrit, et il fut frappé du triste spectacle du corps de son frère coupé en quatre quartiers. Il n'hésita pas sur le parti qu'il devait prendre, malgré le peu d'amitié fraternelle qu'il avait eue pour lui. Il trouva dans la grotte de quoi faire deux paquets des quatre quartiers, dont il chargea l'un des ânes avec du bois pour les cacher. Il chargea les deux autres de sacs pleins d'or, et de bois par-dessus, comme la première fois ; et, dès qu'il eut achevé et qu'il eut commandé à la porte de se refermer, il reprit le chemin de la ville ; mais il eut la précaution de s'arrêter à la sortie de la forêt, et de ne rentrer chez lui que de nuit. En arrivant, il ne conduisit dans sa cour que les deux ânes chargés d'or, et après avoir laissé à sa femme le soin de les décharger et lui avoir fait part en peu de mots de ce qui était arrivé à Cassim, il conduisit l'autre âne chez sa belle-sœur.

Ali Baba frappa à la porte, qui fut ouverte par Morgiane, une jeune esclave, adroite et féconde en inventions, pour faire réussir les choses les plus difficiles ; Ali Baba la connaissait pour telle. Quand il fut entré dans la cour, il déchargea le bois et les deux paquets ; puis, prenant Morgiane à part : « — Morgiane, dit-il, la première chose que je te demande, c'est un secret inviolable : tu vas voir combien il nous est nécessaire, autant à ta maîtresse qu'à moi. Voilà le corps de ton maître ; il s'agit de le faire enterrer comme s'il était mort de sa mort naturelle. Fais-moi parler à ta maîtresse et sois attentive à ce que je lui dirai. »

Morgiane avertit sa maîtresse, et Ali Baba entra. « — Eh bien! beau-frère, demanda-t-elle à Ali Baba; quelle nouvelle apportez-vous de mon mari? Je n'aperçois rien sur votre visage qui doive me consoler. — Belle-sœur, répondit Ali Baba, je ne puis vous rien dire qu'auparavant vous ne promettiez de m'écouter depuis le commencement jusqu'à la fin sans ouvrir la bouche. Il ne vous est pas moins important qu'à moi, de garder le secret pour votre bien et pour votre repos. — Ah! s'écria la belle-sœur, sans élever la voix, ce préambule me fait connaître que mon mari n'est plus. Mais en même temps, je reconnais la nécessité du secret que vous me demandez. Il faut bien que je me fasse violence; parlez, je vous écoute. »

Ali Baba raconta à sa belle-sœur tout le succès de son voyage, jusqu'à son arrivée avec le corps de Cassim. « — Belle-sœur, ajouta-t-il, voilà un sujet d'affliction pour vous d'autant plus grand que vous vous y attendiez moins. Quoique le mal soit sans remède, si quelque chose peut vous consoler, je vous offre de joindre le peu de bien que Dieu m'a envoyé au vôtre; nous viendrons habiter avec vous; ma femme sera enchantée de cet arrangement et nous pourrons jouir en paix de notre nouvelle fortune. Si la proposition vous agrée, il faut faire croire que mon frère est mort de sa mort naturelle, et c'est un soin dont vous pouvez vous reposer sur Morgiane; j'y contribuerai de mon côté de tout ce qui sera en mon pouvoir. »

Quel meilleur parti pouvait prendre la veuve de Cassim que celui qu'Ali Baba lui proposait? Elle ne refusa pas l'offre de son beau-frère; elle la regarda au contraire comme un motif raisonnable de consolation. En essuyant ses larmes, en supprimant les cris perçants ordinaires aux femmes qui ont perdu leur mari, elle témoigna suffisamment à Ali Baba, que sa proposition généreuse lui était agréable.

Ali Baba laissa la veuve de Cassim dans cette disposition, et, après avoir recommandé à Morgiane de bien s'acquitter de son personnage, il retourna chez lui avec son âne.

Sésame ouvre toi. (P. 218.)

Morgiane sortit en même temps qu'Ali Baba, et alla chez un apothicaire du voisinage. Elle frappa à la boutique, on ouvrit, et elle demanda une sorte de tablettes très salutaires dans les maladies les plus dangereuses. L'apothicaire lui en donna, et demanda qui était malade chez son maître. « — Ah ! dit-elle avec un grand soupir, c'est Cassim lui-même, mon bon maître. On ne comprend rien à sa maladie ; il ne parle ni ne peut manger. » Après ces paroles, elle emporta les tablettes.

Le lendemain, Morgiane revint chez le pharmacien et demanda, les larmes aux yeux, d'une essence dont on avait coutume de ne faire prendre aux malades qu'à la dernière extrémité ; on n'espérait rien de leur vie si cette essence n'agissait pas. « — Hélas! dit-elle, en la recevant, je crains fort que ce remède ne fasse pas plus d'effet que les tablettes. Ah! que je perds un bon maître ! »

D'un autre côté, comme on vit, toute la journée, Ali Baba et sa femme faire d'un air triste plusieurs allées et venues chez Cassim, on ne fut pas étonné, sur le soir, d'entendre les cris lamentables de la femme de Cassim et de Morgiane, qui annonçaient que Cassim était mort.

Le jour suivant, de grand matin, lorsque le jour ne faisait que commencer à paraître, Morgiane, qui savait qu'il y avait sur la place un savetier fort vieux, qui ouvrait tous les jours sa boutique longtemps avant les autres, sort, et va le trouver. En l'abordant et en lui donnant le bonjour, elle lui mit une pièce d'or dans la main.

Baba Moustafa (c'était le nom du savetier), qui était naturellement gai et qui avait toujours le mot pour rire, en regardant la pièce, et en voyant que c'était de l'or : « — Bonne étrenne, dit-il; de quoi s'agit-il? me voilà prêt à bien faire.

» — Moustafa, lui dit Morgiane, prenez ce qui vous est nécessaire pour coudre, et venez avec moi promptement, mais à condition que je vous banderai les yeux quand nous serons à quelques pas d'ici.

A ces paroles, Moustafa fit le difficile. « — Oh! oh! reprit-il, vous voulez donc me faire faire quelque chose contre ma conscience ou contre mon honneur? » Mais, lui mettant une autre pièce d'or dans la main : « — A Dieu ne plaise, reprit Morgiane, que j'exige rien que vous ne puissiez faire en tout honneur. Venez seulement, et ne craignez rien. »

Baba Moustafa se laissa conduire, et Morgiane, après lui avoir bandé les yeux avec un mouchoir, le mena chez son défunt maître, et elle ne lui ôta le mouchoir que dans la chambre où elle avait mis le corps. Quand elle lui eut ôté le mouchoir : « — Moustafa, dit-elle, c'est pour vous faire coudre les pièces que voilà que je vous ai amené. Ne perdez pas de temps, et quand vous aurez terminé, je vous donnerai une autre pièce d'or. »

Quand Moustafa eut achevé, Morgiane lui banda encore les yeux dans la chambre, et, après lui avoir donné une troisième pièce d'or, et lui avoir recommandé le secret, elle le ramena jusqu'à l'endroit où elle lui avait bandé les yeux en l'amenant. Là, après lui avoir ôté le mouchoir, elle le laissa retourner chez lui, en le suivant du regard jusqu'à ce qu'elle ne le vit plus.

Morgiane avait fait chauffer de l'eau pour laver le corps de Cassim : ainsi Ali Baba, qui arriva au moment où elle venait de rentrer, le lava, le parfuma d'encens et l'ensevelit avec les cérémonies accoutumées. Le menuisier apporta la bière, qu'Ali Baba avait commandée. Afin qu'il ne pût s'apercevoir de rien, Morgiane reçut la bière à la porte, et, après l'avoir payé et renvoyé, elle aida Ali Baba à mettre le corps dedans. Quand Ali Baba eut cloué les planches, elle alla à la mosquée avertir que tout était prêt pour l'enterrement. Les gens de la mosquée, destinés à laver les corps des morts, s'offrirent pour venir s'acquitter de leur fonction, mais elle leur dit que la chose était déjà faite.

Morgiane ne faisait que de rentrer quand l'iman et d'autres ministres de la mosquée arrivèrent. Quatre des voisins chargèrent la bière sur leurs épaules; et, en suivant l'iman, qui récitait des prières, ils la portèrent au cimetière. Morgiane, en pleurs, comme esclave du défunt, suivit la tête nue, en poussant des cris pitoyables, en se frappant la poitrine et en s'arrachant les cheveux; Ali Baba marchait après, accompagné des voisins qui se détachaient tour à tour, pour relayer et soulager les autres voisins qui portaient la bière, jusqu'à ce qu'on arrivât au cimetière.

La femme de Cassim resta dans sa maison, en poussant des cris lamentables avec les femmes du voisinage, qui, selon la coutume, y accoururent pendant la cérémonie de l'enterrement, et qui remplirent tout le quartier de tristesse.

De la sorte, le secret de la mort funeste de Cassim resta entre Ali Baba, sa femme, la veuve de Cassim et Morgiane, et avec un ménagement si grand, que personne n'en eut le moindre soupçon.

Trois ou quatre jours après l'enterrement, Ali Baba transporta, dans la maison de sa belle-sœur, le peu de meubles qu'il avait, avec l'or qu'il avait enlevé du trésor des voleurs et qu'il ne porta que la nuit; puis, il s'y établit avec sa femme, ce qui n'avait lieu de surprendre personne, car la veuve de Cassim aurait été, désormais, incapable de diriger ses affaires.

Quant à la boutique de Cassim, Ali Baba la confia à son propre fils, lequel avait achevé son apprentissage chez un gros marchand qui avait toujours rendu témoignage de sa bonne conduite. Il lui promit, en outre, que s'il continuait de se conduire sagement, sa tante et lui, ne seraient pas longtemps à le marier avantageusement selon sa condition.

Laissons Ali Baba jouir des commencements de sa bonne fortune, et parlons des quarante voleurs. Ils revinrent à leur retraite de la forêt à l'époque qu'ils avaient indiquée; mais ils furent dans un grand étonnement de ne pas trouver le corps de Cassim, et cet étonnement augmenta encore quand ils se furent aperçus de la diminution de leurs sacs d'or. « — Nous sommes découverts et perdus, dit le capitaine, si nous n'y prenons garde; insensiblement nous allons perdre toutes ces richesses amassées avec tant de peines et de fatigues. Tout ce que nous pouvons juger du dommage qu'on nous a fait, c'est que le voleur que nous avons surpris a eu le secret de faire ouvrir la porte, et que nous sommes arrivés heureusement à point nommé au moment où il allait sortir. Mais il n'était pas seul possesseur de notre secret; un autre doit l'avoir comme lui. Son corps emporté, notre trésor diminué en sont des marques incontestables. Et comme il n'y a pas d'apparence que plus de deux personnes aient possédé ce secret, après avoir fait périr l'une, il faut que nous fassions périr l'autre de même. Qu'en dites-vous, braves gens? n'êtes-vous pas de mon avis? »

La proposition du capitaine fut trouvée si raisonnable que ses compagnons l'approuvèrent tous, et qu'ils décidèrent d'abandonner toute autre entreprise, pour s'attacher uniquement à celle-ci, et ne s'en départir qu'après avoir réussi.

« — Je n'en attendais pas moins de votre courage et de votre bravoure, reprit le capitaine; mais il faut avant toute chose que quelqu'un de vous, hardi, adroit et entreprenant, aille à la ville, sans armes, en habit d'étranger, et qu'il emploie tout son savoir-faire pour découvrir si l'on n'y parle pas de la mort de celui que nous avons massacré; il faut savoir qui il était, et en quelle maison il demeurait. Ceci est important, afin de ne rien tenter dont nous ayons lieu de nous repentir. Mais, afin de stimuler celui qui se chargera de cette affaire, et de l'empêcher de se tromper en nous faisant un rapport faux, qui serait capable de causer notre ruine, je vous demande si vous ne jugez pas à propos qu'en ce cas, il se soumette à la peine de mort? »

« — Je m'y soumets, dit spontanément l'un des voleurs, et je me fais gloire d'exposer ma vie en me chargeant de cette mission. Si je n'y réussis pas, vous vous souviendrez au moins que je n'aurai manqué ni de bonne volonté, ni de courage, pour le bien commun de la troupe. »

Ce voleur, après avoir reçu de grandes louanges du capitaine et de ses camarades, se déguisa de manière que personne ne pouvait le prendre pour ce qu'il était. Il partit la nuit et prit si bien ses mesures qu'il entra dans la ville au moment où le jour ne faisait que commencer à paraître. Il avança jusqu'à la place où il ne vit qu'une seule boutique ouverte, et c'était celle de Baba Moustafa.

Le savetier, était assis sur son siège, l'alène à la main, déjà prêt à travailler. Le voleur l'aborda en lui souhaitant le bonjour; et, remarquant son grand âge : « — Bonhomme, dit-il, vous commencez à travailler de grand matin; il n'est pas possible que vous y voyiez encore assez clair; je doute que vous ayez d'assez bons yeux pour coudre.

» — Il faut, reprit Moustafa, que vous ne me connaissiez pas. Si vieux que vous me voyez, je ne laisse pas d'avoir les yeux excellents, et vous n'en douterez pas quand vous saurez qu'il n'y a pas longtemps que j'ai cousu un mort, dans un lieu où il ne faisait guère plus clair qu'ici en ce moment. »

Le voleur éprouva une grande joie de s'être adressé, tout de suite, à un homme qui lui donnait, à n'en pas douter, la nouvelle qu'il cherchait. « — Un mort? reprit-il avec étonnement Et pour le faire parler : « — Pourquoi coudre un mort? ajouta-t-il; vous voulez dire apparemment que vous avez cousu le linceul dans lequel il a été enseveli? « — Non, non, repartit Baba Moustafa, je sais ce que je veux dire ; vous voudriez me faire parler, mais vous n'en saurez pas davantage. »

Le voleur n'avait pas besoin d'un éclaircissement plus ample pour être persuadé qu'il avait découvert ce qu'il était venu chercher. Il tira une pièce d'or, et, en la mettant dans la main de Baba Moustafa, il lui dit : « — Je n'ai garde de vouloir entrer dans votre secret, quoique je puisse vous assurer que je ne le divulguerais pas, si vous me l'aviez confié. La seule chose dont je vous prie, c'est de me faire la grâce de m'indiquer la maison où vous avez cousu ce mort.

— Quand j'en aurais la volonté, reprit Baba Moustafa, prêt à rendre la pièce d'or, je vous affirme que je ne pourrais pas le faire. En voici la raison : c'est qu'on m'a mené jusqu'à un certain endroit où l'on m'a bandé les yeux, et de là, je me suis laissé conduire dans la maison, d'où l'on me ramena de la même manière. Vous voyez l'impossibilité où je suis de vous rendre service.

— Au moins, repartit le voleur, vous devez vous souvenir à peu près du chemin qu'on vous a fait faire les yeux bandés. Venez, je vous prie, avec moi, je vous banderai les yeux en cet endroit-là, et nous marcherons ensemble par le même chemin et par les mêmes détours que vous pourrez vous souvenir d'avoir suivis. Et, comme toute peine mérite récompense, voici une autre pièce d'or : venez, faites-moi le plaisir que je vous demande. » En disant ces paroles, il lui mit une autre pièce d'or dans la main.

Les deux pièces d'or tentèrent Moustafa ; il les regarda quelque temps sans dire un mot, en se consultant pour savoir ce qu'il devait faire. Il tira enfin sa bourse de son sein, et en les mettant dedans : « — Je ne puis vous assurer, dit-il au voleur, que je me souvienne exactement du chemin qu'on me fit faire. Mais, puisque vous le voulez, je ferai ce que je pourrai pour m'en souvenir. »

Baba Moustafa se leva, à la grande satisfaction du voleur ; et, sans fermer sa boutique, où il n'y avait rien de précieux à perdre, il mena le voleur avec lui jusqu'à l'endroit où Morgiane lui avait bandé les yeux. Quand ils furent arrivés : « — C'est ici, dit Baba Moustafa, qu'on m'a bandé les yeux, et j'étais tourné comme vous me voyez. Le voleur, qui avait son mouchoir prêt, les lui banda, et il marcha à côté de lui, tantôt le conduisant, tantôt se laissant conduire par lui jusqu'au moment où il s'arrêta.

« — Il me semble, dit alors Moustafa, que je n'ai pas été plus loin. » Et il se trouva précisément devant la maison de Cassim, où Ali Baba demeurait alors. Avant de lui ôter le mouchoir de devant les yeux, le voleur fit promptement une marque à la porte avec de la craie ; et, quand il le lui eut ôté, il demanda s'il savait à qui appartenait la maison. Baba Moustafa lui répondit qu'il n'était pas du quartier, et qu'il ne pouvait rien lui en dire.

Le voleur voyant qu'il ne pouvait rien apprendre de plus de Moustafa, le remercia de la peine qu'il s'était donnée ; et, il reprit le chemin de la forêt, persuadé qu'il serait bien reçu.

Peu de temps après, Morgiane sortit de la maison pour quelque affaire ; et, en revenant, elle remarqua la marque que le voleur y avait faite : elle s'arrêta pour considérer ce signe. « — Que signifie cette marque ? dit-elle en elle-même ; quelqu'un voudrait-il du mal à mon maître ? A quelque intention qu'on l'ait pu faire, ajouta-t-elle, il est bon de se précautionner contre tout évènement. » Elle prit aussitôt de la craie, et comme les deux ou trois portes au-dessus et au-dessous étaient semblables, elle les marqua au même endroit, et elle rentra dans la maison sans parler à personne de ce qu'elle venait de faire.

Le voleur, cependant, arriva à la forêt et rejoignit sa troupe. Il fit aussitôt le rapport du succès de son voyage, en exagérant le bonheur qu'il avait eu d'avoir trouvé tout de suite le seul homme qui pût le renseigner. Il fut écouté avec une grande satisfaction, et le capitaine prit la parole. Après l'avoir loué de sa diligence. Il dit en s'adressant à tous : « — Camarades, nous n'avons pas de temps à perdre : partons bien armés sans qu'il y paraisse, et quand nous serons entrés dans la ville séparément, pour ne pas donner de soupçons, vous vous rendrez sur la grande place, les uns d'un côté, les autres d'un autre, pendant que j'irai reconnaître la maison avec notre camarade qui vient de nous apporter une si bonne nouvelle; puis, je jugerai du parti qui conviendra le mieux. »

Le discours du capitaine fut applaudi, et les voleurs furent bientôt en état de partir. Ils défilèrent deux à deux, trois à trois; et, ils entrèrent dans la ville sans donner aucun soupçon. Le capitaine et celui qui était venu le matin y entrèrent les derniers. Celui-ci mena le capitaine dans la rue où il avait mis un signe sur la maison d'Ali Baba; quand il fut devant une des portes qui avaient été marquées par Morgiane, il la lui fit remarquer, en lui disant que c'était celle-là. Mais, en continuant leur chemin sans s'arrêter, afin de ne pas se rendre suspects, le capitaine vit que la porte qui suivait était marquée de la même marque et au même endroit; il le fit constater à son conducteur, et lui demanda si c'était celle-ci ou la première. Le conducteur confus ne sut que répondre; il fut encore plus troublé quand il eut vu, avec le capitaine, que les quatre ou cinq portes qui suivaient avaient la même marque. Il assura, avec serment, qu'il n'en avait marqué qu'une. « — Je ne sais, ajouta-t-il, qui peut avoir marqué les autres avec tant de ressemblance; mais dans cette confusion, j'avoue que je ne peux distinguer laquelle j'ai marquée. »

Le capitaine se rendit à la grande place, où il fit connaître à ses gens qu'ils avaient perdu leur peine, fait un voyage inutile, et qu'ils n'avaient pour le moment, qu'à reprendre le chemin de leur retraite commune. Il en donna l'exemple, et ils le suivirent tous dans l'ordre où ils étaient venus.

Quand la troupe se fut rassemblée dans la forêt, le capitaine leur expliqua pourquoi il les avait fait revenir. Aussitôt, le conducteur fut déclaré digne de mort; il s'y condamna lui-même, en reconnaissant qu'il aurait dû prendre mieux ses précautions, et il présenta le cou avec fermeté à celui qui fut chargé de lui couper la tête.

Comme il s'agissait, pour la conservation de la bande, de ne pas laisser sans vengeance le tort qui lui avait été fait, un autre voleur, qui se promit de mieux réussir, se présenta et demanda en grâce d'être préféré : Il est écouté; il marche; il corrompt

Baba Moustafa, comme le premier l'avait corrompu, et le cordonnier, les yeux bandés, lui fait connaître la maison d'Ali Baba. Le voleur la marque de rouge dans un endroit moins apparent, bien persuadé que c'était un moyen sûr pour la distinguer d'avec celles qui étaient marquées de blanc.

Mais, peu de temps après, Morgiane sortit de la maison, comme le jour précédent; et, la marque rouge n'échappa pas à ses yeux clairvoyants. Elle fit le même raisonnement qu'elle avait fait la première fois, et elle ne manqua pas de répéter la même marque de crayon rouge sur les autres portes voisines et au même endroit.

Le voleur, à son retour dans la forêt, fait valoir la précaution qu'il avait prise, comme infaillible, disait-il, pour ne pas confondre la maison d'Ali Baba avec les autres. Le capitaine et ses gens croient, avec lui, que la chose doit réussir. Ils se rendent à la ville dans le même ordre et avec les mêmes précautions qu'auparavant, armés de la même manière. Le capitaine et le voleur, en arrivant, vont à la rue d'Ali Baba; mais ils trouvent la même difficulté que la première fois. Le capitaine est indigné, et le voleur se trouve dans une confusion aussi grande que celui qui l'avait précédé.

Ainsi, le capitaine aussi peu satisfait que le jour d'auparavant, fut contraint de se retirer encore ce jour-là avec ses gens. Le voleur, comme auteur de la méprise, subit le châtiment auquel il s'était volontairement soumis.

Le capitaine, dont la troupe était diminuée de deux braves sujets, craignit de la voir se réduire davantage s'il continuait de s'en rapporter à d'autres pour découvrir la maison d'Ali Baba. Leur exemple lui fit comprendre qu'ils n'étaient propres qu'à des coups de main. Il se charge lui-même de la chose : il vient à la ville, et avec l'aide de Moustafa, qui lui rendit le même service qu'aux deux délégués de sa troupe, il ne s'amusa pas à faire des marques pour connaître la maison d'Ali Baba; mais il l'examina si bien, qu'il n'était pas possible qu'il s'y méprît.

Satisfait de son voyage, et instruit de ce qu'il avait souhaité, il retourna à la forêt; et quand il fut arrivé dans la grotte où toute sa troupe l'attendait : « — Camarades, dit-il, rien enfin ne peut plus nous empêcher de tirer pleine vengeance du dommage qui nous a été fait. Je connais avec certitude la maison du coupable sur qui elle doit tomber; et j'ai songé aux moyens de la lui faire sentir si adroitement, que personne ne pourra avoir connaissance du lieu de notre retraite non plus que de notre trésor, car c'est le but que nous devons avoir dans notre entreprise. Pour parvenir à ce but, voici ce que j'ai imaginé. Quand je vous l'aurai exposé, si quelqu'un sait un expédient meilleur, il pourra le communiquer. » Alors, il leur expliqua de quelle manière il prétendait agir; et, quand ils lui eurent tous donné leur approbation, il les chargea, en s'éparpillant dans les bourgs, dans les villages d'alentour, et même dans la ville, d'acheter des mulets jusqu'au nombre de dix-neuf, et trente-huit grands vases de cuir à transporter de l'huile, l'un plein, les autres vides.

En deux ou trois jours, les voleurs eurent fait ces acquisitions. Comme les vases vides (espèces de sacs de peau) étaient un peu étroits, pour l'exécution de son projet, le capitaine les fit un peu élargir; et, après avoir fait entrer un de ses hommes dans chacun de ces sacs, avec les armes nécessaires, en laissant ouvert ce qu'il avait fait découdre, afin de leur laisser la respiration libre, il les ferma de manière qu'ils paraissaient pleins d'huile; et, pour les mieux déguiser, il les frotta par le dehors d'huile qu'il prit dans le vase qui en était plein.

Les choses ainsi disposées, quand les mulets furent chargés des trente-sept voleurs, chacun caché dans un des vases, et du vase qui était plein d'huile, leur capitaine, comme conducteur, prit le chemin de la ville, et y arriva, environ une heure après le coucher du soleil. Il alla tout droit à la maison d'Ali Baba, dans l'intention de demander à y passer la nuit avec ses mulets. Il trouva à la porte Ali Baba, qui prenait le frais après le souper. Il fit arrêter ses mulets, et en s'adressant à Ali Baba : « — Seigneur, dit-il, j'amène l'huile que vous voyez de bien loin pour la vendre demain au marché, et, à l'heure qu'il est, je ne sais où aller loger. Si cela ne vous incommode pas, faites-moi le plaisir de me recevoir chez vous pour y passer la nuit, je vous en aurai obligation. »

Quoique Ali Baba eût vu, dans la forêt, celui qui lui parlait, et eût même entendu sa voix, comment eût-il pu le reconnaître pour capitaine des voleurs, sous le déguisement d'un marchand d'huile? « — Vous êtes le bien-venu, lui dit-il; entrez. » Et, en disant ces paroles, il lui fit place pour le laisser passer avec ses mulets.

En même temps, Ali Baba appela un esclave, et lui commanda, quand les mulets seraient déchargés, de les mettre non seulement à couvert dans l'écurie, mais de leur donner du foin et de l'orge. Il prit aussi la peine d'entrer dans la cuisine et d'ordonner à Morgiane d'apprêter promptement à souper pour l'hôte qui venait d'arriver, et de lui préparer un lit.

Ali Baba fit plus : Quand il vit que le capitaine des voleurs avait déchargé ses mulets, qu'ils avaient été menés dans l'écurie, et qu'il cherchait une place pour passer la nuit à l'air, il alla le prendre pour le faire entrer dans la salle où il recevait son monde, en lui disant qu'il ne souffrirait pas qu'il couchât dans la cour. Le capitaine des voleurs s'en excusa fort, sous prétexte de ne vouloir pas être indiscret; mais, en réalité, pour avoir la facilité d'exécuter ce qu'il méditait; et il ne céda aux politesses d'Ali Baba qu'après de fortes instances.

Non content de tenir compagnie à celui qui en voulait à sa vie, Ali Baba, jusqu'à ce que Morgiane lui eût servi le souper, continua de l'entretenir de plusieurs choses qu'il crut pouvoir lui faire plaisir, et il ne le quitta qu'après le repas. « — Je vous laisse le maître, lui dit-il; vous n'avez qu'à demander toutes les choses dont vous pouvez avoir besoin, il n'y a rien chez moi qui ne soit à votre service. »

Le capitaine des voleurs se leva en même temps qu'Ali Baba et l'accompagna jusqu'à la porte de la salle; et, pendant qu'Ali Baba alla dans la cuisine pour parler à Morgiane, il entra dans la cour sous prétexte d'aller à l'écurie voir si rien ne manquait à ses mulets.

Ali Baba, après avoir recommandé de nouveau à Morgiane de prendre un grand soin de son hôte, et de ne le laisser manquer de rien, ajouta : « — Morgiane, je t'avertis que demain je vais au bain avant le jour; prends soin que mon linge sois prêt; tu le donneras à l'esclave Abdallah, et tu me feras un bouillon pour le prendre à mon retour. » Après lui avoir donné ses ordres, il se retira pour se coucher.

Cependant, le capitaine des voleurs, à la sortie de l'écurie, alla donner à ses gens, cachés dans les vases de cuir, l'ordre de ce qu'ils devaient faire. En commençant depuis le premier vase jusqu'au dernier, il dit à chacun : « — Quand je jetterai de petites pierres de la chambre où l'on me loge, ne manquez pas de fendre le vase depuis le haut jusqu'au bas avec le couteau dont vous êtes munis, et d'en sortir : aussitôt, je serai à vous. » Le couteau dont il parlait était pointu et affilé pour cet usage.

Cela fait, il revint, et, quand il se fut présenté à la porte de la cuisine, Morgiane prit de la lumière et le conduisit à la chambre qu'elle lui avait préparée; elle l'y laissa après lui avoir demandé s'il avait besoin de quelque autre chose. Pour ne pas donner de soupçons, il éteignit la lumière peu de temps après, et il se coucha tout habillé, prêt à se lever dès qu'il aurait fait son premier somme.

Morgiane n'oublia pas les ordres d'Ali Baba; elle prépara son linge de bain; elle en chargea Abdallah qui n'était pas encore allé se coucher; elle mit le pot au feu pour le bouillon; et, pendant qu'elle écumait le pot, la lampe s'éteignit. Il n'y avait plus d'huile dans la maison où la chandelle manquait aussi. Que faire? Elle avait besoin cependant de voir clair pour écumer son pot; elle en témoigna sa peine à Abdallah. « — Te voilà bien embarrassée, lui dit l'esclave; va prendre de l'huile dans un des vases que voilà dans la cour. »

Morgiane remercia Abdallah de son avis; et, pendant qu'il allait se coucher près de la chambre d'Ali Baba, pour le suivre au bain, elle prit la cruche à l'huile et elle alla dans la cour. Comme elle s'approchait du premier vase qu'elle rencontra, le voleur, qui était caché dedans, demanda en parlant bas : « — Est-il temps? »

Quoique le voleur eût parlé bas, Morgiane entendit la voix, d'autant plus facilement que le capitaine des voleurs avait ouvert non seulement ce vase, mais tous les autres pour donner de l'air à ses gens, qui d'ailleurs y étaient fort mal à l'aise.

Toute autre femme que Morgiane, surprise de trouver un homme dans un vase, au lieu d'y trouver de l'huile, eût fait un vacarme capable de causer de grands malheurs. Mais, Morgiane était au-dessus des faiblesses de ses semblables. Elle comprit en un instant l'importance de garder le secret, le danger pressant où se trouvaient Ali Baba, sa famille et elle-même, et la nécessité d'y apporter promptement le remède, sans faire d'éclat; et par son intelligence, elle en découvrit aussitôt les moyens. Elle rentra sans hésiter en elle-même, et sans faire paraître aucune émotion, prenant le rôle du capitaine des voleurs, elle répondit à la demande, et dit : « — Pas encore, mais bientôt. » Elle s'approcha du vase qui suivait; la même demande lui fut faite, et ainsi de suite jusqu'à ce qu'elle arriva au dernier, qui était plein d'huile.

Morgiane comprit que son maître, qui avait cru loger chez lui un marchand d'huile, y avait donné entrée à trente-huit voleurs, en y comprenant le faux marchand, leur capitaine. Elle remplit en diligence sa cruche d'huile, qu'elle prit dans le dernier vase; elle revint dans sa cuisine, où, après avoir mis de l'huile dans la lampe et l'avoir rallumée, elle prit une grande chaudière, et retourna dans la cour, où elle l'emplit de l'huile du vase. Elle la rapporta, la plaça sur le feu, et mit dessous une grande quantité de bois, parce que plus tôt l'huile bouillirait, plus tôt elle aurait exécuté l'opération qui devait contribuer au salut commun de la maison. L'huile bout enfin; elle prend la chaudière et elle va en verser, dans chaque vase, depuis le premier jusqu'au dernier, assez pour les étouffer et leur ôter la vie.

Cette action fut exécutée sans bruit; puis, Morgiane revint dans la cuisine, avec la chaudière vide, et ferma la porte. Elle éteignit le grand feu qu'elle avait allumé, et elle n'en laissa qu'autant qu'il en fallait pour achever de faire cuire le bouillon d'Ali Baba. Ensuite, elle souffla la lampe et demeura dans un grand silence, résolue à ne pas se coucher avant d'avoir observé ce qui arriverait, par une fenêtre de la cuisine donnant sur la cour; autant que l'obscurité de la nuit pouvait le permettre. Il n'y avait pas un quart d'heure que Morgiane attendait, quand le capitaine des voleurs s'éveilla. Il se lève, regarde par la fenêtre, qu'il ouvre; et, comme il n'aperçoit aucune lumière et qu'il voit qu'un grand repos et un profond silence règnent dans la maison, il donne le signal en jetant de petites pierres, dont plusieurs tombèrent sur les vases. Il écoute et n'entend ni n'aperçoit rien qui lui fasse connaître que ses gens se mettent en mouvement. Inquiet, il jette de petites pierres une seconde et une troisième fois. Elles tombent sur les vases, et cependant pas un des voleurs ne donne le moindre signe de vie; il n'en peut comprendre la raison. Il descend dans la cour tout alarmé; il approche doucement du premier vase, et, quand il veut demander au voleur s'il dort, il sent une odeur d'huile chaude et de brûlé qui s'exhale du vase, et par là, il connaît que son entreprise contre Ali Baba a échoué. Il passe au vase suivant et à tous les autres et il trouve que tous ses gens avaient péri par le même sort. Par la diminution de l'huile dans le vase qu'il avait apporté plein, il comprend la manière dont on s'y était pris pour le priver du secours qu'il en attendait. Au désespoir d'avoir manqué son coup, il enfila la porte du jardin d'Ali Baba, qui donnait dans la cour, et de jardin en jardin, il se sauva.

Lorsque Morgiane n'entendit plus de bruit et qu'après avoir attendu quelque temps, elle ne vit pas revenir le capitaine des voleurs, elle ne douta pas du parti qu'il avait pris. Satisfaite et dans une grande joie d'avoir si bien réussi à mettre toute la maison en sûreté, elle se coucha enfin et s'endormit.

Cependant, Ali Baba sortit avant le jour et alla au bain, suivi de son esclave, sans rien savoir de l'évènement extraordinaire qui était arrivé chez lui pendant qu'il dormait, et au sujet duquel Morgiane n'avait pas jugé à propos de l'éveiller. Elle avait eu d'autant plus raison qu'elle n'avait pas de temps à perdre au moment du danger, et qu'il était inutile de troubler son repos après que le danger eut été détourné.

En revenant du bain, et en rentrant chez lui lorsque le soleil était levé, Ali Baba fut surpris de voir que les vases d'huile étaient à leur place, et que le marchand ne s'était pas rendu au marché avec ses mulets. Il demanda l'explication de ce fait à Morgiane, qui était venue lui ouvrir et qui avait laissé les choses dans l'état où il les voyait, afin de lui en donner le spectacle et de lui mieux faire comprendre ce qu'elle avait fait pour sa conservation.

« Mon bon maître, dit Morgiane, Dieu vous conserve! Vous apprendrez mieux ce que vous désirez savoir, quand vous aurez vu ce que j'ai à vous faire voir : prenez la peine de venir avec moi. »

Quand elle eut fermé la porte, elle mena Ali Baba au premier vase : « — Regardez dans le vase, lui dit-elle, et voyez s'il y a de l'huile. »

Ali Baba regarda, et quand il aperçut un homme dans le vase, il se retira en arrière tout effrayé, avec un grand cri. « — Ne craignez rien, lui dit Morgiane, l'homme que vous voyez ne vous fera pas de mal. Il en a fait, mais il n'est plus en état d'en faire; il est mort. — Morgiane, s'écria Ali Baba, que veut dire ce que tu viens de me faire voir? Explique-le-moi. — Je vous l'expliquerai, dit Morgiane; mais modérez votre étonnement et n'éveillez pas la curiosité des voisins. Voyez auparavant tous les autres vases. »

Ali Baba regarda dans tous les autres vases, depuis le premier jusqu'au dernier, qui seul contenait de l'huile, dont la quantité était notablement diminuée; et, quand il eut terminé, il demeura immobile, tantôt en jetant les yeux sur les vases, tantôt en regardant Morgiane sans dire un seul mot, tant sa surprise était grande. A la fin, comme si la parole lui fût revenue : « — Et le marchand, demanda-t-il, qu'est-il devenu? — Le marchand, répondit Morgiane, est aussi peu marchand que je suis marchande. Je vous dirai aussi qui il est et ce qu'il est devenu. »

Et la fidèle esclave raconta à Ali Baba tout ce qu'elle avait fait pendant la nuit.

En achevant cette tragique histoire, Morgiane ajouta : « — Voilà le récit que vous m'avez demandé, et je suis convaincue que cette aventure se rattache à une observation que j'avais faite depuis deux ou trois jours, et dont je n'avais pas cru devoir vous entretenir. Un jour, en revenant de la ville de grand matin, j'aperçus que la porte de la rue était marquée de blanc, le jour d'après, elle portait un signe rouge. Chaque fois, sans savoir dans quel but cela pouvait avoir été fait, j'avais marqué au même endroit, deux ou trois portes de nos voisins, au-dessus et au-dessous. Si vous rapprochez cela de ce qui vient d'arriver, vous comprendrez que le tout a été machiné par les voleurs de la forêt, dont je ne sais pourquoi la troupe est diminuée de deux. Quoi qu'il en soit, la voilà réduite à trois au plus. Ces évènements prouvaient qu'ils avaient juré votre perte et qu'il est bon que vous vous teniez sur vos gardes. Quant à moi, je n'oublierai rien pour veiller à votre conservation, comme c'est mon devoir. »

Lorsque Morgiane eut achevé, Ali Baba, pénétré de la grande obligation qu'il lui avait, lui dit : « — Je ne mourrai pas sans t'avoir récompensée comme tu le mérites. Je te dois la vie; et, pour commencer à te donner une marque de reconnaissance, je te rends la liberté, en attendant que j'y mette le comble d'une autre manière. Je suis persuadé avec toi que les quarante voleurs m'ont dressé ces embûches. Dieu m'a délivré par ton moyen, j'espère qu'il continuera à me préserver de leur méchanceté, et qu'en achevant de détourner leurs coups de dessus ma tête, il délivrera le monde de leur persécution. Ce que nous avons à faire, maintenant, c'est d'enterrer les corps de cette peste du genre humain avec un si grand secret que personne ne puisse rien soupçonner, et c'est à quoi je vais travailler avec Abdallah. »

Le jardin d'Ali Baba était d'une grande longueur, terminé par de grands arbres. Sans délibérer, il alla sous ces arbres avec son esclave creuser une fosse, longue et large; le terrain était aisé à remuer et ils ne mirent que peu de temps à l'achever. Ils tirèrent les corps hors des vases, et mirent à part les armes dont les voleurs s'étaient munis. Ils transportèrent ensuite ces corps au bout du jardin, les arrangèrent dans la fosse; et, après les avoir couverts de la terre qu'ils en avaient tirée, ils dispersèrent ce qui en restait aux environs, de manière que le terrain parût égal comme auparavant. Ali Baba fit cacher soigneusement les vases et les armes; et, quant aux mulets, dont il n'avait pas besoin, il

Il rassembla ses ânes qui étaient dispersés et les chargea. (P. 219.)

les envoya au marché, où il les fit vendre par son esclave.

Pendant qu'Ali Baba prenait toutes ces précautions pour empêcher le public de savoir par quel moyen il était devenu si riche en peu de temps, le capitaine des quarante voleurs était retourné à la forêt avec une confusion bien concevable ; et, dans l'agitation où il était, il arriva dans la grotte sans avoir pu s'arrêter à aucune résolution sur la façon dont il devait agir à l'égard d'Ali Baba.

La solitude où il se trouva dans cette sombre demeure lui parut affreuse. « — Braves gens, s'écria-t-il, compagnons de mes veilles, de mes courses et de mes travaux, où êtes-vous? que puis-je faire sans vous? Vous avais-je assemblés et choisis pour vous faire périr par une destinée si indigne de votre courage! Je vous regretterais moins si vous étiez morts le sabre à la main en vaillants hommes. Quand aurai-je formé une autre troupe d'hommes de votre valeur? Et quand je le voudrais, pourrais-je l'entreprendre et ne pas exposer tant d'or, tant d'argent, tant de richesses à la proie de celui qui s'est déjà enrichi d'une partie? Je ne devrai y songer que lorsque je lui aurai ôté la vie. Ce que je n'ai pu faire avec un secours si puissant, je le ferai seul ; et, quand j'aurai pourvu à ce que le trésor ne soit plus exposé au pillage, je ferai en sorte qu'il ne demeure ni sans successeurs, ni sans maîtres après moi. » Cette résolution prise, il ne fut pas embarrassé sur les moyens de l'exécuter ; et, plein d'espérance et l'esprit tranquille, il s'endormit et il passa la nuit assez paisiblement.

Le lendemain, le capitaine des voleurs, éveillé de grand matin, endossa un habit fort propre, et vint à la ville, où il prit un logement dans un khan. Après s'être assuré qu'Ali Baba gardait un profond silence sur les évènements mystérieux qui s'étaient accomplis dans sa demeure, il résolut de ne rien négliger pour se défaire de lui par la même voie du secret.

Il se pourvut d'un cheval, dont il se servit pour transporter à son logement plusieurs sortes de riches étoffes et de toiles fines, en faisant plusieurs voyages à la forêt, avec les précautions nécessaires pour cacher le lieu où il allait les prendre. Pour débiter ces marchandises, il chercha une boutique. Il en trouva une; et, après l'avoir garni de tout ce qui était nécessaire, il s'y établit. Il se trouva précisément que la boutique placée vis-à-vis de la sienne était celle qui avait appartenu à Cassim, et qui était occupée depuis quelques temps par le fils d'Ali Baba.

Le capitaine des voleurs, qui avait pris le nom de Khodjah Houssain, ne manqua pas, comme nouveau venu, de faire civilité aux marchands ses voisins. Mais comme le fils d'Ali Baba était jeune, qu'il ne manquait pas d'esprit, et qu'il avait plus souvent que les autres occasion de s'entretenir avec lui, ils se furent bientôt liés d'amitié. Mais, il s'attacha plus fortement à le cultiver, lorsque trois ou quatre jours après son établissement, il eut reconnu Ali Baba qui vint voir son fils et qui s'arrêta à s'entretenir avec lui comme il le faisait de temps en temps. Lorsque Khodjah Houssain, eut appris de son voisin qu'Ali Baba était son père, il augmenta ses empressements, le combla de compliments, lui fit de petits présents, et l'invita même plusieurs fois à manger.

Le fils d'Ali Baba ne voulut pas avoir tant d'obligation à Khodjah Houssain sans lui rendre la pareille; mais il était logé étroitement, et il n'avait pas la même facilité que lui pour le traiter comme il le souhaitait. Il parla de son projet à Ali Baba son père, en lui faisant remarquer qu'il ne serait pas bienséant de demeurer plus longtemps sans reconnaître les honnêtetés de Khodjah Houssain.

Ali Baba se chargea de ce soin avec plaisir : « Mon fils, dit-il, faites demain une partie de promenade avec Khodjah Houssain; et, en revenant, invitez-le à passer chez moi : il sera plus convenable que la chose se fasse de la sorte; et je vais ordonner à Morgiane de faire le souper et de le tenir prêt. »

Le lendemain, le fils d'Ali Baba et Khodjah Houssain se trouvèrent au rendez-vous qu'ils s'étaient donné, et ils firent leur promenade. En revenant, comme ils passaient par la rue où demeurait Ali Baba, son fils s'arrêta devant sa porte; et, en frappant : « — C'est, dit-il à son compagnon, la maison de mon père; sur le récit que je lui ai fait de l'amitié dont vous m'honorez, il m'a chargé de lui procurer l'honneur de faire votre connaissance; je vous prie donc d'ajouter ce plaisir à tous ceux dont je vous suis redevable. »

Quoique Khodjah Houssain fût arrivé au but qu'il s'était proposé, il ne laissa pas de s'excuser et de faire semblant de prendre congé du fils; mais comme l'esclave d'Ali Baba venait d'ouvrir, le fils le prit obligeamment par la main; et, en entrant le premier, il le força en quelque sorte à entrer comme malgré lui.

Ali Baba reçut Khodjah Houssain avec un visage ouvert et lui fit le meilleur accueil qu'il pût souhaiter; il le remercia des bontés qu'il avait pour son fils. « — L'obligation qu'il vous en a, et que je vous en ai moi-même, ajouta-t-il, est d'autant plus grande, que c'est un jeune homme qui n'a pas encore l'usage du monde, et que vous voulez bien contribuer à former. »

Khodjah Houssain rendit compliment pour compliment à Ali Baba, en lui assurant que si son fils n'avait pas encore acquis l'expérience de certains vieillards, il avait un grand bon sens qui lui en tenait lieu.

Après un entretien de peu de durée, sur différents sujets, Khodjah Houssain voulut prendre congé. Ali Baba l'arrêta : « — Seigneur, dit-il, où voulez-vous aller? Je vous prie de me faire l'honneur de souper avec moi. Le repas que je vous offre est bien modeste; mais, tel qu'il est, j'espère que vous l'agréerez. — Seigneur Ali Baba, dit Khodjah Houssain, je suis persuadé de votre bon cœur, et si je vous demande en grâce de ne pas trouver mauvais que je me retire sans accepter l'offre obligeante que vous me faites, je vous supplie de croire que je ne le fais ni par mépris ni par incivilité; mais parce que j'ai une raison que vous approuveriez, si elle vous était connue. — Et quelle peut être cette raison, seigneur? repartit Ali Baba. Peut-on vous le demander? — Je puis vous le dire, répliqua Khodjah Houssain : c'est que je ne mange ni viande, ni ragoût où il y a du sel; jugez vous-même de la contenance que je ferais à votre table. — Si vous n'avez que cette raison, insista Ali Baba, elle ne doit pas me priver du plaisir de vous posséder à souper. Il n'y a pas de sel dans le pain que l'on mange chez moi, et, quant à la viande, je vous promets qu'il n'y en aura pas dans ce qui vous sera servi;

je vais donner des ordres pour cela : ainsi, faites-moi la grâce de demeurer, je reviens à vous dans un moment. »

Ali Baba alla à la cuisine et il ordonna à Morgiane de ne pas mettre de sel sur la viande, et de préparer promptement deux ou trois ragoûts, outre ceux qu'il avait commandés, où il n'y eût pas de sel.

Morgiane, qui était prête à servir, ne put s'empêcher de témoigner son mécontentement, et de s'en expliquer à Ali Baba : « — Qui est donc, dit-elle, cet homme si difficile qui ne mange pas de sel? Votre souper ne sera plus bon à manger si je le sers trop tard. — Ne te fâche pas, Morgiane, reprit Ali Baba, c'est un honnête homme; fais ce que je te dis. »

Morgiane obéit, mais à contre-cœur, et elle eut la curiosité de connaître cet homme qui ne mangeait pas de sel. Quand elle eut achevé sa cuisine et qu'Abdallah eut préparé la table, elle l'aida donc à porter les plats. En regardant Khodjah Houssain, elle le reconnut aussitôt, malgré son déguisement, pour le capitaine des voleurs; et, en l'examinant avec attention, elle aperçut qu'il avait un poignard caché sous son habit. — Je ne m'étonne plus, dit-elle en elle-même, que le scélérat ne veuille pas manger de sel avec mon maître : c'est son plus fier ennemi, il veut l'assassiner; mais je l'en empêcherai. »

Quand le service ordinaire fut terminé, Morgiane fit les préparatifs nécessaires pour l'exécution d'un plan des plus hardis; et elle venait d'achever, lorsqu'Abdallah vint l'avertir qu'il était temps de servir le fruit. Elle le porta; puis, elle posa près d'Ali Baba une petite table sur laquelle elle mit le vin avec trois tasses; et, en sortant, elle emmena Abdallah avec elle, comme pour aller souper ensemble, et donner à Ali Baba, selon sa coutume, la liberté de s'entretenir librement avec son hôte.

Alors le faux Khodjah Houssain, crut que l'occasion favorable pour ôter la vie à Ali Baba était venue. « — Je vais, se dit-il en lui-même, faire enivrer le père; et le fils, à qui je veux bien laisser la vie, ne m'empêchera pas d'enfoncer le poignard dans le cœur du père; je me sauverai ensuite par le jardin, comme je l'ai déjà fait, pendant que la cuisinière et l'esclave souperont ou seront endormis dans la cuisine. »

Au lieu de souper, Morgiane, qui avait pénétré l'intention du faux Khodjah Houssain, ne lui donna pas le temps de mettre son projet à exécution. Elle s'habilla d'un habit de danseuse, prit une coiffure convenable et se ceignit d'une ceinture d'argent doré, à laquelle elle attacha un poignard dont la gaîne et la poignée étaient de même métal ; et, avec cela, elle appliqua un fort beau masque sur son visage. Quand elle se fut déguisée de la sorte, elle dit à Abdallah : « — Prends ton tambour de basque, et allons donner à l'hôte de notre maître un divertissement. »

Abdallah prend le tambour de basque ; il commence à en jouer en marchant devant Morgiane, et il entre dans la salle. Morgiane fit une profonde révérence, d'un air délibéré, en demandant la permission de montrer ce qu'elle savait faire.

« — Entre, Morgiane, entre, dit Ali Baba ; Khodjah Houssain jugera de quoi tu es capable. Au moins, dit-il à Khodjah Houssain, ne croyez pas que je me mette en frais pour vous donner ce divertissement. Je le trouve chez moi, et vous voyez que c'est mon esclave et ma cuisinière, qui me le donnent ; j'espère que vous en serez satisfait. »

Khodjah Houssain, contrarié de ce contre-temps, craignait de ne pouvoir pas profiter de l'occasion qu'il avait trouvée. Il se consola, néanmoins, dans l'espérance de la trouver en continuant de ménager l'amitié du père et du fils.

Abdallah recommença à toucher son tambour de basque, et l'accompagna de sa voix ; et Morgiane, qui ne le cédait à aucune danseuse de profession, dansa de manière à se faire admirer, même de toute autre compagnie que celle à laquelle elle donnait ce spectacle.

Après avoir dansé plusieurs danses, elle tira enfin le poignard ; et, en le tenant à la main, elle en dansa une dans laquelle elle se surpassa par ses mouvements légers et surprenants, et par les effets merveilleux dont elle les accompagna, tantôt en présentant le poignard en avant, comme pour frapper, tantôt en faisant semblant de s'en frapper elle-même.

Enfin, comme hors d'haleine, elle arracha de la main gauche le tambour de basque des mains d'Abdallah ; et, en tenant le poignard de la droite, elle alla présenter le tambour de basque par le creux à Ali Baba, qui y jeta une pièce d'or. Morgiane s'adressa ensuite au fils d'Ali Baba, qui suivit l'exemple de son père. Khodjah Houssain, qui vit qu'elle allait aussi venir à lui, avait déjà tiré sa bourse de son sein pour lui faire son présent, et il y mettait la main quand Morgiane, avec un courage digne de sa fermeté et de sa résolution, lui enfonça le poignard au milieu du cœur, si avant, qu'elle ne le retira qu'après lui avoir ôté la vie.

Ali Baba et son fils, épouvantés, poussèrent un grand cri : « — Ah ! malheureuse, s'écria Ali Baba, qu'as-tu fait ! Est-ce pour nous perdre moi et ma famille ? » — Ce n'est pas pour vous perdre, répondit Morgiane ; je l'ai fait pour votre conservation. » Alors, ouvrant la robe de Khodjah Houssain et montrant à Ali Baba le poignard dont il était armé : « — Voyez, dit-elle, à quel ennemi vous aviez à faire, et regardez-le bien au visage : vous reconnaîtrez le faux marchand d'huile et le capitaine des quarante voleurs. Ne remarquez-vous pas qu'il n'a pas voulu manger de sel avec vous ? Vous en faut-il davantage pour vous persuader de son dessein ? Avant d'avoir vu ce singulier convive, j'avais des soupçons, et vous voyez qu'ils n'étaient pas mal fondés. »

Ali Baba reconnut la nouvelle obligation qu'il avait à Morgiane de lui avoir une seconde fois sauvé la vie, et lui en témoigna toute sa reconnaissance :

« — Morgiane, dit-il, je t'ai donné la liberté, et je t'ai promis que ma reconnaissance n'en demeurerait pas là. Le moment est venu de tenir ma promesse : « — Mon fils, ajouta-t-il, voulez-vous accepter la main de Morgiane qui fait déjà partie de notre famille ? Vous lui devez autant que moi et nous ne reconnaîtrons jamais assez les services qu'elle nous a rendus. »

Le fils consentit de bon cœur à ce mariage, Morgiane étant, à tous égards, digne de devenir sa compagne.

On songea ensuite à enterrer le corps du capitaine, auprès de ceux des quarante voleurs, et cela se fit si secrètement que personne n'en eut connaissance.

Peu de jours après, Ali Baba célébra les noces de son fils et de Morgiane avec une grande solennité ; et il eut la satisfaction de voir que ses amis, sans connaître les vrais motifs de cette union, le louèrent hautement de sa générosité et de son bon cœur.

Ali Baba, qui s'était abstenu de retourner à la grotte des voleurs depuis qu'il en avait rapporté le corps de son frère Cassim, s'en abstint encore après la mort des trente-huit voleurs, en y comprenant le capitaine, parce qu'il supposa que les deux autres, dont le sort ne lui était pas connu, étaient encore vivants.

Mais au bout d'un an, quand il vit que rien n'était venu l'inquiéter, il eut la curiosité d'y faire un voyage, en prenant les précautions nécessaires pour sa sûreté. Il monta à cheval ; et, quand il fut arrivé près de la grotte, il se tranquillisa en n'apercevant aucune trace d'hommes ou de chevaux. Il mit pied à terre, il attacha son cheval ; et, en se présentant devant la porte, il prononça les paroles : « *Sésame ouvre toi,* » qu'il n'avait pas oubliées. La porte s'ouvrit, il entra, et l'état de la grotte lui fit juger que personne n'y était entré depuis l'époque où le faux Khodjah Houssain était venu ouvrir une boutique dans la ville. Il comprit que la troupe des quarante voleurs était entièrement exterminée ; et il ne douta plus qu'il ne fût seul au monde, possédant le secret de faire ouvrir la grotte. Le trésor qu'elle renfermait était donc à sa disposition : il s'était muni d'une valise ; il la remplit d'autant d'or que son cheval en put porter, et il revint à la ville.

Depuis ce temps-là, Ali Baba, son fils qu'il mena à la grotte, et à qui il enseigna le secret d'y entrer ; et, après eux leur postérité, à laquelle ils transmirent le même secret, en profitant de leur fortune avec modération, vécurent dans une grande splendeur, et honorés des premières dignités de la ville.

HISTOIRE D'ALADDIN

OU LA LAMPE MERVEILLEUSE

Dans la capitale d'un royaume de la Chine, il y avait un tailleur nommé Mustafa; il était fort pauvre, et son travail lui produisait à peine de quoi le faire subsister, lui, sa femme, et un fils que Dieu leur avait donné. Le fils, qui se nommait Aladdin, avait été élevé d'une manière très négligée et qui lui avait fait contracter de mauvaises habitudes. Sitôt qu'il fut un peu grand, ses parents ne purent le retenir à la maison. Il sortait dès le matin, et il passait ses journées à jouer dans les places publiques.

Dès qu'il fut en âge d'apprendre un métier, son père le prit dans sa boutique et commença à lui montrer de quelle manière il devait manier l'aiguille. Mais, ni par douceur, ni par crainte, il ne fut possible de fixer son esprit volage. Aussitôt que Mustafa avait le dos tourné, Aladdin s'échappait, et il ne revenait plus de tout le jour. Le père le châtiait, mais Aladdin était incorrigible; et, à son grand regret, Mustafa fut obligé de l'abandonner à ses mauvais instincts. Cela lui fit tant de peine, et lui causa tant de chagrin, qu'il en mourut au bout de quelques mois.

La mère d'Aladdin, voyant que son fils ne voulait pas apprendre le métier de son père, ferma la boutique et fit de l'argent de tous les ustensiles de son métier pour l'aider à subsister, elle et son fils, avec le peu qu'elle pourrait gagner à filer du coton.

Aladdin, qui n'était plus retenu par la crainte de son père, fréquentait de plus en plus les mauvais sujets de son âge. Il était selon sa coutume, à jouer au milieu d'une place avec une troupe de vagabonds, lorsqu'un étranger s'arrêta pour le regarder. Cet étranger était un magicien africain, arrivé depuis deux jours.

Ce magicien, qui se connaissait en physionomies, eut bientôt remarqué dans le visage d'Aladdin tout ce qui était nécessaire à l'exécution de ses projets; il s'informa adroitement de sa famille, et de ses inclinations. Quand il fut instruit de ce qu'il souhaitait, il s'approcha du jeune homme, et il lui dit : « — Mon fils, votre père ne s'appelle-t-il pas Mustafa le tailleur? — Oui, Monsieur, répondit Aladdin, mais il y a longtemps qu'il est mort. »

A ces paroles, le magicien africain se jeta au cou d'Aladdin, et l'embrassa, les larmes aux yeux. Aladdin, étonné, lui demanda quel sujet il avait de pleurer. « — Ah! mon fils, s'écria le magicien, comment pourrais-je m'en empêcher? Je suis votre oncle, et votre père était mon frère. Il y a plusieurs années que je suis en voyage, et, au moment où j'arrive ici avec l'espérance de le revoir, vous m'apprenez qu'il est mort! Je vous assure que c'est une douleur bien sensible pour moi. Mais ce qui soulage un peu mon affliction, c'est que je reconnais ses traits sur votre visage, et je vois que je ne me suis pas trompé en m'adressant à vous. » Il demanda à Aladdin, en mettant la main à la bourse, où demeurait sa mère ; et le magicien africain lui donna une poignée de menue monnaie, en lui disant : « — Mon fils, allez trouver votre mère, faites-lui mes compliments, et dites-lui que j'irai la visiter demain, pour me donner la consolation de voir le lieu où mon pauvre frère a vécu et a fini ses jours. »

Dès que le magicien africain eut laissé le neveu qu'il venait de se faire lui-même, Aladdin courut chez sa mère, bien joyeux de l'argent que son prétendu oncle venait de lui donner. « — Ma mère, lui dit-il en arrivant, je vous prie de me dire si j'ai un oncle. — Non, mon fils, lui répondit la mère, vous n'avez point d'oncle du côté de feu votre père ni du mien. — Je viens cependant, reprit Aladdin, de voir mon oncle du côté de mon père ; il s'est même mis à pleurer et à m'embrasser quand je lui ai dit que mon père était mort. Et, comme preuve que je dis la vérité, voilà ce qu'il m'a donné. Il m'a chargé de vous saluer de sa part, et de vous dire que demain il viendra vous voir.

» — Mon fils, repartit la mère, il est vrai que votre père avait un frère; mais il y a longtemps qu'il est mort, et je ne lui ai jamais entendu dire qu'il en eût un autre. »

Le lendemain, le magicien africain aborda une seconde fois Aladdin, et lui mettant deux pièces d'or dans la main, il lui dit : « — Mon fils, portez cela à votre mère; dites-lui que j'irai la voir ce soir, et qu'elle achète de quoi souper, afin que nous mangions ensemble. Mais auparavant, enseignez-moi où je trouverai la maison. » Il le lui enseigna, et le magicien africain le laissa aller.

Aladdin porta les deux pièces d'or à sa mère, et, dès qu'il lui eut dit quelle était l'intention de son oncle, elle sortit chercher de bonnes provisions; et, comme elle était dépourvue d'une partie de la vaisselle dont elle avait besoin, elle alla en emprunter chez ses voisins. Elle employa la journée à préparer le souper, et, le soir, elle dit à Aladdin : « — Mon fils, votre oncle ne sait peut-être pas où est la maison; allez au-devant de lui et l'amenez. »

Aladdin était près de partir quand on frappa à la porte. Il ouvrit et reconnut le magicien africain, qui entra chargé de bouteilles de vin et de plusieurs sortes de fruits.

Après qu'il eut mis ce qu'il apportait entre les mains d'Aladdin, il salua sa mère, et il la pria de lui montrer la place où son frère Mustafa avait coutume de s'asseoir. Elle la lui montra, et aussitôt il se prosterna, en s'écriant les larmes aux yeux : « — Mon pauvre frère, que je suis malheureux de n'être pas arrivé assez à temps pour vous embrasser! » Quoique la mère d'Aladdin l'en priât, jamais il ne voulut s'asseoir à la même place. »

Quand il se fut assis à la place qu'il lui avait plu de choisir, il commença à s'entretenir avec la mère d'Aladdin : « — Ma bonne sœur, lui disait-il, ne vous étonnez point de ne m'avoir pas vu pendant la durée de votre union avec mon frère Mustafa. Il y a quarante ans que je suis sorti de ce pays. Depuis ce temps-là, après avoir voyagé dans les Indes, dans la Perse, dans l'Arabie, dans la Syrie, en Egypte, je passai en Afrique où j'ai fait un plus long séjour. A la fin, comme il est naturel à l'homme de ne perdre jamais la mémoire de ses parents et de son pays, il m'a pris un désir de venir embrasser mon pauvre frère pendant que je me sentais encore assez de force pour entreprendre un si long voyage. Je ne vous dis rien de toutes les fatigues que j'ai souffertes pour arriver jusqu'ici. Vous saurez seulement que rien ne m'a affligé autant que la mort d'un frère que j'avais toujours aimé. J'ai remarqué ses traits dans le visage de mon neveu, et c'est ce qui me l'a fait distinguer des autres enfants. Il a pu vous dire de quelle manière j'ai reçu la triste nouvelle que mon frère n'était plus au monde. »

Le magicien africain, qui s'aperçut que la mère d'Aladdin s'attendrissait sur le souvenir de son mari, changea de discours; et, en se tournant du côté d'Aladdin, il lui demanda son nom : — « Je m'appelle Aladdin, lui dit-il. — Eh bien ! Aladdin, reprit le magicien, à quoi vous occupez-vous? savez-vous quelque métier? »

A cette demande, Aladdin baissa les yeux. Mais sa mère, en prenant la parole : « — Aladdin, dit-elle, est un paresseux; son père a fait tout son possible pour lui apprendre son métier, et il n'a pu en venir à bout; et, depuis qu'il est mort, il ne fait autre chose que de courir et de passer tout son temps à jouer. Il sait que son père n'a laissé aucun bien, et il voit que j'ai bien de la peine à gagner de quoi nous acheter du pain. Pour moi, je suis résolue à lui fermer la porte, et à l'envoyer en chercher ailleurs. »

Après que la veuve eut achevé ses paroles, en fondant en larmes, le magicien africain dit à Aladdin : « — Ce n'est pas bien, mon neveu; il faut songer à gagner votre vie. Si vous avez de la répugnance pour apprendre un métier, et que vous vouliez être honnête homme, je vous organiserai une boutique garnie de riches étoffes, et vous vous mettrez en état de les vendre de manière à vivre honorablement. »

Cette offre flatta fort Aladdin, à qui le travail manuel déplaisait. Il fit connaître au magicien que son inclination était de ce côté-là, et qu'il lui serait obligé toute sa vie du bien qu'il voulait lui faire. « — Puisque cette profession vous agrée, reprit le magicien, je vous ferai habiller conformément à l'état d'un gros marchand, et après-demain, nous songerons à votre établissement. »

La mère d'Aladdin remercia son prétendu beau-frère de ses bonnes intentions; et, après avoir exhorté son fils à se rendre digne de tous les biens que son oncle lui faisait espérer, elle servit le souper. La conversation roula sur le même sujet, jusqu'à ce que le magicien prît congé de la mère et du fils.

Le lendemain matin, le magicien africain ne manqua pas de revenir chez la veuve. Il prit avec lui Aladdin et le mena chez un gros marchand qui vendait des habits tout faits. Il s'en fit montrer de convenables, et, après avoir mis à part tous ceux qui lui plaisaient davantage, il dit à Aladdin : « — Mon neveu, choisissez dans tous ces habits celui qui vous convient le mieux. » Aladdin en choisit un que le magicien paya sans marchander.

Lorsque Aladdin se vit habillé magnifiquement, il fit à son oncle tous les remerciements imaginables, et le magicien lui promit encore de ne point l'abandonner. En effet, il le mena dans les lieux les plus fréquentés de la ville, particulièrement dans ceux où étaient les boutiques des riches marchands, et il dit à Aladdin : « — Comme vous serez bientôt marchand comme ceux que vous voyez, il est bon que vous les fréquentiez et qu'ils vous connaissent. » Enfin, après avoir parcouru tous les beaux endroits de la ville, ils arrivèrent dans le khan où le magicien africain avait pris son logement. Il s'y trouva quelques marchands qu'il avait rassemblés pour leur faire faire la connaissance de son neveu.

Le régal ne finit que le soir : Aladdin voulut prendre congé de son oncle, mais le magicien africain ne voulut pas le laisser aller seul, et le reconduisit lui-même chez sa mère. Dès qu'elle eut aperçu son fils si bien habillé, elle fut transportée de joie. « — Généreux parent, disait-elle, je ne sais comment vous remercier. Je vous souhaite une vie assez longue pour être témoin de la reconnaissance de mon fils, qui ne peut mieux vous la témoigner qu'en se gouvernant selon vos bons conseils. »

« — Aladdin, reprit le magicien africain, m'écoute assez, et je crois que nous en ferons quelque chose. Je suis fâché que ce soit demain jour de vendredi; les boutiques seront fermées, et il n'y a pas moyen de songer à en louer une et à la garnir; ainsi, nous remettrons l'affaire à samedi. Mais, je viendrai demain le prendre, et je le conduirai dans les jardins où le beau monde a coutume de se trouver. Il n'a peut-être encore rien vu des divertissements qu'on y prend. » Le magicien africain se retira. Aladdin, qui était déjà dans une grande joie de se voir si bien habillé, se fit encore un plaisir, par avance, de la promenade des environs de la ville. En effet, jamais il n'était sorti hors des portes.

Il se leva le lendemain de grand matin, pour être prêt à partir quand son oncle viendrait le prendre. Dès qu'il l'aperçut, il en avertit sa mère, et il courut à lui pour le joindre.

Le magicien fit beaucoup de caresses à Aladdin. « — Allons, mon cher enfant, lui dit-il d'un air riant, je veux vous montrer aujourd'hui de belles choses. » Il le mena, par une grande porte, qui conduisait à des palais magnifiques ayant chacun de très beaux jardins dont les entrées étaient libres. A chaque palais qu'il rencontrait, il demandait à Aladdin s'il le trouvait beau, et le jeune homme, en le prévenant quand un autre se présentait : « — Mon oncle, disait-il, en voici un plus beau que ceux que nous venons de voir. » Cependant, s'avançant toujours plus avant dans la campagne, ils poursuivirent leur chemin au travers des jardins qui n'étaient séparés les uns des autres que par de petits fossés qui en marquaient les limites, mais qui n'empêchaient pas la communication.

Insensiblement, le magicien mena Aladdin assez loin des jardins, et le fit traverser des campagnes qui le conduisirent enfin entre deux montagnes d'une hauteur médiocre et à peu près égales, séparées par un vallon de très peu de largeur. C'était en cet endroit que le magicien africain avait voulu amener Aladdin pour l'exécution d'un grand projet. « — Nous n'allons pas plus loin, dit-il à son prétendu neveu ; je veux vous faire voir ici des choses extraordinaires et inconnues à tous les mortels, et vous me remercierez d'avoir été témoin de tant de merveilles. Pendant que je vais battre le briquet, amassez les broussailles les plus sèches, afin d'allumer du feu. »

Aladdin en eut bientôt fait un grand amas ; il y mit le feu, et, pendant que les broussailles s'enflammaient, le magicien africain y jeta d'un parfum qu'il avait tout prêt. Il s'éleva une fumée fort épaisse qu'il détourna de côté et d'autre en prononçant des paroles magiques auxquelles Aladdin ne comprit rien.

Au même instant, la terre trembla un peu et s'ouvrit devant le magicien et Aladdin, qui aperçurent à découvert une pierre d'environ un pied et demi en carré, posée horizontalement, avec un anneau de bronze scellé dans le milieu pour servir à la lever. Aladdin, effrayé de tout ce qui se passait sous ses yeux, eut peur, et il voulut prendre la fuite. Mais il était nécessaire à ce mystère, et le magicien le retint et le gronda fort, en lui donnant un soufflet. Le pauvre Aladdin, tout tremblant et les larmes aux yeux, s'écria en pleurant : « — Mon oncle, qu'ai-je donc fait pour avoir mérité que vous me frappiez si rudement? — J'ai mes raisons pour le faire, lui répondit le magicien. Je suis votre oncle; je vous tiens présentement lieu de père, et vous ne devez pas me répliquer. Mais, mon enfant, ajouta-t-il en se radoucissant, ne craignez rien, je ne demande autre chose de vous que votre obéissance, si vous voulez profiter des grands avantages que je veux vous faire. » Ces belles promesses du magicien calmèrent un peu la crainte et le ressentiment d'Aladdin : « Vous avez vu, continua-t-il, ce que j'ai fait par la vertu de mon parfum et des paroles que j'ai prononcées : apprenez donc que, sous cette pierre, il y a un trésor caché qui vous est destiné, et qui doit vous rendre plus riche que tous les plus grands rois du monde. Pour cela, il faut que vous exécutiez de point en point ce que je vous dirai, sans y manquer. » Aladdin, toujours dans l'étonnement de ce qu'il voyait et de ce qu'il venait d'entendre dire au magicien, oublia tout ce qui s'était passé. « — Eh bien! mon oncle, dit-il en se levant, de quoi s'agit-il? Commandez, je suis tout prêt à obéir. — Je suis ravi, mon enfant, lui dit le magicien, que vous ayez pris ce parti; venez, approchez-vous, prenez cet anneau, et levez la pierre. — Mais, mon oncle, reprit Aladdin, je ne suis pas assez fort pour la lever; il faut donc que vous m'aidiez. — Non, repartit le magicien africain, nous ne ferions rien, si je vous aidais : il faut que vous la leviez seul. Prononcez seulement le nom de votre père et de votre grand-père en tenant l'anneau, et levez; vous verrez qu'il viendra à vous sans peine. » Aladdin fit comme le magicien lui avait dit; il leva la pierre avec facilité, et il la posa à côté.

Quand la pierre fut ôtée, un caveau de trois à quatre pieds de profondeur se montra, avec une petite porte et un escalier pour descendre plus bas. « — Mon fils, dit alors le magicien africain à Aladdin, descendez dans ce caveau; quand vous serez au bas de l'escalier, vous trouverez une porte ouverte qui vous conduira dans un lieu voûté et partagé en trois grandes salles. Dans chacune, vous verrez à droite et à gauche quatre vases de bronze, grands comme des cuves, pleins d'or et d'argent;

Aladdin fit comme le magicien lui avait dit; il leva la pierre avec facilité. (P. 258.)

mais gardez-vous bien d'y toucher. Avant d'entrer dans la première salle, levez votre robe et serrez-la bien autour de vous; quand vous y serez entré, passez à la seconde sans vous arrêter, et de là à la troisième. Sur toutes choses, gardez-vous bien d'approcher des murs et d'y toucher, même avec votre robe; car, si vous y touchiez, vous tomberiez mort sur-le-champ. Au bout de la troisième salle, il y a une porte qui vous donnera entrée dans un jardin planté de beaux arbres, tous chargés de fruits; traversez ce jardin par un chemin qui vous mènera à un escalier de cinquante marches pour monter sur une terrasse. Quand vous serez sur la terrasse, vous verrez devant vous une niche, et dans la niche une lampe allumée. Prenez la lampe et éteignez-la, et quand vous aurez jeté le lumignon et versé la liqueur, mettez-la dans votre sein et apportez-la-moi. Ne craignez pas de gâter votre habit, la liqueur n'est pas de l'huile, et la lampe sera sèche dès qu'il n'y en aura plus. Si les fruits du jardin vous font envie, vous pouvez en cueillir autant que vous voudrez. »

En achevant ces paroles, le magicien africain tira un anneau qu'il avait au doigt, et il le mit à l'un des doigts d'Aladdin, en lui disant que c'était un préservatif contre tout ce qui pourrait lui arriver de mal, en observant bien tout ce qu'il venait de lui prescrire. « — Allez, mon enfant, lui dit-il, descendez hardiment; nous allons être riches l'un et l'autre pour toute notre vie. »

Aladdin sauta légèrement dans le caveau, et descendit jusqu'au bas des degrés. Il trouva les trois salles dont le magicien africain lui avait fait la description; il les traversa, de même que le jardin, sans s'arrêter, monta sur la terrasse, prit la lampe allumée dans la niche, jeta le lumignon et la liqueur, et la mit dans son sein. Il descendit de la terrasse, et il s'arrêta dans le jardin à en considérer les fruits, qu'il n'avait vus qu'en passant. Les arbres de ce jardin étaient chargés de fruits extraordinaires, et ces fruits, qui n'étaient autre chose que des perles, des diamants, des rubis, des émeraudes, des saphirs, étaient d'une grosseur et d'une perfection telles qu'on n'avait vu rien de pareil dans le monde. Aladdin, qui n'en connaissait pas la valeur, eût préféré des figues et des raisins. Il s'imagina que tous ces fruits n'étaient que du verre coloré, et qu'ils ne valaient pas davantage. Néanmoins, la beauté et la grosseur extraordinaire de chaque fruit, lui donnèrent envie d'en cueillir de toutes les sortes. En effet, il en prit plusieurs de chaque couleur, et il en emplit ses deux poches et deux bourses toutes neuves que le magicien lui avait achetées avec l'habit dont il lui avait fait présent ; et, comme les deux bourses ne pouvaient tenir dans ses poches, déjà pleines, il les attacha de chaque côté à sa ceinture. Il en enveloppa même dans les plis de sa ceinture, qui était d'une étoffe de soie ample, à plusieurs tours.

Aladdin, ainsi chargé de richesses, reprit en diligence le chemin des trois salles ; et, après les avoir traversées avec la même précaution qu'auparavant, il remonta par où il était descendu, et se présenta à l'entrée du caveau où le magicien africain l'attendait avec impatience. Aussitôt qu'Aladdin l'aperçut : « — Mon oncle, lui dit-il, je vous prie de me donner la main pour m'aider à monter. » Le magicien lui dit : « — Mon fils, donnez-moi la lampe auparavant, elle pourrait vous embarrasser. — Pardonnez-moi, mon oncle, reprit Aladdin, elle ne me gêne pas ; je vous la donnerai dès que je serai monté. » Le magicien insista, mais Aladdin qui avait embarrassé cette lampe avec tous ses fruits, refusa absolument de la donner qu'il ne fût hors du caveau. Alors le magicien africain, furieux de la résistance de ce jeune homme, entra dans une furie épouvantable : il jeta un peu de son parfum sur le feu, qu'il avait eu soin d'entretenir, et à peine eut-il prononcé deux paroles magiques, que la pierre servant à fermer l'entrée du caveau se remit à sa place avec la terre par-dessus, dans le même état qu'elle était à l'arrivée du magicien africain.

Le magicien n'était pas frère de Mustafa le tailleur, comme il s'en était vanté ; il était véritablement d'Afrique, et comme c'est le pays où l'on s'occupe le plus de magie, il s'y était appliqué dès sa jeunesse. Après quarante années d'enchantements, de géomancie et de lecture de livres de magie, il était parvenu à découvrir qu'il y avait, dans le monde, une lampe merveilleuse, dont la possession le rendrait plus puissant qu'aucun monarque de l'univers. Par une dernière opération, il avait connu que cette lampe était dans un souterrain au milieu de la Chine, à l'endroit que nous venons de voir. Bien persuadé de la vérité de cette découverte, il était parti de l'extrémité de l'Afrique; et, après un voyage pénible, il était arrivé à la ville voisine du trésor. Mais, quoique la lampe fût dans le lieu dont il avait connaissance, il ne lui était pas permis de l'enlever lui-même; il fallait qu'un autre l'allât prendre et la lui mît entre les mains : c'est pourquoi il s'était adressé à Aladdin, bien résolu, dès qu'il aurait la lampe, de prononcer des paroles magiques, et de sacrifier le pauvre Aladdin à son avarice et à sa méchanceté.

Quand il vit ses belles espérances anéanties, il n'eut pas d'autre parti à prendre que de retourner en Afrique.

Selon toutes les apparences, on ne devait plus entendre parler d'Aladdin; mais, celui-là même qui avait cru le perdre pour jamais, n'avait pas fait attention qu'il lui avait mis au doigt un anneau pouvant servir à le sauver.

Aladdin fut dans un étonnement qu'il est aisé d'imaginer, quand il se vit enterré tout vif. Il appela mille fois son oncle en criant qu'il était prêt à lui donner la lampe; mais ses cris étaient inutiles, et il n'y avait plus moyen d'être entendu; ainsi, il demeura dans l'obscurité. Après avoir donné quelque relâche à ses larmes, il descendit jusqu'au bas de l'escalier du caveau pour aller chercher la lumière dans le jardin. Mais le mur, qui s'était ouvert par enchantement, s'était refermé par un autre enchantement. Il redouble ses cris et ses pleurs, et il s'assied sur les degrés du caveau, avec la triste certitude de passer des ténèbres à une mort prochaine.

Aladdin demeura deux jours sans manger et sans boire. Le troisième jour enfin, en regardant la mort comme inévitable, il éleva les mains, en les joignant, et, avec une résignation entière à la volonté de Dieu, il s'écria : « — Il n'y a de force et de puissance qu'en Dieu, le haut, le grand. » Dans cette action de mains jointes, il frotta, sans y penser, l'anneau que le magicien africain lui avait mis au doigt, et dont il ne connaissait pas encore la vertu. Aussitôt, un génie d'une taille énorme, s'éleva devant lui comme s'il sortait de dessous terre, et il dit à Aladdin ces paroles : « — Que veux-tu? me voici prêt à t'obéir comme ton esclave et l'esclave de tous ceux qui ont l'anneau au doigt, moi et les autres esclaves de l'anneau. »

En toute autre occasion, Aladdin, qui n'était pas accoutumé à de pareilles visions, eût pu être saisi de frayeur et perdre la parole. Mais, occupé uniquement du danger où il était, il répondit sans hésiter : « — Qui que tu sois, fais-moi sortir de ce lieu si tu en as le pouvoir. » A peine eut-il prononcé ces paroles que la terre s'ouvrit, et qu'il se trouva hors du caveau.

Aladdin, regardant autour de lui, fut fort surpris de ne pas voir d'ouverture sur la terre; il ne put comprendre de quelle manière il se trouvait si subitement hors de ses entrailles; et il n'y eut que la place où les broussailles avaient été allumées qui lui fît reconnaître à peu près où était le caveau. Ensuite, en se tournant du côté de la ville, il l'aperçut au milieu des jardins qui l'environnaient, et il reconnut le chemin par où le magicien l'avait amené. Il le reprit, en rendant grâces à Dieu de se revoir au monde; il arriva jusqu'à la ville et se traîna chez lui avec bien de la peine. Sa mère, qui l'avait déjà pleuré comme perdu ou comme mort, en le voyant en cet état, n'oublia aucun soin pour le soulager. « — Ma mère, dit-il, avant toute chose, je vous prie de me donner à manger; il y a trois jours que je n'ai pris quoi que ce soit. » Sa mère lui apporta ce qu'elle avait : « — Mon fils, dit-elle, ne vous pressez pas; je suis toute consolée de vous revoir, après l'affliction où je me suis trouvée depuis vendredi, quand j'eus vu qu'il était nuit et que vous n'étiez pas revenu. »

Aladdin suivit le conseil de sa mère; il mangea peu à peu, et but à proportion. Quand il eut achevé, il raconta à sa mère tout ce qui lui était arrivé, avec le magicien, depuis le moment où il était venu le prendre pour le mener avec lui voir les palais et les jardins, ce qui lui arriva dans le chemin jusqu'à l'endroit des deux montagnes où se devait opérer le grand prodige; comment la terre s'était ouverte en un instant et avait laissé paraître l'entrée d'un caveau qui conduisait à un trésor inestimable; il n'oublia pas le soufflet qu'il avait reçu du magicien, et raconta de quelle manière il l'avait engagé, par de grandes promesses, en lui mettant son anneau au doigt, à descendre dans le caveau. Il n'omit aucune circonstance de tout ce qu'il avait vu en passant dans les trois salles, dans le jardin et sur la terrasse où il avait pris la lampe merveilleuse, qu'il montra à sa mère en la retirant de son sein, aussi bien que les fruits transparents et de différentes couleurs qu'il avait cueillis dans le jardin en s'en retournant, auxquels il joignit deux bourses pleines qu'il donna à sa mère, et dont elle fit peu de cas. Ces fruits étaient cependant des pierres précieuses, dont l'éclat devait faire juger de leur grand prix. Mais la mère d'Aladdin n'avait pas, sur ce sujet, plus de connaissance que son fils ; ce qui fit qu'Aladdin les mit derrière un coussin du sofa. Il acheva le récit de son aventure, en représentant l'état malheureux où il s'était trouvé lorsqu'il s'était vu enterré tout vivant dans le fatal caveau, jusqu'au moment où il en était sorti, revenant au monde par l'attouchement de son anneau, dont il ne connaissait pas encore la vertu.

La mère d'Aladdin écouta ce récit merveilleux et si affligeant pour une mère qui aime son fils, malgré ses défauts. « — Béni soit Dieu, dit-elle, qui n'a pas voulu que la méchanceté de ce magicien eût son entier effet contre vous ! Vous devez bien le remercier de la grâce qu'il vous a faite. »

Aladdin, qui n'avait pris aucun repos dans le lieu souterrain où il avait été enseveli, dormit toute la nuit d'un profond sommeil et ne se réveilla le lendemain que fort tard. Il se leva, et la première chose qu'il dit à sa mère, ce fut qu'il avait besoin de manger. « — Hélas ! mon fils, lui répondit sa mère, je n'ai pas seulement un morceau de pain à vous donner ; vous avez mangé hier au soir le peu de provisions qu'il y avait dans la maison. Mais, ayez un peu de patience ; et, je ne serai pas longtemps à vous apporter quelque chose. J'ai un peu de fil de coton de mon travail, je vais le vendre. — Ma mère, reprit Aladdin, réservez votre fil de coton pour une autre fois, et donnez-moi la lampe que j'apportai hier ; j'irai la vendre, et l'argent que j'en aurai servira à nous avoir de quoi déjeuner et dîner, et peut-être de quoi souper. »

La mère d'Aladdin prit la lampe où elle l'avait mise. « La voilà, dit-elle à son fils ; mais elle est bien sale ; pour peu qu'elle soit nettoyée, je crois qu'elle vaudra davantage. » Elle prit de l'eau et un peu de sable fin pour la nettoyer. Mais, à peine eut-elle commencé à frotter cette lampe, qu'en un instant, en présence de son fils, un génie d'une grandeur gigantesque, s'éleva et parut devant elle, et lui dit d'une voix tonnante : « — Que veux-tu ! me voici prêt à t'obéir comme ton esclave et l'esclave de tous ceux qui ont la lampe à la main, moi avec les autres esclaves de la lampe. »

La mère d'Aladdin n'était pas en état de répondre. Sa vue n'avait pu soutenir la figure épouvantable du génie, et sa frayeur avait été si grande qu'elle était tombée évanouie.

Aladdin, qui avait déjà eu une apparition semblable dans le caveau, se saisit promptement de la lampe, et, répondit d'un ton ferme : « — J'ai faim, apporte-moi de quoi manger. » Le génie disparut, et, un instant après, il revint chargé d'un grand bassin d'argent, qu'il portait sur sa tête, avec douze plats couverts de même métal, pleins d'excellents mets, avec six grands pains blancs comme neige, deux bouteilles de vin exquis et deux tasses d'argent à la main. Il posa le tout sur le sofa, et il disparut.

Cela se fit en si peu de temps que la mère d'Aladdin n'était pas encore revenue de son évanouissement quand le génie disparut pour la seconde fois. Aladdin, qui avait commencé à lui jeter, sans effet, de l'eau sur le visage, se mit en devoir de recommencer pour la faire revenir ; mais, elle revint dans le moment. « — Ma mère, lui dit Aladdin, cela n'est rien, levez-vous et venez manger : voici de quoi vous remettre le cœur. »

La mère d'Aladdin fut extrêmement surprise quand elle vit le grand bassin, les douze plats, les six pains, les deux bouteilles et les deux tasses, et qu'elle sentit l'odeur délicieuse qui s'exhalait de tous ces plats. « — Mon fils, demanda-t-elle à Aladdin, d'où nous vient cette abondance, et à qui en sommes-nous redevables ? — Ma mère, repartit Aladdin, mettons-nous à table et mangeons ; vous en avez besoin aussi bien que moi ; je vous le dirai quand nous aurons déjeuné. » Ils se mirent à table, et ils mangèrent avec d'autant plus d'appétit que la mère et le fils ne s'étaient jamais trouvés à une table si bien fournie.

Aladdin et sa mère, qui ne croyaient faire qu'un simple déjeuner, se trouvèrent encore à table à l'heure du dîner. Des mets si excellents les avaient mis en appétit. Le double repas fini, il leur resta non seulement de quoi souper, mais même de quoi faire deux autres repas le lendemain.

Quand la mère d'Aladdin eut desservi, elle vint s'asseoir sur le sofa auprès de son fils. « — Aladdin, lui dit-elle, j'attends le récit que vous m'avez promis. » Le jeune homme raconta exactement tout ce qui s'était passé entre le génie et lui pendant son évanouissement.

La mère d'Aladdin était dans un grand étonnement du discours de son fils et de l'apparition du génie. « — Mais, mon fils, reprit-elle, par quelle aventure ce vilain génie est-il venu à moi, et non pas à vous, à qui il a déjà apparu dans le caveau.

» — Ma mère, reprit Aladdin, le génie que vous avez vu n'est pas le même qui m'est apparu. Ils se ressemblent par leur grandeur, mais ils sont entièrement différents par leur mine. Celui que j'ai vu s'est dit l'esclave de l'anneau que j'ai au doigt, et celui que vous venez de voir s'est dit esclave de la lampe que vous teniez à la main; mais je crois que vous ne l'avez pas entendu : car vous vous êtes évanouie dès qu'il a commencé à parler.

» — Quoi! s'écria la mère d'Aladdin, c'est donc votre lampe qui est cause que ce maudit génie s'est adressé à moi? Ah! mon fils, ôtez-la de devant mes yeux et la mettez où il vous plaira, je ne veux plus y toucher. J'aime mieux qu'elle soit jetée ou vendue que de courir le risque de mourir de frayeur en la touchant.

» — Ma mère, avec votre permission, reprit Aladdin, je me garderai bien présentement de vendre, comme j'étais prêt à le faire tantôt, une lampe qui va nous être si utile, à vous et à moi. Ne voyez-vous pas ce qu'elle vient de nous procurer? Il faut qu'elle nous fournisse de quoi nous nourrir et nous entretenir. Vous devez juger que ce n'était pas sans raison que mon faux oncle avait entrepris un si pénible voyage, puisque c'est pour parvenir à la possession de cette lampe merveilleuse, qu'il avait préférée à tout l'or et l'argent qu'il savait être dans les salles et que j'ai vus moi-même. Puisque le hasard nous en a fait découvrir la vertu, faisons-en un usage qui nous soit profitable, mais d'une manière qui soit sans éclat et qui ne nous attire pas l'envie et la jalousie de nos voisins. Je veux bien l'ôter de devant vos yeux et la mettre dans un lieu où je la trouverai quand il en sera besoin, puisque les génies vous font tant de frayeur. Pour ce qui est de l'anneau, je ne saurais aussi me résoudre à le jeter. Sans cet anneau, vous ne m'eussiez jamais revu ; vous me permettrez donc de le garder et de le porter toujours au doigt bien précieusement. » Comme le raisonnement d'Aladdin paraissait assez juste, sa mère n'eut rien à y répliquer : « — Mon fils, lui dit-elle, vous pouvez faire comme vous l'entendrez ; pour moi, je vous déclare que je m'en lave les mains. »

Le lendemain au soir, après le souper, il ne resta rien de la bonne provision que le génie avait apportée. Le jour suivant, Aladdin, qui ne voulait pas attendre que la faim le pressât, prit un des plats d'argent sous sa robe et sortit le matin pour l'aller vendre. Il s'adressa à un juif, et lui montrant le plat, il lui demanda s'il voulait l'acheter.

Le juif, rusé et adroit, prend le plat, l'examine, et il n'eut pas plus tôt connu qu'il était de bon argent, qu'il demanda à Aladdin combien il l'estimait. Aladdin, qui n'en connaissait pas la valeur, se contenta de lui dire qu'il savait bien lui-même ce que ce plat pouvait valoir, et qu'il s'en rapportait à sa bonne foi. Le juif se trouva embarrassé de l'ingénuité d'Aladdin. Dans l'incertitude où il se trouvait de savoir si Aladdin en connaissait la valeur, il tira de sa bourse une pièce d'or, qui ne faisait au plus que la soixante-douzième partie de la valeur du plat, et il la lui présenta. Aladdin prit la pièce avec un grand empressement, et, dès qu'il l'eut dans la main, il se retira si promptement, que le juif fut sur le point de courir après le jeune homme pour tâcher d'en retirer quelque chose.

En s'en retournant chez sa mère, Aladdin s'arrêta à la boutique d'un boulanger, chez qui il fit provision de pain qu'il paya sur sa pièce d'or. En arrivant, il donna le reste à sa mère, qui alla au marché acheter les autres provisions nécessaires.

Ils continuèrent à vivre ainsi, c'est-à-dire qu'Aladdin vendit tous les plats au juif, jusqu'au douzième. Quand l'argent du dernier plat fut dépensé, Aladdin eut recours au bassin, qui pesait dix fois autant que les autres plats. Il fut donc obligé d'aller chercher le juif, qu'il amena chez sa mère, et lui compta sur-le-champ dix pièces d'or, dont Aladdin se contenta.

Quand il ne resta plus rien des dix pièces d'or, Aladdin eut recours à la lampe. Il la prit à la main, et il la frotta comme elle avait fait; aussitôt le même génie, qui s'était déjà fait voir, se présenta devant lui; mais comme Aladdin avait frotté la lampe plus légèrement que sa mère, il lui parla aussi d'un ton plus radouci. « Que veux-tu ? lui dit-il dans les mêmes termes qu'auparavant; me voilà; prêt à t'obéir comme ton esclave, et de tous ceux qui ont la lampe à la main, moi et les autres esclaves de la lampe comme moi. » Aladdin lui dit : « — J'ai faim, apporte-moi de quoi manger. » Le génie disparut, et peu de moments après, il parut chargé d'un service de table, pareil à celui qu'il avait apporté la première fois. Il le posa sur le sofa, et il disparut.

La mère d'Aladdin, qui était sortie pour ne pas se trouver dans la maison au moment de l'apparition du génie, rentra peu de temps après; elle vit la table et le buffet très bien garnis. Ils se mirent à table, et, après le repas, il leur resta encore de quoi vivre les deux jours suivants.

Dès qu'Aladdin vit qu'il n'y avait plus dans la maison ni pain ni autres provisions, ni argent pour en avoir, il prit un plat d'argent et alla chercher le juif, qu'il connaissait, pour le lui vendre. En y allant, il passa devant la boutique d'un orfèvre, respectable par sa vieillesse et d'une grande probité. L'orfèvre, qui l'aperçut, l'appela et le fit entrer. « — Mon fils, lui dit-il, je vous ai déjà vu passer plusieurs fois, chargé comme vous l'êtes à présent, rejoindre un juif et repasser peu de temps après sans être chargé; je me suis imaginé que vous lui vendez ce que vous lui portez; mais vous ne savez peut-être pas que ce juif est un trompeur, et que personne de ceux qui le connaissent ne veut avoir affaire à lui. Au reste, ce que je vous dis ici n'est que pour vous rendre service. Si vous voulez me montrer ce que vous portez présentement, je vous en donnerai son juste prix. »

Aladdin tira le plat de dessous sa robe et le montra à l'orfèvre. Le vieillard, qui connut d'abord que le plat était d'argent fin, lui demanda s'il en avait vendu de semblables au juif, et combien il les lui avait payés. Aladdin lui dit naïvement qu'il en avait vendu douze, et qu'il n'avait reçu du juif qu'une pièce d'or de chacun. « — Ah! le voleur! s'écria l'orfèvre. Mon fils, ajouta-t-il, ce qui est fait est fait, il n'y faut plus penser; mais en vous disant ce que vaut votre plat, vous connaîtrez combien le juif vous a trompé. »

L'orfèvre prit la balance, il pesa le plat; et, il lui fit remarquer qu'il valait soixante-douze pièces d'or qu'il lui compta. « — Voilà, dit-il, la valeur de votre plat. Si vous en doutez, vous pouvez vous adresser à celui de nos orfèvres qu'il vous plaira. »

Aladdin remercia vivement l'orfèvre. Dans la suite, il ne s'adressa plus qu'à lui pour vendre les autres plats, aussi bien que le bassin, dont la juste valeur lui fut toujours payée à proportion de son poids. Quoique Aladdin et sa mère eussent une source intarissable d'argent en leur lampe, ils continuèrent néanmoins de vivre toujours avec la même frugalité, à la réserve de ce qu'Aladdin mettait à part pour s'entretenir honnêtement et pour se pourvoir des commodités nécessaires dans leur petit ménage. Avec une conduite si sobre, il est aisé de juger combien de temps l'argent des douze plats et du bassin devait avoir duré. Ils vécurent de la sorte pendant quelques années, avec le secours du bon usage qu'Aladdin faisait de temps en temps de la lampe.

Dans cet intervalle, Aladdin, qui ne manquait pas de se trouver avec beaucoup d'assiduité au rendez-vous des personnes de distinction, dans les boutiques des plus gros marchands, et qui se mêlait quelquefois à leurs conversations, prit insensiblement les manières du beau monde. Il apprit, chez les joailliers, que les fruits transparents cueillis dans le jardin où il était allé prendre la lampe, étaient des pierres de grand prix. A force de voir vendre et acheter de ces pierreries dans leurs boutiques, il en apprit la valeur, et comme il n'en voyait point de pareilles aux siennes, ni en beauté ni en grosseur, il comprit qu'il possédait un trésor inestimable. Il eut la prudence de n'en parler à personne, pas même à sa mère. Un jour, en se promenant dans un quartier de la ville, Aladdin entendit publier à haute voix un ordre du sultan de fermer les boutiques et les portes des maisons; et de se renfermer chacun chez soi, jusqu'à ce que la princesse Badroulboudour, fille du sultan, fût passée pour aller au bain et qu'elle en fût revenue; le cri public fit naître chez Aladdin le désir de voir la princesse. Pour satisfaire sa curiosité, il s'avisa d'un moyen qui lui réussit; il alla se placer derrière la porte de l'établissement de bain, disposé de manière qu'il ne pouvait manquer de la voir. Elle était accompagnée d'une grande foule de ses femmes et d'esclaves qui marchaient à sa suite. Quand elle fut à trois ou quatre pas de l'établissement, elle ôta son voile qui la gênait, et cette circonstance permit à Aladdin de la voir d'autant plus à son aise qu'elle venait tout droit vers lui. La princesse était la plus belle personne que l'on pût voir au monde; sa physionomie respirait à la fois la distinction, la grâce et la bonté. A sa vue, Aladdin fut ébloui; et, quand il rentra chez lui, il resta occupé à se retracer l'image de la charmante princesse. Il ne voulut point manger; la nuit, il ne put dormir, et, songeant au pouvoir merveilleux de sa lampe, il se demanda pourquoi il n'essayerait pas à devenir l'époux de la princesse. Le lendemain, Aladdin raconta à sa mère ce qu'il éprouvait, et la résolution qu'il avait prise de demander en mariage la fille du sultan.

Sa mère écouta avec beaucoup d'attention jusqu'à ces dernières paroles; mais, quand elle eut entendu que son projet était de faire demander la princesse Badroulboudour en mariage, elle ne put s'empêcher de l'interrompre par un grand éclat de rire.

« — Eh! mon fils, lui dit-elle, à quoi pensez-vous? il faut que vous ayez perdu l'esprit pour me tenir un pareil discours.

« — Ma mère, reprit Aladdin, je puis vous assurer que je n'ai pas perdu l'esprit, je suis dans mon bon sens; j'ai prévu les reproches d'extravagance que vous me faites, et ceux que vous pourriez me faire; mais tout cela ne m'empêchera pas de vous dire encore une fois que ma résolution est prise de faire demander au sultan la main de la princesse.

» — En vérité, mon fils, repartit la mère, je ne saurais m'empêcher de vous dire que vous vous oubliez; et quand même vous voudriez exécuter cette résolution, je ne vois pas par qui vous oseriez faire cette demande au sultan. — Par vous-même,

répliqua aussitôt le fils sans hésiter. — Par moi! s'écria la mère;
et au sultan?... Ah! je me garderai bien de m'engager dans une
pareille entreprise. Et qui êtes-vous, mon fils, continua-t-elle,
pour avoir la hardiesse de penser à la fille de votre sultan?
Avez-vous oublié que vous êtes fils d'un tailleur des moindres de
sa capitale, et d'une mère dont les ancêtres n'ont pas été d'une
naissance plus relevée? Savez-vous que les sultans ne daignent
pas donner leurs filles en mariage même à des fils de sultan qui
n'ont pas l'espérance de régner un jour comme eux?

» — Ma mère, répliqua Aladdin, vos discours ni vos remontrances ne me feront pas changer de sentiment. Je vous ai dit que je ferais demander la princesse Badroulboudour en mariage par votre entremise; c'est une grâce que je vous demande avec tout le respect que je vous dois, et je vous supplie de ne me la pas refuser, à moins que vous n'aimiez mieux me voir mourir.

La mère d'Aladdin se trouva fort embarrassée quand elle vit l'opiniâtreté avec laquelle son fils persistait dans un dessein si éloigné du bon sens. Elle lui fit encore mille objections qui toutes demeurèrent inutiles. Le voyant inébranlable dans sa résolution, elle ajouta : « — Il y a une autre raison, mon fils, à laquelle vous ne pensez pas, c'est que si le sultan reçoit tout le monde à son audience, il n'est cependant pas permis de se présenter devant le prince, sans un présent à la main, quand on a quelque chose à lui demander. Les présents ont cet avantage que, s'il refuse la grâce pour les raisons qu'il peut avoir, il écoute au moins la demande. Mais, en supposant que je sois assez hardie pour aller demander pour vous sa fille en mariage, quel présent avez-vous à faire? Et quand vous auriez quelque chose qui fût digne de la moindre attention d'un si grand monarque, quelle proportion y aurait-il de votre présent avec la demande que vous voulez lui faire? Rentrez en vous-même, et songez que vous aspirez à une chose qu'il vous est impossible d'obtenir. »

« — J'avoue, dit Aladdin, que c'est une grande témérité d'aller porter mes intentions aussi loin, et d'avoir exigé de vous d'aller faire la proposition de mon mariage au sultan. Mais je persévère dans le dessein d'épouser la princesse Badroulboudour. C'est une chose arrêtée et résolue dans mon esprit. Vous me dites que ce n'est pas la coutume de se présenter devant le sultan sans un présent à la main, et que je n'ai rien qui soit digne de lui. Je tombe d'accord du présent, et je vous avoue que je n'y avais pas pensé ; mais, rappelez-vous ce que j'ai apporté le jour où je fus délivré d'une mort inévitable, et que nous avons pris, vous et moi, pour des verres colorés. Ce sont des pierreries d'un prix inestimable qui ne conviennent qu'à de grands monarques. J'en ai connu la valeur en fréquentant les joailliers, et je suis persuadé que le présent ne peut être que très agréable au sultan. Vous avez une coupe de porcelaine assez grande et d'une forme très propre pour les contenir ; apportez-la, et voyons l'effet qu'elles feront quand nous les y aurons arrangées. »

La mère d'Aladdin apporta la coupe, et Aladdin y arrangea les pierreries. L'effet qu'elles firent au grand jour, fut tel, que la mère et le fils en demeurèrent presque éblouis. Ils en furent dans un grand étonnement, car ils ne les avaient vues, l'un et l'autre, qu'à la lumière d'une lampe.

Après avoir admiré quelque temps la beauté du présent, Aladdin reprit la parole : « — Ma mère, dit-il, vous ne vous excuserez plus d'aller vous présenter au sultan sous prétexte de n'avoir pas un présent à lui faire : en voilà un, ce me semble, qui fera que vous recevrez un accueil des plus favorables. »

« — Mon fils, répondit-elle, je n'ai pas de peine à concevoir que le présent fera son effet, et que le sultan voudra bien me recevoir ; mais, quand il faudra que je m'acquitte de la demande que vous voulez que je lui fasse, je sens bien que je n'en aurai pas la force. Ainsi, non seulement j'aurai perdu mes pas, mais même le présent, qui, selon vous, est d'une richesse si extraordinaire, et je reviendrai avec confusion. »

Elle donna encore à son fils plusieurs autres raisons pour tâcher de le faire changer de sentiment ; mais Aladdin persista, et elle condescendit enfin à sa volonté.

Comme il était trop tard, la démarche fut remise au lendemain. La mère et le fils ne s'entretinrent pas d'autre chose le reste de la journée. Malgré toutes les raisons du fils, la mère ne pouvait

Un génie d'une grandeur gigantesque s'éleva et parut devant elle. (Page 265.)

se persuader qu'elle pût jamais réussir dans cette affaire. « — Mon fils, dit-elle à Aladdin, si le sultan me reçoit favorablement, mais, qu'après ce bon accueil, il s'avise de me demander où sont vos richesses et vos Etats, que voulez-vous que je lui réponde?

» — Ma mère, répondit Aladdin, ne nous inquiétons pas par avance ; voyons d'abord l'accueil que vous fera le sultan et la réponse qu'il vous donnera. S'il arrive qu'il veuille être informé de tout ce que vous venez de me dire, je verrai alors la réponse que j'aurai à lui faire, et j'ai confiance que la lampe ne me manquera pas dans le besoin. »

La mère d'Aladdin fit réflexion que la lampe dont il parlait pouvait bien servir à de plus grandes merveilles qu'à leur procurer simplement de quoi vivre. Aladdin pénétra sa pensée, et lui dit : « — Ma mère, au moins souvenez-vous de garder le secret : c'est de là que dépend tout le bon succès que nous devons attendre, vous et moi, de cette affaire. » Aladdin et sa mère se séparèrent pour prendre quelque repos ; mais les grands projets d'une fortune immense, dont le fils avait l'esprit tout rempli, l'empêchèrent de passer la nuit aussi tranquillement qu'il aurait souhaité. Il se leva avant le jour et alla aussitôt réveiller sa mère. Il la pressa de s'habiller le plus promptement possible, afin de se rendre à la porte du palais du sultan et d'y entrer dès l'ouverture.

La mère d'Aladdin prit la coupe contenant le présent de pierreries, l'enveloppa dans un double linge. Elle partit enfin, à la grande satisfaction d'Aladdin, et elle prit le chemin du palais du sultan. La foule de tous ceux qui avaient des affaires au divan était grande. On appela les parties les unes après les autres, selon l'ordre des requêtes qu'elles avaient présentées, et leurs affaires furent rapportées, plaidées et jugées jusqu'à l'heure ordinaire de la séance du divan. Alors le sultan se leva, congédia le conseil et rentra dans son appartement, où il fut suivi par le grand-vizir. Les autres vizirs et les ministres du conseil se retirèrent également.

La mère d'Aladdin retourna ainsi, au palais, six autres fois, avec aussi peu de succès ; et peut-être qu'elle y serait retournée cent fois aussi inutilement, si le sultan, qui la voyait toujours vis-à-vis de lui, à chaque séance, n'eût fait attention à elle.

Ce jour-là, enfin, après la levée du conseil, quand le sultan fut rentré dans son appartement, il dit à son grand-vizir : « — Il y a déjà quelque temps que je remarque une femme qui vient régulièrement, et qui porte quelque chose d'enveloppé dans un linge ; elle se tient debout et affecte de se mettre toujours devant moi. Savez-vous ce qu'elle demande ? »

Le grand-vizir, qui n'en savait pas plus que le sultan, ne voulut pas néanmoins demeurer court : « — Sire, répondit-il, Votre Majesté n'ignore pas que les femmes forment souvent des plaintes sur des sujets de rien. Celle-ci, apparemment, vient porter sa plainte, devant Votre Majesté, sur ce qu'on lui a vendu de la méchante farine ou sur quelque autre tort d'aussi peu d'importance. » Le sultan ne se satisfit pas de cette réponse. « — Au premier jour de conseil, reprit-il, si cette femme revient, ne manquez pas de la faire appeler, afin que je l'entende. » Le grand-vizir ne lui répondit qu'en lui baisant la main et en la portant au-dessus de sa tête.

La mère d'Aladdin retourna donc au palais le jour du conseil, et se plaça encore à l'entrée du divan.

Le grand-vizir n'avait commencé à rapporter aucune affaire, quand le sultan aperçut la mère d'Aladdin. Touché de compassion de la longue patience dont il avait été témoin : « — Avant toutes choses, de crainte que vous ne l'oubliiez, dit-il au grand-vizir, voilà la femme dont je vous parlais dernièrement : faites-la venir, et commençons par l'entendre. »

Le chef des huissiers vint jusqu'à la mère d'Aladdin, et, au signe qu'il lui fit, elle le suivit jusqu'au pied du trône du sultan, où il la laissa pour aller se ranger à sa place près du grand-vizir.

La mère d'Aladdin, instruite par l'exemple de tant d'autres qu'elle avait vus aborder le sultan, se prosterna le front contre le tapis qui couvrait les marches du trône, et demeura en cet état jusqu'à ce que le sultan lui commandât de se lever. « — Bonne femme, lui dit le sultan, il y a longtemps que je vous vois venir à mon divan et demeurer à l'entrée depuis le commencement jusqu'à la fin. Quelle affaire vous amène ici ? »

« — Grand roi, dit-elle, avant d'exposer à Votre Majesté le

sujet extraordinaire et presque incroyable qui me fait paraître devant son trône sublime, je la supplie de me pardonner la hardiesse de la demande que je viens lui faire. Elle est si peu commune, que je tremble de la proposer à mon sultan. » Pour lui donner la liberté entière de s'expliquer, le sultan commanda que tout le monde sortît du divan, et qu'on le laissât seul avec son grand-vizir ; et alors, il lui dit qu'elle pouvait s'expliquer sans crainte.

« — Sire, dit-elle, j'ose encore supplier Votre Majesté, au cas qu'elle trouve la demande que j'ai à lui faire offensante ou injurieuse en la moindre chose, de m'assurer de son pardon et de m'en accorder la grâce. — Quoi que ce puisse être, repartit le sultan, je vous le pardonne dès à présent. »

Quand la mère d'Aladdin eut pris toutes ces précautions, en femme qui redoutait toute la colère du sultan sur une proposition aussi délicate, elle lui déclara le dessein d'Aladdin, et lui exposa tout ce qu'elle avait fait pour l'en détourner.

Le sultan écouta tout ce discours avec beaucoup de douceur et de bonté, sans donner aucune marque de colère et d'indignation, et même sans prendre la demande en raillerie. Mais, avant de donner une réponse à cette bonne femme, il lui demanda ce qu'elle avait apporté enveloppé dans un linge. Aussitôt, elle prit la coupe de porcelaine et la présenta au sultan.

On ne saurait exprimer la surprise et l'étonnement du prince lorsqu'il vit rassemblées tant de pierreries si considérables, et si précieuses, si parfaites et si éclatantes. Il resta quelque temps dans une si grande admiration, qu'il en était immobile. Après être enfin revenu à lui, il reçut le présent des mains de la mère d'Aladdin, en s'écriant avec un transport de joie : « — Ah ! que cela est beau ! que cela est riche ! » Après avoir examiné et manié presque toutes les pierreries l'une après l'autre, il se tourna du côté de son grand-vizir, et en lui montrant le vase : « — Regarde, dit-il, et conviens qu'on ne peut rien voir au monde de plus riche et de plus parfait. » Le vizir en fut charmé. « — Eh bien ! continua le sultan, que dis-tu d'un tel présent ? N'est-il pas digne de la princesse ma fille, et ne puis-je pas la donner, à ce prix-là.

Ces paroles mirent le grand-vizir dans une grande agitation. Il y avait quelque temps que le sultan lui avait fait entendre que son intention était de donner la princesse sa fille en mariage à un fils qu'il avait. Il craignit que le sultan, ébloui par un présent si riche, ne changeât de sentiment. Il s'approcha du prince, et lui parlant à l'oreille : « — Sire, dit-il, on ne peut disconvenir que le présent ne soit digne de la princesse. Mais, je supplie Votre Majesté de m'accorder trois mois avant de se déterminer. J'espère qu'avant ce temps-là, mon fils aura de quoi lui en faire un d'un plus grand prix. » Le sultan, quoique bien persuadé qu'il n'était pas possible que son grand-vizir pût trouver à son fils de quoi faire un présent d'une aussi grande valeur, ne laissa pas de lui accorder cette grâce. Aussi, en se retournant du côté de la mère d'Aladdin, il lui dit : « — Allez, bonne femme, et dites à votre fils que j'agrée la proposition que vous m'avez faite de sa part; mais, que je ne puis marier la princesse ma fille avant de lui avoir fait faire un ameublement qui ne sera prêt que dans trois mois; ainsi revenez en ce temps-là. »

Quand Aladdin vit rentrer sa mère, deux choses lui firent juger qu'elle lui apportait une bonne nouvelle : elle revenait plus tôt qu'à l'ordinaire, et elle avait le visage gai et ouvert. « — Eh bien! ma mère, lui dit-il, dois-je espérer? » « — Mon fils, lui dit-elle, pour ne pas vous tenir trop longtemps dans l'incertitude, je commencerai par vous dire que vous avez tout sujet de vous réjouir. » Et, elle lui raconta de quelle manière elle avait eu audience avant tout le monde, les précautions qu'elle avait prises pour faire au sultan, sans qu'il s'en offensât, la proposition de mariage, et la réponse toute favorable que le sultan lui avait faite. Elle ajouta que le présent avait fait un puissant effet sur l'esprit du sultan, pour le déterminer à la réponse favorable qu'elle rapportait. « — Je m'y attendais d'autant moins, dit-elle encore, que le grand-vizir lui avait parlé à l'oreille avant qu'il me la fît, et que je craignais qu'il ne le détournât. »

Aladdin remercia sa mère de toutes les peines qu'elle s'était données, et bien que les trois mois lui parussent fort longs, il se disposa néanmoins à attendre avec patience.

Il laissa écouler les trois mois; et, quand ils furent achevés, il ne manqua pas, dès le lendemain, d'envoyer sa mère au palais, pour faire souvenir le sultan de sa parole.

Le sultan n'eut pas plus tôt jeté la vue sur elle, qu'il la reconnut, et se souvint en même temps de la demande qu'elle lui avait faite et de l'époque à laquelle il l'avait remise. Le grand-vizir lui faisait alors le rapport d'une affaire. « — Vizir, lui dit le sultan en l'interrompant, j'aperçois la bonne femme qui nous fit un si beau présent il y a quelques mois : faites-la venir. » Le grand-vizir aperçut la mère d'Aladdin ; aussitôt il appela le chef des huissiers, et, en la lui montrant, il lui donna l'ordre de la faire avancer.

Elle vint jusqu'au pied du trône, où elle se prosterna, selon la coutume. Après qu'elle se fut relevée, le sultan lui demanda ce qu'elle désirait. « — Sire, lui répondit-elle, je me présente encore devant Votre Majesté pour lui représenter, au nom de mon fils, que les trois mois, après lesquels elle l'a remis, sont expirés. »

Le sultan, en prenant un délai de trois mois, avait cru qu'il n'entendrait plus parler d'un mariage qu'il regardait comme peu convenable à la princesse ; et la sommation qu'il recevait de tenir sa parole lui parut embarrassante. Il consulta son grand-vizir et lui marqua la répugnance qu'il avait à conclure le mariage.

Le grand-vizir n'hésita pas à s'expliquer sur ce qu'il en pensait. « — Sire, lui dit-il, il me semble qu'il y a un moyen immanquable pour éluder un mariage si disproportionné, sans qu'Aladdin puisse s'en plaindre : c'est de mettre la princesse à un si haut prix, que ses richesses ne puissent y fournir. »

Le sultan approuva le conseil du grand-vizir. Il se retourna du côté de la mère d'Aladdin ; et, après quelques moments de réflexion : « — Ma bonne femme, lui dit-il, les sultans doivent tenir leur parole ; je suis prêt à tenir la mienne. Mais, comme je ne puis marier ma fille sans connaître l'avantage qu'elle y trouvera, vous direz à votre fils que j'accomplirai ma parole dès qu'il m'aura envoyé quarante grands bassins d'or massif, pleins des mêmes choses que vous m'avez déjà présentées de sa part, portés par un pareil nombre d'esclaves noirs, qui seront conduits par quarante autres esclaves blancs, jeunes, de belle taille, et tous magnifiquement habillés. Voilà les conditions auxquelles je suis prêt à lui donner la princesse ma fille. Allez, j'attendrai que vous m'apportiez sa réponse. »

La mère d'Aladdin se retira. Dans le chemin, elle riait en elle-même de la folle imagination de son fils. « Vraiment, disait-elle, où trouvera-t-il tant de bassins d'or et une si grande quantité de ces verres colorés pour les remplir? Retournera-t-il dans le souterrain, pour en cueillir aux arbres? Et tous ces esclaves, où les prendra-t-il? » Quand elle fut rentrée chez elle, l'esprit rempli de toutes ces pensées : « Mon fils, dit-elle, je vous conseille de ne plus penser à votre projet. Le sultan, à la vérité, m'a reçue avec beaucoup de bonté, et je crois qu'il était bien intentionné pour vous; mais le grand-vizir l'a fait changer de sentiment. » La mère d'Aladdin fit à son fils un récit très exact de tout ce que le sultan lui avait dit, et des conditions auxquelles il consentirait au mariage de la princesse sa fille avec lui. « — Mon fils, lui dit-elle en terminant, il attend votre réponse; mais entre nous, continua-t-elle en souriant, je crois qu'il l'attendra longtemps. »

» — Pas si longtemps que vous pouvez le croire, ma mère, reprit Aladdin. Pendant que je vais songer à satisfaire le sultan, allez-nous chercher de quoi dîner.

Dès que la mère d'Aladdin fut sortie, le jeune homme prit la lampe et la frotta. Aussitôt le génie se présenta devant lui, et lui demanda ce qu'il avait à lui commander. Aladdin lui dit : « — Le sultan me donne la princesse sa fille en mariage; mais auparavant, il me demande quarante grands bassins d'or massif et bien pesants, pleins des fruits du jardin où j'ai pris la lampe dont tu es esclave. Il exige aussi que ces quarante bassins d'or soient portés par quarante esclaves noirs, précédés par quarante esclaves blancs. Va, et amène-moi ce présent au plus tôt, afin que je l'envoie au sultan. » Le génie lui dit que son commandement allait être exécuté et il disparut.

Très peu de temps après, le génie revint accompagné des quarante esclaves noirs, chacun chargé d'un bassin d'or massif du poids de vingt marcs sur la tête, plein de perles, de diamants, de rubis et d'émeraudes mieux choisis, même pour la beauté et pour la grosseur, que ceux qui avaient été présentés au sultan. Chaque bassin était couvert d'une toile d'argent à fleurons d'or. Tous ces esclaves occupaient presque toute la maison, avec une petite cour et un petit jardin. Le génie demanda à Aladdin s'il était content, et s'il avait encore quelque autre commandement à lui faire. Aladdin lui dit qu'il ne lui demandait rien de plus.

La mère d'Aladdin revint du marché, et en entrant, elle fut dans une grande surprise de voir tant de monde et tant de richesses. Quand elle se fut déchargée des provisions qu'elle apportait, elle voulut ôter le voile qui lui couvrait le visage; mais Aladdin l'en empêcha. « — Ma mère, dit-il, il n'y a pas de temps à perdre; avant que le sultan achève de tenir le divan, il est important que vous retourniez au palais et que vous y conduisiez incessamment le présent et la dot de la princesse Badroulboudour, afin qu'il juge, par ma diligence, du zèle ardent et sincère que j'ai de me procurer l'honneur d'entrer dans son alliance. »

Sans attendre la réponse de sa mère, Aladdin ouvrit la porte, et fit défiler successivement tous ses esclaves, en faisant toujours marcher un esclave blanc suivi d'un esclave noir, chargé d'un bassin d'or sur la tête, Et après que sa mère fut sortie, il ferma la porte et il demeura dans sa chambre, avec l'espérance que le sultan voudrait bien le recevoir enfin pour gendre.

La vue du premier esclave, sorti de la maison d'Aladdin, avait fait arrêter tous les passants; et, avant que les quatre-vingts esclaves eussent achevé de sortir, la rue se trouva pleine d'une grande foule de peuple. L'habillement de chaque esclave était si riche en étoffes et en pierreries, que les meilleurs connaisseurs ne crurent pas se tromper en faisant monter chaque habit à plus d'un million.

Comme il fallait passer par plusieurs rues pour arriver au palais, une bonne partie de la ville fut témoin d'une pompe si ravissante. Le premier des quatre-vingts esclaves arriva à la porte de la première cour du palais, et les portiers qui s'étaient mis en haie, le prirent pour un roi, tant il était richement et magnifiquement habillé. Ils s'avancèrent pour lui baiser le bas de la robe, mais l'esclave, instruit par le génie, les arrêta et leur dit gravement : « — Nous ne sommes que des esclaves; notre maître paraîtra quand il en sera temps. »

Le premier esclave, suivi de tous les autres, s'avança jusqu'à la seconde cour, qui était très spacieuse, et où la maison du sultan était rangée pendant la séance du divan. Les officiers, à la tête de chaque groupe, étaient d'une grande magnificence, mais elle fut effacée par la présence des esclaves porteurs du présent d'Aladdin.

Comme le sultan avait été averti de la marche et de l'arrivée du cortège, il avait donné ses ordres pour le faire entrer. Dès que les esclaves eurent formé un demi-cercle devant le trône, les esclaves noirs posèrent sur le tapis le bassin qu'ils portaient. Ils se prosternèrent tous ensemble, et lorsqu'ils se relevèrent, les esclaves noirs découvrirent les bassins qui étaient devant eux, et tous demeurèrent debout, les mains croisées sur la poitrine.

La mère d'Aladdin, qui s'était avancée jusqu'au pied du trône, dit au sultan, après s'être prosternée : « — Sire, mon fils n'ignore pas que ce présent, qu'il envoie à Votre Majesté, ne soit beaucoup au-dessous de ce que mérite la princesse Badroulboudour. Il espère, néanmoins, que Votre Majesté l'aura pour agréable et qu'elle voudra bien le faire agréer aussi à la princesse. »

Le sultan n'était pas en état de faire attention au compliment de la mère d'Aladdin. Le premier coup d'œil jeté sur les quarante bassins d'or et sur les quatre-vingts esclaves, l'avait tellement frappé, qu'il ne pouvait revenir de son admiration. Au lieu de répondre, il s'adressa au grand-vizir, qui ne pouvait comprendre lui-même d'où une si grande profusion de richesses pouvait être venue : « — Eh bien ! vizir, dit-il publiquement, que pensez-vous de celui qui m'envoie un présent si riche et si extraordinaire, et que ni moi ni vous nous ne connaissons? Le croyez-vous indigne d'épouser la princesse Badroulboudour, ma fille? »

Quelque jalousie qu'eût le grand-vizir de voir qu'un inconnu allait devenir le gendre du sultan, il n'osa dissimuler son sentiment. Il répondit donc au sultan : « — Sire, bien loin d'avoir la pensée que celui qui fait à Votre Majesté ce présent soit indigne de l'honneur qu'elle veut lui faire, j'oserais dire qu'il mériterait davantage, si je n'étais pas persuadé qu'il n'y a pas de trésor au monde assez riche pour être mis dans la balance avec la princesse. » Les seigneurs de la cour témoignèrent par leurs applaudissements que leurs avis n'étaient pas différents.

Le sultan ne différa plus; il ne pensa pas même à s'informer si Aladdin avait les autres qualités convenables. Aussi, pour renvoyer la mère d'Aladdin avec la satisfaction qu'elle pouvait désirer, il lui dit : « — Bonne femme, allez dire à votre fils que je l'attends pour l'embrasser, et que plus il fera de diligence pour venir recevoir de ma main le don que je lui fais de la princesse, ma fille, plus il me fera de plaisir. »

Dès que la mère d'Aladdin se fut retirée, le sultan mit fin à l'audience de ce jour : Se levant de son trône, il ordonna que les esclaves attachés au service de la princesse vinssent enlever les bassins pour les porter à l'appartement de leur maîtresse.

Les quatre-vingts esclaves blancs et noirs ne furent pas oubliés : on les fit entrer dans l'intérieur du palais, et, quelque temps après, le sultan, qui venait de parler de leur magnificence à la princesse Badroulboudour, commanda qu'on les fît venir devant l'appartement, afin qu'elle les considérât au travers des jalousies et qu'elle connût que, bien loin d'avoir rien exagéré, il lui en avait dit beaucoup moins que ce qui en était.

La mère d'Aladdin arriva chez elle, avec un air qui marquait par avance la bonne nouvelle qu'elle apportait à son fils. « — Mon fils, lui dit-elle, vous êtes arrivé à l'accomplissement de vos souhaits. Le sultan, avec l'approbation de toute la cour, a déclaré que vous êtes digne d'épouser la princesse Badroulboudour. Il vous attend pour vous embrasser. C'est à vous de songer aux préparatifs pour cette entrevue, afin qu'elle réponde à la haute opinion qu'il a conçue de votre personne. »

Aladdin, charmé, remercia sa mère, et se retira dans sa chambre. Là, après avoir pris la lampe, il ne l'eut pas plutôt frottée que le génie marqua son obéissance en paraissant sans se faire attendre. « — Génie, lui dit Aladdin, je t'ai appelé pour me faire prendre le bain; et, quand je l'aurai pris, je veux que tu me tiennes prêt un habillement le plus riche et le plus magnifique que jamais monarque ait porté. » Il eut à peine achevé de parler, que le génie, en le rendant invisible comme lui, l'enleva et le transporta dans un bain tout de marbre le plus fin, de couleurs les plus belles et les plus diversifiées. Sans voir qui le servait, il fut déshabillé dans un salon spacieux et d'une grande propreté. Du salon, on le fit entrer dans le bain, qui était d'une chaleur modérée, et là il fut frotté avec plusieurs sortes d'eaux de senteur ; il en sortit, mais tout autre que quand il y était entré : Son teint se trouva frais, blanc, vermeil, et son corps beaucoup plus léger et plus dispos. Il rentra dans le salon, et il fut surpris en voyant la magnificence de l'habit qu'on avait substitué à celui qu'il avait laissé. Il s'habilla avec l'aide du génie, en admirant chaque pièce de son costume. Quand il eut achevé, le génie le reporta chez lui ; alors, il lui demanda s'il avait autre chose à lui commander.

« — Oui, répondit Aladdin, j'attends de toi que tu m'amènes au plus tôt un cheval surpassant en beauté l'animal le plus estimé de l'écurie du sultan. Je demande aussi que tu me fasses venir, en même temps, vingt esclaves habillés aussi richement que ceux qui ont apporté le présent, pour marcher à mes côtés et à ma suite, et vingt autres semblables pour marcher devant moi en deux files. Fais venir aussi, à ma mère, six femmes esclaves pour la servir, chacune habillée aussi richement au moins que les femmes esclaves de la princesse Badroulboudour. J'ai besoin aussi de dix mille pièces d'or en dix bourses. Voilà, ajouta-t-il, ce que j'avais à te commander : va, et fais diligence. »

Dès qu'Aladdin eut achevé de donner ses ordres, le génie disparut, et bientôt après il revint avec le cheval, avec les quarante esclaves, dont dix portaient chacun une bourse de mille pièces d'or, et avec six femmes esclaves portant chacune un habit différent pour la mère d'Aladdin.

Des dix bourses, Aladdin n'en prit que quatre, qu'il donna à sa mère, en lui disant que c'était pour s'en servir dans ses besoins. Il laissa les six autres entre les mains des esclaves qui les portaient, avec ordre de les garder et de les jeter au peuple, en passant par les rues. Il ordonna aussi qu'ils marcheraient devant lui avec les autres, trois à droite et trois à gauche. Il présenta enfin, à sa mère, les six femmes esclaves, en lui disant que les habits qu'elles avaient apportés étaient pour son usage.

Quand Aladdin eut disposé toutes ses affaires, il dit au génie en le congédiant qu'il l'appellerait quand il aurait besoin de son service. Quoique jamais il n'eût monté à cheval, il y parut pour la première fois, avec tant de bonne grâce que le cavalier le plus expérimenté ne l'eût pas pris pour un novice. Les rues furent remplies en un moment d'une foule innombrable de peuple qui faisait retentir l'air d'acclamations, chaque fois que les six esclaves portant les bourses faisaient voler des poignées de pièces d'or. Ceux qui se souvenaient de l'avoir vu jouer dans les rues, ne le reconnaissaient plus; ceux même qui l'avaient vu il n'y avait pas longtemps, avaient de la peine à le reconnaître, tant il avait les traits changés. Cela venait de ce que la lampe avait cette propriété de procurer, par degrés, à ceux qui la possédaient, les perfections convenables à l'état auquel ils parvenaient par le bon usage qu'ils en faisaient. On fit alors beaucoup plus d'attention à la personne d'Aladdin qu'à la pompe qui l'accompagnait. Comme le bruit s'était répandu que le sultan lui donnait la princesse Badroulboudour en mariage, personne ne porta envie à sa fortune ni à son élévation, tant il en parut digne.

Aladdin arriva au palais, où tout était disposé pour le recevoir. Quand il fut à la seconde porte, il voulut mettre pied à terre; mais le chef des huissiers, qui l'y attendait par ordre du sultan, l'en empêcha et l'accompagna jusqu'à la salle d'audience, où il l'aida à descendre de cheval.

Dès que le sultan eut aperçu Aladdin, il ne fut pas moins étonné de le voir vêtu plus richement et plus magnifiquement qu'il ne l'avait jamais été lui-même, que surpris de sa bonne mine, de sa taille et d'un certain air de grandeur. Il descendit deux ou trois marches de son trône, assez promptement pour empêcher Aladdin de se jeter à ses pieds, et pour l'embrasser avec une démonstration pleine d'amitié. Il l'obligea ensuite de monter et de s'asseoir entre le vizir et lui.

Alors Aladdin prit la parole : « — Sire, dit-il, je reçois les honneurs que Votre Majesté me fait; mais elle me permettra de lui dire que je n'ai point oublié que je suis né son esclave, que je connais la grandeur de sa puissance, et que je n'ignore pas combien ma naissance me met au-dessous de la splendeur et de l'éclat du rang suprême où elle est élevée. Je demande pardon à Votre Majesté de ma témérité: mais je ne puis dissimuler que je mourrais de douleur si je perdais l'espérance d'en voir l'accomplissement.

» — Mon fils, répondit le sultan, vous m'affligeriez en doutant un seul instant de la sincérité de ma parole. Je préfère le plaisir de vous voir et de vous entendre à tous mes trésors joints avec les vôtres. »

En achevant ces paroles, le sultan fit un signal, et aussitôt on entendit l'air retentir du son des hautbois et des cymbales; et, en même temps, le sultan conduisit Aladdin dans un magnifique salon où on servit un superbe festin. Le sultan mangea seul avec Aladdin. Dans la conversation qu'ils eurent ensemble, pendant le repas, et sur quelque matière qu'il le mît, le jeune homme parla avec tant de connaissance et de sagesse, qu'il acheva de confirmer le sultan dans la bonne opinion qu'il avait conçue de lui.

Le repas achevé, le sultan fit appeler le premier juge, et lui commanda de dresser le contrat de mariage de la princesse Badroulboudour, sa fille, et d'Aladdin. Pendant ce temps-là, le sultan s'entretint avec Aladdin de plusieurs choses indifférentes en présence du grand-vizir et des seigneurs de la cour, qui admirèrent la solidité de son esprit et la grande facilité qu'il avait de parler et de s'énoncer.

Quand le juge eut achevé le contrat dans les formes requises, le sultan demanda à Aladdin s'il voulait rester dans le palais. « Sire, répondit Aladdin, quelque impatience que j'aie de jouir pleinement des bontés de Votre Majesté, je la supplie de vouloir bien permettre que je les diffère jusqu'à ce que j'aie fait bâtir un palais, pour recevoir la princesse selon son mérite et sa dignité. Je la prie, pour cet effet, de m'accorder une place convenable devant le sien, afin que je sois plus à portée de lui faire ma cour. Je n'oublierai rien pour faire en sorte qu'il soit achevé avec toute la diligence possible. — Mon fils, lui dit le sultan, prenez tout le terrain que vous jugerez à propos : le vide est trop grand devant mon palais, et j'avais déjà songé moi-même à le remplir; mais, souvenez-vous que je ne puis assez tôt vous voir uni avec ma fille pour mettre le comble à ma joie. » En achevant ces paroles, il embrassa encore Aladdin, qui prit congé du sultan avec la même politesse que s'il eût toujours vécu à la cour.

Aladdin monta à cheval, et il retourna chez lui, au travers de la même foule et aux acclamations du peuple, qui lui souhaitait toute sorte de bonheur et de prospérité. Dès qu'il fut rentré, il prit la lampe et appela le génie qui ne se fit pas attendre ; il parut et se mit à son service. « — Génie, lui dit Aladdin, j'ai tout sujet de me louer de ton exactitude à exécuter les ordres que je t'ai donnés par la puissance de cette lampe. Il s'agit aujourd'hui de faire paraître, s'il est possible, plus de zèle et de diligence que tu n'as encore fait. Je te demande donc, qu'en aussi peu de temps que tu le pourras, tu me fasses bâtir, vis-à-vis du palais du sultan, un autre palais digne d'y recevoir la princesse Badroulboudour, mon épouse. Je laisse à ta liberté le choix des matériaux, c'est-à-dire du porphyre, du jaspe, de l'agate, du lapis et du marbre le plus fin, et du reste de l'édifice ; mais j'entends qu'au plus haut de ce palais, tu fasses élever un grand salon en dôme, à quatre faces égales, dont les assises ne soient d'autre matière que d'or et d'argent massifs, posées alternativement, avec vingt-quatre croisées, six à chaque face, et que les jalousies de chaque croisée, à la réserve d'une seule, que je veux qu'on laisse imparfaite, soient enrichies, avec art et symétrie, de diamants, de rubis et d'émeraudes, de manière que rien de pareil, en ce genre, n'ait été vu dans le monde. Je veux aussi que ce palais soit accompagné d'une avant-cour, d'une cour, d'un jardin ; mais, sur toute chose, qu'il y ait, dans un endroit que tu me feras connaître, un trésor bien rempli d'or et d'argent monnayés. Je veux aussi qu'il y ait dans ce palais des cuisines, des offices, des magasins, des garde-meubles garnis de meubles précieux pour toutes les saisons ; des écuries remplies des plus beaux chevaux, avec leurs écuyers et leurs palefreniers, sans oublier un équipage de chasse. Il faut qu'il y ait aussi des officiers de cuisine et d'office, et des femmes esclaves nécessaires pour le service de la princesse. Tu dois comprendre mon intention : va, et reviens quand cela sera fait. »

Le soleil venait de se coucher quand Aladdin acheva de charger le génie de la construction du palais qu'il avait imaginé.

Le lendemain matin, à la pointe du jour, Aladdin était à peine levé, que le génie se présenta à lui. « — Seigneur, dit-il, votre palais est achevé, venez voir si vous en êtes content. » Aladdin n'eut pas plus tôt témoigné qu'il le voulait bien, que le génie l'y transporta en un instant. Il trouva le palais si fort au-dessus de son attente qu'il ne pouvait assez l'admirer. Le génie le conduisit dans tous les endroits, et partout il ne trouva que richesses, que propreté et que magnificence, avec des officiers et des esclaves, tous habillés selon leur rang et selon les services auxquels ils étaient destinés. Il ne manqua pas, comme une des choses principales, de lui faire voir le trésor, dont la porte fut ouverte par le trésorier, et Aladdin y vit des tas de bourses de différentes grandeurs, élevés jusqu'à la voûte et disposés dans un arrangement qui faisait plaisir à voir. En sortant, le génie l'assura de la fidélité du trésorier. Il le mena ensuite aux écuries, et là, il lui fit remarquer les plus beaux chevaux qu'il y eût au monde et les palefreniers, occupés à les panser.

Quand Aladdin eut examiné tout le palais, depuis le haut jusqu'en bas, et particulièrement le salon à vingt-quatre croisées, et qu'il y eut trouvé des richesses et de la magnificence, avec toutes sortes de commodités au-delà de ce qu'il s'en était promis, il dit au génie : « — Génie, on ne peut être plus content que je le suis, et j'aurais tort de me plaindre. Il reste une seule chose dont je ne t'ai rien dit, parce que je ne m'en étais pas avisé : c'est d'étendre, depuis la porte de l'appartement destiné à la princesse, un tapis du plus beau velours, afin qu'elle marche dessus en venant du palais du sultan. — Je reviens dans un moment, » dit le génie. Et comme il disparut, peu de temps après, Aladdin fut étonné de voir ce qu'il avait souhaité exécuté, sans savoir comment cela s'était fait. Le génie reparut, et il reporta Aladdin chez lui au moment où l'on ouvrait la porte du palais du sultan.

Les portiers du palais, qui venaient d'ouvrir la porte et qui avaient toujours eu la vue libre du côté où était alors celui d'Aladdin, furent fort étonnés de la voir bornée et de voir un tapis de velours qui venait de ce côté-là jusqu'à la porte de celui du sultan. Ils ne distinguèrent d'abord pas bien ce que c'était; mais, leur surprise augmenta quand ils eurent aperçu distinctement le superbe palais d'Aladdin. Le grand-vizir, qui était arrivé jusqu'à l'ouverture de la porte du palais, n'avait pas été moins surpris de cette nouveauté que les autres. Il en fit, le premier, part au sultan; mais il voulut lui faire passer la chose pour un enchantement. « — Vizir, reprit le sultan, pourquoi voulez-vous que ce soit un enchantement? Vous savez aussi bien que moi que c'est le palais qu'Aladdin a fait bâtir, par la permission que je lui en ai donnée en votre présence, pour loger la princesse, ma fille. Après l'échantillon de ses richesses que nous avons vu, pouvons-nous trouver étrange qu'il ait fait bâtir ce palais en si peu de temps?

Quand Aladdin eut congédié le génie, il trouva que sa mère était levée et qu'elle commençait à se parer d'un des habits qu'il lui avait fait apporter. Il la disposa à aller au palais, en la priant, si elle voyait le sultan, de lui dire qu'elle venait pour avoir l'honneur d'accompagner la princesse, vers le soir, quand elle serait en état de passer à son palais. Pour ce qui est d'Aladdin, il monta à cheval, et, après être sorti de la maison paternelle pour n'y plus rentrer, sans avoir oublié la lampe merveilleuse, dont le secours lui avait été si avantageux pour parvenir au comble de son bonheur, il se rendit publiquement à son palais, avec la même pompe que lorsqu'il était allé se présenter au sultan le jour précédent.

Dès que les portiers du palais du sultan eurent aperçu la mère d'Aladdin, ils en avertirent le sultan. Aussitôt, un ordre fut donné aux troupes de musiciens déjà postés en différents endroits des terrasses du palais; et, en un moment, l'air retentit de fanfares et de concerts, qui annoncèrent la joie à toute la ville. Les artisans quittèrent leur travail, et le peuple se rendit avec empressement à la grande place, qui se trouva alors entre le palais du sultan et celui d'Aladdin. Ce dernier attira d'abord leur admiration; mais, le sujet de leur plus grand étonnement fut de voir un palais si magnifique dans un lieu où, le jour d'auparavant, il n'y avait ni matériaux, ni fondements préparés.

La mère d'Aladdin fut reçue, dans le palais, avec honneur, et introduite dans l'appartement de la princesse Badroulboudour. Aussitôt que la princesse l'aperçut, elle alla l'embrasser, et lui fit prendre place sur son sofa; et, pendant que ses femmes achevaient de l'habiller et de la parer des joyaux les plus précieux dont Aladdin lui avait fait présent, elle lui fit servir une collation magnifique. Le sultan, qui venait pour être auprès de la princesse sa fille le plus de temps qu'il pourrait avant qu'elle se séparât d'avec lui, lui fit de grands honneurs.

Quand la nuit fut venue, la princesse prit congé du sultan, son père. Leurs adieux furent tendres et mêlés de larmes; ils s'embrassèrent plusieurs fois sans se rien dire; et enfin, la princesse sortit de son appartement et se mit en marche avec la mère d'Aladdin à sa gauche, et suivie de cent femmes esclaves, habillées avec une magnificence surprenante. Elles étaient suivies par cent tchaoux et par un pareil nombre d'esclaves noirs en deux files, avec leurs officiers à leur tête. Quatre cents jeunes pages du sultan, marchaient sur les côtés en tenant un flambeau à la main : La lumière des flambeaux, jointe aux illuminations des palais, suppléait merveilleusement au défaut du jour.

Dans cet ordre, la princesse marcha sur le tapis étendu depuis le palais du sultan jusqu'au palais d'Aladdin, et arriva enfin au nouveau palais. Aladdin courut, avec toute la joie imaginable, à l'entrée de l'appartement qui lui était destiné, pour la recevoir. Il la conduisit dans un grand salon éclairé d'une infinité de bougies, où, par les soins du génie, la table se trouva couverte d'un superbe festin. Les plats étaient d'or massif et remplis des viandes les plus délicieuses. Les vases, les gobelets, les bassins, dont le buffet était garni, étaient aussi d'or et d'un travail exquis. Les autres ornements et tous les embellissements du salon répondaient parfaitement à cette grande richesse. La princesse, enchantée de voir tant de richesses rassemblées dans un même lieu, dit à Aladdin : « — Prince, je croyais que rien n'était plus beau que le palais du sultan, mon père; mais à voir ce seul salon, je m'aperçois que je me suis trompée. — Princesse, répondit Aladdin, en la faisant mettre à table à la place qui lui était destinée, je reçois une si grande honnêteté comme je le dois, mais je sais ce que je dois croire. »

La princesse Badroulboudour, Aladdin et sa mère se mirent à table, et aussitôt un chœur d'instruments des plus harmonieux, et accompagnés de très belles voix, commença un concert qui dura sans interruption jusqu'à la fin du repas. La princesse en fut si charmée, qu'elle dit n'avoir jamais rien entendu de pareil dans le palais du sultan, son père. Mais elle ne savait pas que ces musiciennes étaient des fées choisies par le génie esclave de la lampe.

Le lendemain, quand Aladdin fut éveillé, ses valets de chambre l'habillèrent. Ensuite, il monta à cheval et se rendit au palais du sultan, au milieu d'une grande troupe d'esclaves qui marchaient devant lui, à ses côtés et à sa suite. Le sultan le reçut avec les mêmes honneurs que la première fois. « — Sire, lui dit Aladdin, je supplie Votre Majesté de me faire l'honneur de venir prendre un repas dans le palais de la princesse, avec son grand-vizir et les seigneurs de sa cour. » Le sultan lui accorda cette grâce avec plaisir. Il se leva à l'heure même, et, comme le chemin n'était pas long, il voulut y aller à pied. Ainsi il sortit, avec Aladdin à sa droite, le grand-vizir à sa gauche, et les seigneurs à sa suite, précédé par les tchaoux et par les principaux officiers de sa maison.

Plus le sultan approchait du palais d'Aladdin, plus il était frappé de sa beauté. Ce fut bien autre chose quand il y fut entré : ses exclamations ne cessaient pas, à chaque pièce qu'il voyait. Mais quand il fut arrivé au salon à vingt-quatre croisées, où Aladdin l'avait invité à monter, qu'il en eut vu les ornements, et surtout qu'il eut jeté les yeux sur les jalousies, enrichies de diamants, de rubis et d'émeraudes, toutes pierres précieuses dans leur grosseur proportionnée, et qu'Aladdin lui eut fait remarquer que la richesse était pareille au dehors, il en fut tellement surpris, qu'il demeura comme en extase. Après être resté quelque temps en cet état : « — Vizir, dit-il au ministre, qui était près de lui, est-il possible qu'il y ait en mon royaume et si près de mon palais un monument si superbe, et que je l'aie ignoré jusqu'à présent?— Votre Majesté, reprit le grand-vizir, peut se souvenir qu'avant-hier elle accorda à Aladdin, qu'elle venait de reconnaître pour son gendre, la permission de bâtir un palais vis-à-vis du sien. Le même jour, au coucher du soleil, il n'y avait pas encore de palais en cette place, et hier j'eus l'honneur de lui annoncer le premier que le palais était fait et achevé. — Je m'en souviens, repartit le sultan; mais jamais je ne me fusse imaginé que ce palais fût une des merveilles du monde. Où en trouve-t-on dans tout l'univers de bâtis d'assise d'or et d'argent massifs, au lieu d'assises ou de pierre ou de marbre; dont les croisées ont des jalousies jonchées de diamants, de rubis et d'émeraudes? »

Le sultan voulut voir et admirer la beauté des vingt-quatre jalousies. En les comptant, il n'en trouva que vingt-trois qui fussent de la même richesse, et il fut dans un grand étonnement de ce que la vingt-quatrième était demeurée imparfaite. « — Vizir, dit-il, je suis surpris qu'un salon de cette magnificence soit demeuré imparfait par cet endroit. — Sire, reprit le grand-vizir, Aladdin apparemment a été pressé, et le temps lui a manqué pour rendre cette croisée semblable aux autres; mais on peut croire qu'il a les pierreries nécessaires, et qu'au premier jour il y fera travailler. »

Aladdin, qui avait quitté le sultan pour donner quelques ordres, vint le rejoindre sur ces entrefaites : — Mon fils, lui dit le sultan, voici le salon le plus digne d'être admiré de tous ceux qui sont au monde. Une seule chose me surprend, c'est de voir que cette jalousie soit demeurée imparfaite. Est-ce par oubli, ajouta-t-il, par négligence, ou parce que les ouvriers n'ont pas eu le temps de mettre la dernière main à un si beau morceau d'architecture? — Sire, répondit Aladdin, ce n'est par aucune de ces raisons que la jalousie est restée dans l'état que Votre Majesté la voit. La chose a été faite à dessein, et c'est par mon ordre que les ouvriers n'y ont pas touché : je voulais que Votre Majesté eût la gloire de faire achever ce salon et le palais en même temps. Je la supplie de vouloir bien agréer ma bonne intention, afin que je puisse me souvenir de la faveur et de la grâce que j'aurai reçues d'elle. — Si vous l'avez fait dans cette intention, reprit le sultan, je vous en sais bon gré ; je vais, dès l'heure même, donner les ordres pour cela. » En effet, il ordonna qu'on fît venir les joailliers les mieux fournis de pierreries et les orfèvres les plus habiles de sa capitale.

Le sultan, cependant, descendit du salon, et Aladdin le conduisit dans celui où il avait reçu la princesse Badroulboudour le jour des noces. La princesse arriva un moment après ; elle reçut le sultan d'un air qui lui fit connaître, avec plaisir, combien elle était contente de son mariage. Deux tables se trouvèrent fournies des mets les plus délicieux, et servies tout en vaisselle d'or. Le sultan se mit à la première et mangea avec la princesse sa fille, Aladdin et le grand-vizir. Tous les seigneurs de la cour prirent place à la seconde, qui était fort longue. Le sultan trouva les mets de bon goût, et il avoua que jamais il n'avait rien mangé de plus excellent. Il dit la même chose du vin, qui était en effet délicieux. Ce qu'il admira le plus, furent quatre grands buffets garnis et chargés de flacons, de bassins et de coupes d'or massif, le tout enrichi de pierreries. Il fut charmé aussi des chœurs de musique, qui étaient disposés dans le salon, pendant que les fanfares retentissaient au dehors, à une distance proportionnée, pour en avoir tout l'agrément.

Tandis que le sultan sortait de table, on l'avertit que des joailliers et les orfèvres, appelés par son ordre étaient arrivés. Il remonta au salon à vingt-quatre croisées, et, quand il y fut, il montra aux joailliers et aux orfèvres qui l'avaient suivi la croisée qui était imparfaite. « — Je vous ai fait venir, leur dit-il, afin que vous mettiez cette croisée dans la même perfection que les autres. »

Les joailliers et les orfèvres examinèrent les vingt-trois autres jalousies avec une grande attention ; après qu'ils se furent consulté, ils revinrent se présenter devant le sultan ; et le joaillier ordinaire du palais, qui prit la parole, lui dit : « — Sire, nous sommes prêts à employer nos soins et notre industrie pour obéir à Votre Majesté ; mais, entre nous tant que nous sommes de notre profession, nous n'avons pas de pierreries assez précieuses ni en assez grand nombre pour fournir à un si grand travail. — J'en ai, dit le sultan, et au-delà de ce qu'il en faudra : venez a mon palais, je vous mettrai à même, et vous choisirez. »

Quand le sultan fut de retour à son palais, il fit apporter toutes ses pierreries; ils en prirent une très grande quantité, particulièrement de celles qui venaient du présent d'Aladdin. Il les employèrent sans qu'il parût qu'ils eussent beaucoup avancé. Ils revinrent en prendre d'autres à plusieurs reprises, et en un mois ils n'avaient pas achevé la moitié de la croisée. Ils employèrent toutes celles du sultan, avec ce que le grand-vizir lui prêta des siennes, et tout ce qu'ils purent faire fut d'achever, au plus, la moitié de la croisée. Aladdin, qui connut que le sultan s'efforçait inutilement de rendre la jalousie semblable aux autres, fit venir les orfèvres et leur dit non seulement de cesser leur travail, mais de défaire tout ce qu'ils avaient fait, et de reporter au sultan toutes ses pierreries.

L'ouvrage que les joailliers et les orfèvres avaient mis plus de six semaines à faire fut détruit en peu d'heures. Ils se retirèrent et laissèrent Aladdin seul dans le salon. Il tira la lampe, qu'il avait sur lui, et il la frotta. Aussitôt le génie se présenta. « — Génie, lui dit Aladdin, je t'avais ordonné de laisser une des vingt-quatre jalousies de ce salon imparfaite, et tu avais exécuté mon ordre : présentement, je t'ai fait venir pour te dire que je souhaite que tu la rendes pareille aux autres. » Le génie disparut, et Aladdin descendit du salon. Peu de moments après, quand il fut remonté, il trouva la jalousie dans l'état qu'il avait souhaité et pareille aux autres.

Les joailliers et les orfèvres arrivèrent au palais et furent introduits en présence du sultan. Le premier joaillier, en lui présentant les pierreries qu'ils lui rapportaient, dit au sultan au nom de tous : « — Sire, Votre Majesté sait combien il y a de temps que nous travaillons de toute notre industrie à finir l'ouvrage dont elle nous a chargés. Il était déjà fort avancé lorsqu'Aladdin nous a obligés non seulement de cesser, mais même de défaire tout ce que nous avions fait, et de lui rapporter ses pierreries et celles du grand-vizir. » Le sultan leur demanda si Aladdin ne leur en avait pas dit la raison; et, comme ils répondirent qu'il ne leur en avait rien témoigné, il donna ordre qu'on lui amenât un cheval. Il partit et arriva au palais d'Aladdin ; il alla mettre pied à terre au bas de l'escalier qui conduisait au salon à vingt-quatre croisées. Il y monta sans faire avertir Aladdin ; mais le jeune homme s'y trouva fort à-propos, et il n'eut que le temps de recevoir le sultan à la porte.

Le sultan lui dit : « — Mon fils, je viens moi-même vous demander quelle raison vous avez de vouloir laisser imparfait un salon aussi magnifique que celui de votre palais. »

Aladdin dissimula la véritable raison, qui était que le sultan n'était pas assez riche en pierreries pour faire une dépense si grande. Mais, afin de lui faire connaître combien le palais, tel qu'il était, surpassait non seulement le sien, mais même tout autre palais qui fût au monde, puisqu'il n'avait pu le parachever dans la moindre de ses parties, il lui répondit : « — Sire, il est vrai que Votre Majesté a vu ce salon imparfait ; mais je la supplie de voir présentement si quelque chose y manque. »

Le sultan alla droit à la fenêtre dont il avait vu la jalousie imparfaite, et, quand il eut remarqué qu'elle était semblable aux autres, il crut s'être trompé. Il examina non seulement les deux croisées qui étaient aux deux côtés, mais il les regarda toutes l'une après l'autre ; et quand il fut convaincu que celle à laquelle il avait fait employer tant de temps, et qui lui avait coûté tant de journées d'ouvriers, venait d'être achevée dans le peu de temps qui lui était connu, il embrassa Aladdin. « — Mon fils, lui dit-il, rempli d'étonnement, quel homme êtes-vous, qui faites des choses si surprenantes et presque en un clin d'œil ? Vous n'avez pas votre semblable au monde, et plus je vous connais, plus je vous trouve admirable. »

Aladdin reçut les hommages du sultan avec beaucoup de modestie, et il lui répondit en ces termes :

« — Sire, c'est une grande gloire pour moi de mériter la bienveillance et l'approbation de Votre Majesté ; ce que je puis lui assurer, c'est que je n'oublierai rien pour mériter l'une et l'autre de plus en plus. »

Le sultan retourna à son palais, sans permettre à Aladdin de l'y accompagner. En arrivant, il trouva le grand-vizir qui l'attendait. Le sultan, encore tout rempli d'admiration de la merveille dont il venait d'être témoin, lui en fit le récit en des termes qui confirmèrent le vizir dans la croyance où il était déjà que le palais d'Aladdin était l'effet d'un enchantement. Il voulut lui répéter la même chose.

Le grand-vizir vit que le sultan était prévenu. Il ne voulut pas entrer en discussion avec lui, et il le laissa dans son opinion.

Aladdin, cependant, ne demeurait pas renfermé dans son palais. Chaque fois qu'il sortait, il faisait jeter des pièces d'or à poignées dans les rues et dans les places par où il passait, et où le peuple se rendait toujours en grande foule.

Cette inclination généreuse lui fit donner, par tout le peuple, mille bénédictions. Enfin, on peut dire qu'il s'était attiré l'affection du peuple, et qu'il était plus aimé que le sultan même. Il joignait à toutes ces belles qualités un grand zèle pour le bien de l'Etat; il en donna des marques à l'occasion d'une révolte vers les confins du royaume. Il n'eut pas plus tôt appris que le sultan levait une armée pour la dissiper, qu'il le supplia de lui en donner le commandement. Sitôt qu'il fut à la tête de l'armée, il le fit marcher contre les révoltés; et, il se conduisit en toute cette expédition avec tant de diligence, que le sultan apprit aussi promptement que les révoltés avaient été défaits, que son arrivée à l'armée. Cette action ne changea point son cœur; il revint victorieux, mais aussi doux et aussi affable qu'il avait toujours été.

Il y avait déjà plusieurs années qu'Aladdin se gouvernait comme nous venons de le dire, quand le magicien se souvint de lui, en Afrique, où il était retourné. Quoique jusqu'alors il se fût persuadé qu'Aladdin était mort dans le souterrain, il lui vint néanmoins à la pensée de savoir quelle avait été sa fin. Comme il était grand géomancien, il forma un horoscope, et découvrit qu'Aladdin vivait dans la splendeur, époux d'une princesse, honoré et respecté.

De rage, il se dit en lui-même : « — Ce misérable fils de tailleur a découvert le secret et la vertu de la lampe. J'empêcherai qu'il n'en jouisse longtemps, ou je périrai. » Dès le lendemain matin, il se mit en chemin ; il arriva à la Chine, et bientôt dans la capitale du sultan dont Aladdin avait épousé la fille. Il mit pied à terre dans un khan, où il prit une chambre.

Le lendemain, le magicien africain voulut savoir ce que l'on disait d'Aladdin. En se promenant, il demanda ce que c'était que le palais dont il entendait partout parler. « — D'où venez-vous? lui dit celui à qui il s'était adressé, si vous n'avez pas entendu parler du palais du prince d'Aladdin, car on doit en parler par toute la terre. — Pardonnez à mon ignorance, reprit le magicien, je viens de l'extrémité de l'Afrique, et la renommée n'en était pas encore venue jusque-là quand je suis parti. »

Celui à qui le magicien africain s'était adressé, se fit un plaisir de lui enseigner le chemin pour aller voir le palais. Quand il fut arrivé, et qu'il eut examiné, il ne douta pas qu'Aladdin ne se fût servi de la lampe pour le faire bâtir. Il s'agissait, maintenant, de savoir où était cette lampe ; et c'est ce que le magicien découvrit par une opération de géomancie. » — Je l'aurai cette lampe, dit-il, et je défie Aladdin de m'empêcher de la lui enlever. »

Aladdin était allé, pour huit jours, à une partie de chasse, et il n'y en avait que trois qu'il était parti. « — Voilà le moment d'agir, dit le magicien ; je ne dois pas le laisser échapper. » Il alla à la boutique d'un fabricant de lampes : « — Maître, lui dit-il, j'ai besoin d'une douzaine de lampes de cuivre : pouvez-vous me la fournir? » Le marchand lui dit qu'il en manquait quelques-unes, mais que s'il voulait attendre jusqu'au lendemain, il lui fournirait la douzaine complète.

Le lendemain, la douzaine de lampes fut livrée au magicien. Il les mit dans un panier, et il se mit à crier : « — Qui veut changer de vieilles lampes pour des neuves? »

Le magicien africain ne s'étonna ni des huées des enfants ni de tout ce qu'on pouvait dire de lui ; il continua de crier, et répéta si souvent la même chose devant le palais, que la princesse Badroulboudour entendit sa voix, et elle envoya une de ses esclaves pour voir ce que c'était.

L'esclave rentra dans le salon avec de grands éclats de rire. — « Princesse, dit-elle en riant toujours, c'est un fou, avec un panier au bras, plein de belles lampes toutes neuves, qui demande à les changer contre des vieilles ! »

« — A propos de vieilles lampes, dit une autre femme esclave, je ne sais si la princesse a pris garde qu'en voilà une sur la corniche du salon. Si la princesse le veut bien, elle peut avoir le plaisir d'éprouver si cet homme est véritablement assez fou pour donner une lampe neuve en échange d'une vieille. »

La vieille lampe était la lampe merveilleuse. Aladdin l'avait mise lui-même sur la corniche avant d'aller à la chasse, dans la crainte de la perdre.

La princesse Badroulboudour commanda à un esclave de la prendre et d'en aller faire l'échange. L'esclave appela le magicien, et lui dit : « — Donne-moi une lampe neuve pour celle-ci. »

Le magicien africain ne douta pas que la lampe qu'on lui offrait, ne fût la lampe qu'il cherchait. Il la prit des mains de l'esclave, et, après l'avoir fourrée dans son sein, il présenta son panier et dit à l'esclave de choisir celle qui lui plairait.

Le magicien africain s'échappa ensuite par les rues les moins fréquentées, et, comme il n'avait plus besoin des autres lampes, il abandonna son panier. Alors, il pressa le pas jusqu'à ce qu'il arrivât à une des portes de la ville. Quand il fut dans la campagne, il se détourna du chemin dans un lieu écarté.

Il passa là le reste de la journée, jusqu'au moment de la nuit où les ténèbres furent le plus obscures. Alors, il tira la lampe de son sein et il la frotta. A cet appel, le génie lui apparut. « — Que veux-tu? lui demanda le génie. » — Je te commande, reprit le magicien, qu'à l'heure même tu enlèves le palais, avec tout ce qu'il contient, et que tu le transportes en Afrique. » Sans lui répondre, le génie, avec d'autres génies esclaves de la lampe, le transporta au lieu de l'Afrique qui lui avait été marqué. Nous laisserons le magicien africain et le palais avec la princesse Badroulboudour en Afrique, pour parler de la surprise du sultan.

Dès que le monarque fut levé, il jeta les yeux du côté où il avait coutume de voir le palais et n'aperçut qu'une place vide. Son étonnement fut si grand, qu'il demeura longtemps dans la même place, sans savoir comment il se pouvait faire qu'un palais aussi grand, se fût évanoui : il commanda qu'on fît venir le grand-vizir en toute diligence ; et, il s'assit l'esprit très agité.

Le grand-vizir vint lui-même avec une si grande précipitation, que ni lui ni ses gens ne remarquèrent que le palais d'Aladdin n'était plus à sa place.

En abordant le sultan : — « Sire, lui dit le grand-vizir, l'empressement avec lequel Votre Majesté m'a fait appeler, m'a fait supposer que quelque chose de bien extraordinaire était arrivé. — Ce qui est arrivé est véritablement extraordinaire, comme tu dis, et tu vas en convenir. Dis-moi, où est le palais d'Aladdin ? — Le palais d'Aladdin, sire ! je viens de passer devant, il m'a semblé qu'il était à sa place. — Va voir à la croisée, répondit le sultan, et tu viendras me dire si tu l'as vu. »

Le grand-vizir alla vers une fenêtre, et ne vit rien. « — Eh bien ! as-tu vu le palais d'Aladdin ? lui demanda le prince. — Sire, répondit le grand-vizir, Votre Majesté peut se souvenir que j'ai eu l'honneur de lui dire que ce palais n'était qu'un ouvrage de magie. »

Le sultan entra dans une grande colère : « — Où est, dit-il, cet imposteur, ce scélérat, que je lui fasse couper la tête ? Va donner ordre à trente de mes cavaliers de me l'amener chargé de chaînes. »

Le grand-vizir alla donner l'ordre du sultan aux cavaliers qui partirent, et rencontrèrent Aladdin qui revenait en chassant. L'officier lui dit en l'abordant : « — Prince, c'est avec regret que nous vous déclarons l'ordre que nous avons reçu de vous arrêter et de vous conduire devant le sultan en criminel d'Etat. »

Aladdin demanda à l'officier s'il savait de quel crime il était accusé, à quoi il répondit qu'il n'en savait rien.

On lui passa aussitôt au cou une chaîne fort grosse et fort longue dont on le lia aussi par le milieu du corps.

Aladdin fut conduit devant le sultan, qui l'attendait, accompagné du grand-vizir ; et, sitôt qu'il le vit, il commanda au bourreau de lui couper la tête.

Quand le bourreau se fut saisi d'Aladdin, il étendit sur la terre un cuir teint du sang d'une infinité de criminels ; il le fit mettre à genoux et il lui banda les yeux. Alors, il tira son sabre, et il attendit que le sultan lui donnât le signal.

En ce moment, le grand-vizir s'aperçut que la populace venait d'escalader les murs en plusieurs endroits, et commençait à les démolir pour faire brèche ; il dit au sultan : « — Sire, je supplie Votre Majesté de penser qu'elle va courir le risque de voir son palais forcé. »

L'épouvante du sultan fut si grande, qu'il commanda au bourreau de remettre son sabre dans le fourreau ; et il donna ordre de crier que le sultan faisait grâce.

Cette mesure de justice désarma la populace qui chérissait Aladdin, et chacun se retira chez soi satisfait de cet acte de clémence.

Quand Aladdin se vit libre, il dit au sultan : « Sire, je supplie Votre Majesté d'ajouter une nouvelle grâce à celle qu'elle vient de me faire : c'est de vouloir bien me faire connaître quel est mon crime. — Quel est ton crime, perfide ? répondit le sultan. Monte jusqu'ici et je te le ferai connaître. »

« — Dis-moi donc, Aladdin, continua-t-il, où est ton palais et où est ma fille ? » « — Sire, dit-il, je vois bien que le palais n'est plus à la place où il était ; mais, je n'ai aucune part à cet évènement. — Je ne me mets pas en peine de ce que ton palais est devenu, reprit le sultan. J'estime ma fille un million de fois davantage, et je veux que tu me la retrouves, autrement je te ferai coupe la tête.

— Sire, repartit Aladdin, je supplie Votre Majesté de m'accorder quarante jours pour mes recherches, et si je n'y réussis pas, j'apporterai ma tête au pied de son trône. — Je t'accorde les quarante jours : mais, ne crois pas abuser de la grâce que je te fais, en pensant échapper à mon ressentiment. »

Aladdin s'éloigna dans un état à faire pitié : Il passa au travers des cours du palais, la tête baissée ; et les principaux officiers de la cour, connaissant sa disgrâce, lui tournèrent le dos.

Il sortit de la ville et il arriva, à l'entrée de la nuit, au bord d'une rivière. Désespéré, il allait se jeter à l'eau ; mais, il voulut auparavant faire sa prière. Il s'approcha du bord de l'eau pour se laver les mains et le visage, suivant la coutume du pays. Mais, il glissa, et il serait tombé s'il ne se fût retenu à un petit roc. Heureusement, il portait encore l'anneau que le magicien africain lui avait mis au doigt. Il frotta cet anneau contre le roc et au même instant le génie qui lui était apparu dans le souterrain lui apparut encore. « — Que veux-tu, lui dit le génie; me voici prêt à t'obéir. »

Aladdin, répondit : « — Génie, sauve-moi la vie une seconde fois en m'enseignant où est le palais que j'ai fait bâtir, ou en faisant qu'il soit rapporté incessamment où il était. — Ce que tu demandes, reprit le génie, n'est pas en mon pouvoir : je ne suis esclave que de l'anneau; adresse-toi à l'esclave de la lampe. — Si cela est, repartit Aladdin, je te commande donc, par la puissance de l'anneau, de me transporter jusqu'au lieu où est mon palais. » Aussitôt le génie le transporta en Afrique, au milieu d'une grande prairie, où était le palais, peu éloigné d'une grande ville.

Malgré l'obscurité de la nuit, Aladdin reconnut fort bien son palais et l'appartement de la princesse. Mais, comme tout était tranquille, il se retira et s'assit sous un arbre. Là, rempli d'espérance, il se laissa aller au sommeil qui l'accablait.

Le lendemain, Aladdin fut éveillé par le ramage des oiseaux. Il jeta d'abord les yeux sur son admirable palais, et alors il sentit une joie inexprimable d'être sur le point de posséder encore sa chère princesse. Ce qui l'embarrassait, c'était de ne pas savoir d'où venait la cause de ses malheurs. Il l'eût compris s'il eût su que lui et son palais se trouvaient en Afrique : mais, le génie esclave de l'anneau, ne lui en avait rien dit.

Cependant, la princesse était levée, et une de ses femmes, en regardant au travers d'une jalousie, aperçoit Aladdin. Elle court aussitôt en avertir sa maîtresse. La princesse paraît à la fenêtre et dit à son mari : « — Pour ne pas perdre de temps, on est allé vous ouvrir une porte secrète; entrez et montez. »

Il n'est pas possible d'exprimer la joie que ressentirent les deux époux de se revoir après s'être crus séparés pour jamais. « — Princesse, dit Aladdin, avant de vous entretenir de toute autre chose, je vous supplie de me dire ce qu'est devenue une vieille lampe que j'avais mise sur la corniche du salon aux vingt-quatre croisées.

« — Ah! répondit la princesse, je m'étais bien doutée que notre malheur venait de cette lampe, et, ce qui me désole, c'est que j'en suis la cause. »

Alors, elle raconta ce qui s'était passé, et comment elle s'était trouvée dans un pays inconnu qui était l'Afrique, particularité qu'elle avait apprise du magicien.

« — Princesse, dit Aladdin en l'interrompant, vous m'avez fait connaître le traître en m'indiquant que je suis en Afrique avec vous. Mais, je vous prie de me dire ce qu'il a fait de la lampe. — Il la porte dans son sein, répondit la princesse, et l'a développée en ma présence pour m'en faire un trophée. »

« — Si vous voulez suivre mon conseil, dit Aladdin, invitez le magicien à souper avec vous, et insinuez-lui que vous seriez bien aise de goûter du meilleur vin de son pays. Mettez dans un des gobelets la poudre que voici : quand vous serez à table, faites-vous apportez le gobelet où sera la poudre, et changez votre gobelet avec le sien. Il trouvera la faveur si grande, qu'il boira sans rien laisser dans le gobelet, et à peine l'aura-t-il vidé, que vous le verrez tomber à la renverse. »

Le magicien ne manqua pas de venir, et les choses se passèrent comme Aladdin l'avait prévu. . . . .

Aladdin, alors, entra dans le salon; il fit rentrer la princesse dans son appartement, et après qu'il se fut approché du cadavre du magicien africain, il ouvrit sa veste, et il en retira la lampe. Il la frotta et aussitôt le génie se présenta. « — Génie, lui dit Aladdin, je t'ai appelé pour t'ordonner de la part de la lampe, ta bonne maîtresse, de faire que ce palais soit reporté incessamment, au même lieu et à la même place d'où il a été apporté ici. » Le génie, après avoir marqué par une inclination de tête qu'il allait obéir, disparut. En effet, le transport se fit, dans un intervalle de très peu de durée.

Aladdin descendit à l'appartement de son épouse : « — Princesse, lui dit-il, je puis vous assurer que demain votre joie sera complète. »

Depuis l'enlèvement du palais, le sultan était inconsolable de la perte de sa fille. Il ne dormait, pour ainsi dire, ni nuit ni jour. Aussi, l'aurore ne faisait que de paraître lorsque le matin même où le palais venait d'être rapporté, le sultan entra dans son cabinet. Il jeta tristement les yeux du côté de la place qu'il croyait vide ; mais, il fut rempli d'étonnement en apercevant le palais d'Aladdin. Alors, la joie succéda à la tristesse ; il retourna rapidement à son appartement, et se dirigea en toute hâte vers le palais rapporté par les génies.

Aladdin, qui avait prévu ce qui pouvait arriver, s'était levé dès la pointe du jour, et il était monté au salon aux vingt-quatre croisées, d'où il aperçut que le sultan venait. Il descendit, pour le recevoir, au bas du grand escalier, et pour l'aider à mettre pied à terre. « — Aladdin, lui dit le sultan, je ne puis vous parler que je n'aie vu et embrassé ma fille. »

Aladdin conduisit le sultan à l'appartement de la princesse Badroulboudour, au moment où elle venait d'achever de s'habiller. Le sultan l'embrassa à plusieurs reprise, le visage baigné de larmes de joie, et la princesse, de son côté, lui donna toutes les marques du plaisir extrême qu'elle avait de le voir.

Ce moment d'émotion passé, le sultan prit la parole. « — Ma fille, dit-il, je veux croire que c'est la joie de me revoir qui fait que vous me paraissez aussi peu changée. Je suis persuadé, néanmoins, que vous avez beaucoup souffert. On n'est pas transporté dans un palais tout entier, aussi subitement que vous l'avez été, sans de grandes alarmes et de terribles angoisses. Je veux que vous me racontiez vos épreuves. »

La princesse se fit un plaisir de donner au sultan, son père, la satisfaction qu'il demandait.

. . . .

Peu d'années après ces événements, le sultan mourut dans une grande vieillesse. Comme il ne laissa pas d'enfants mâles, la princesse Badroulboudour, en qualité de légitime héritière, lui succéda, et communiqua la puissance suprême à Aladdin. Ils régnèrent ensemble de longues années et laissèrent une illustre postérité.

FIN.

TABLE

AVANT-PROPOS.	7
Histoires du Pêcheur.	11
Histoire du roi grec et du médecin Douban.	17
Histoire du Vizir puni.	22
Histoire du jeune roi des Iles Noires.	40
Aventures du calife Haroun-Al-Raschid.	47
Histoire de l'aveugle Baba-Abdallah.	53
Histoire de Cogia Hassan Alhabbal.	64
Histoire du petit Bossu.	96
Histoire de Sindbad le marin.	105
Premier voyage de Sindbad le marin.	109
Second voyage de Sindbad le marin.	114
Troisième voyage de Sindbad le marin.	120
Quatrième voyage de Sindbad le marin.	130
Cinquième voyage de Sindbad le marin.	140
Sixième voyage de Sindbad le marin.	145
Septième voyage de Sindbad le marin.	153
Histoire du Dormeur éveillé.	162
Histoire d'Ali Cogia, marchand de Bagdad.	201
Histoire d'Ali Baba et des quarante voleurs exterminés par une esclave.	217
Histoire d'Aladdin, ou la lampe merveilleuse.	252

FIN DE LA TABLE.

Limoges. — Impr. E. Ardant et C°.

WALTER SCOTT

LE PIRATE

NOUVELLE ÉDITION

TRADUCTION REVUE

LIMOGES
EUGÈNE ARDANT ET C¹ᵉ, ÉDITEURS.

www.ingramcontent.com/pod-product-compliance
Lightning Source LLC
Chambersburg PA
CBHW071515160426
43196CB00010B/1525